高校思想政治教育创新探究

杨小东　张英杰　杜尚远◎著

线装书局

图书在版编目（CIP）数据

高校思想政治教育创新探究 / 杨小东, 张英杰, 杜尚远著. -- 北京：线装书局, 2024.4
ISBN 978-7-5120-6067-8

I. ①高… II. ①杨… ②张… ③杜… III. ①高等学校－思想政治教育－研究－中国 IV. ①G641

中国国家版本馆CIP数据核字(2024)第077516号

高校思想政治教育创新探究
GAOXIAO SIXIANG ZHENGZHI JIAOYU CHUANGXIN TANJIU

作　　者：	杨小东　张英杰　杜尚远
责任编辑：	白　晨
出版发行：	线装書局
	地　　址：北京市丰台区方庄日月天地大厦 B 座 17 层（100078）
	电　　话：010-58077126（发行部）010-58076938（总编室）
	网　　址：www.zgxzsj.com
经　　销：	新华书店
印　　制：	三河市腾飞印务有限公司
开　　本：	787mm×1092mm　　1/16
印　　张：	13
字　　数：	285 千字
印　　次：	2025 年 1 月第 1 版第 1 次印刷

线装书局官方微信

定　　价：78.00 元

前　言

在当今社会，高校思想政治教育一直是备受关注的话题。随着社会的不断发展和进步，传统的思想政治教育方式已经无法满足时代的需求，需要不断进行创新和探究。高校思想政治教育的创新，既是对传统教育模式的挑战，更是对现代教育理念的探索。

高校思想政治教育的创新意味着不断拓展教育的边界，发展出更具前瞻性和实效性的教育方式。通过引入先进的教育理念和技术手段，高校思想政治教育可以更好地激发学生的思维，提升他们的创新能力和领导力。在这个信息爆炸的时代，高校思想政治教育的创新也意味着更好地引导学生正确看待社会现象，提高他们的社会责任感和公民素养。

正因为高校思想政治教育的重要性，我们需要深入探究其中的问题和挑战。如何在传统教育基础上实现创新？如何更好地与社会实践相结合？如何更好地开展跨学科教育？如何更好地利用现代科技的优势？这些问题都需要我们不断思考和探索。

在这个背景下，本文将围绕高校思想政治教育的创新展开讨论。通过对现有资料和数据的梳理，我们将探讨高校思想政治教育的现状和问题，分析高校思想政治教育的创新路径和方法，探讨高校思想政治教育的未来发展方向。

希望通过我们的努力，为高校思想政治教育的创新提供一些新的思路和方法，为培养更多具有社会责任感和创新精神的优秀人才做出贡献。随着社会的不断变化，高校思想政治教育的创新之路将会更加曲折和艰难，但也正是这种挑战让我们更加坚定前行的步伐。

在新的时代背景下，高校思想政治教育的创新已经成为必然的趋势。只有不断追求创新，才能更好地适应社会的需求，培养更多符合时代要求的优秀人才。让我们一起努力，共同探究高校思想政治教育的创新之路，为建设一个更加繁荣和进步的社会贡献自己的力量。

本书由杨小东、张英杰、杜尚远撰写，严东博对整理本书书稿亦有贡献。

目录 // CONTENTS

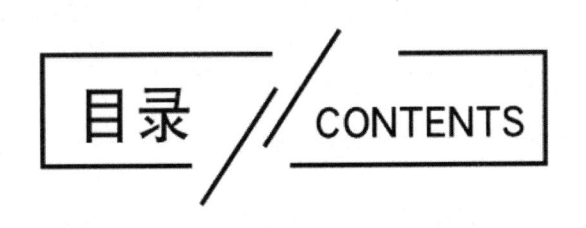

第一章　高校思想政治教育概念与实践探索　1
第一节　思想政治教育的定义……1
第二节　思想教育创新理念……11
第三节　高校思想政治教育教学内容创新……26

第二章　国内外高校思想政治教育的现状分析　39
第一节　国内高校思想政治教育现状分析……39
第二节　国外高校思想政治教育现状分析……51

第三章　高校思想政治教育的评估与效果分析　55
第一节　实施高校思想政治教育的现状分析……55
第二节　高校思想政治教育的创新途径探索……73
第三节　高校思想政治教育的未来发展方向……88
第四节　高校思想政治教育的实施策略探讨……96

第四章　高校思想政治教育的发展趋势和展望　105
第一节　当前高校思想政治教育现状分析……105
第二节　未来高校思想政治教育趋势展望……114
第三节　高校思想政治教育创新的实践与成效……126
第四节　高校思想政治教育的未来发展策略……130
第五节　思想政治教育创新的实践意义与社会价值……148

第五章 结论：高校思想政治教育创新的重要性与必要性 163

第一节 现阶段高校思想政治教育存在的问题 163
第二节 高校思想政治教育创新的重要性 170
第三节 高校思想政治教育创新的路径探索 175
第四节 高校思想政治教育创新的实践案例分析 178

参 考 文 献 192

第一章 高校思想政治教育概念与实践探索

第一节 思想政治教育的定义

一、思想政治教育的概念

思想政治教育作为一种重要的教育形式，是指通过各种教育手段和方式，对学生进行思想和政治观念的教育，培养他们正确的思想意识和政治立场，引导他们树立正确的人生观、世界观和价值观，形成积极向上的人格和精神风貌。思想政治教育贯穿于整个教育过程之中，是一种全面的、系统的教育形式，旨在培养学生思想政治素质，提高他们的思想觉悟和政治觉悟，使他们具备扎实的思想政治理论基础和优秀的思想政治品质，在各种复杂的思想和政治环境中保持清醒头脑，坚定信念，不被错误思想和腐朽文化所侵蚀，为社会主义现代化建设和中华民族伟大复兴事业做出应有的贡献。

思想政治教育的内涵是学生在教育过程中接受的一种全面的、系统的教育形式。通过这种教育，学生不仅能够提高自身的思想觉悟和政治觉悟，还能够养成正确的思想意识和政治立场。思想政治教育是为了引导学生在社会主义现代化建设和中华民族伟大复兴事业中发挥应有的作用而展开的，通过这种教育，学生可以具备扎实的思想政治理论基础和优秀的思想政治品质，从而在面对各种复杂的思想和政治环境时保持清醒头脑，坚定信念。

思想政治教育的内涵还包括对学生人生观、世界观和价值观的引导，通过培养正确的人生观，让学生能够树立正确的价值观，形成积极向上的人格和精神风貌。这种教育形式旨在让学生能够不被错误思想和腐朽文化所侵蚀，保持信念，为实现国家和民族的伟大复兴贡献自己的力量。

思想政治教育还需要在教育过程中贯穿普及先进理论知识，提高学生的政治素质和思想品质。通过这种教育，学生能够熟练掌握社会主义核心价值观和马克思主义理论，从而具备战胜各种思想困扰和政治误区的能力。思想政治教育的内涵在于培养学生坚定的信念和正确的行为准则，使他们成为具有社会责任感和爱国情怀的新时代青年。

思想政治教育是指通过对学生进行思想道德、政治理论知识的教育，培养他们正确的世界观、人生观、价值观，促使他们树立正确的政治信仰和政治立场，增强对国家、民族、社会的责任感和使命感。思想政治教育旨在引导学生树立正确的人生观、世界观和价值观，增强爱国主义、社会主义思想，培养道德品质和文化素养，促进学生成长为有理想、有道德、有文化、有纪律的社会主义事业建设者和接班人。

思想政治教育的目的，不仅是培养学生正确的世界观、人生观和价值观，更重要的是促使他们树立正确的政治信仰和政治立场。这种教育不仅是为了增强学生对国家、民族、社会的责任感和使命感，更是为了引导他们爱国主义、社会主义思想。通过思想政治教育，学生将能够建立起良好的道德品质和文化素养，成为有理想、有道德、有文化、有纪律的社会主义事业建设者和接班人。

思想政治教育的目的还在于引导学生树立正确的人生观和世界观，从而培养他们成为具有独立人格和辨别能力的公民。学生在这种教育下，将懂得如何正确地对待个人发展与国家需要的关系，如何正确地评价社会的发展状况和政治形势，如何正确地处理自身的权利和义务。思想政治教育还将激发学生的创造力和责任感，使他们更加关注社会的发展和民众的福祉，积极参与社会实践和建设，为推动国家的繁荣和进步贡献自己的力量。

总而言之，思想政治教育的目的不仅仅是传授知识，更在于引导学生树立正确的思想观念和政治信仰，培养他们成为有担当、有情怀的社会主义建设者。这种教育将促使学生不断提升自我修养，不断加强自我认知，不断完善自我素养，最终成为一个对社会有益、对国家有贡献的新时代青年。

思想政治教育是指通过教育手段，引导和教育学生正确的思想观念、政治立场，培养学生正确的世界观、人生观和价值观的过程。思想政治教育不仅仅是传授知识，更重要的是引导学生树立正确的思想观念，树立正确的政治立场。思想政治教育是高校教育的重要组成部分，是培养德智体美全面发展的社会主义建设者和接班人的必然要求。

思想政治教育的概念包括对学生进行全面的、系统的、长期的思想和政治观念教育。通过对学生进行思想政治教育，可以使学生树立正确的世界观、人生观和价值观，树立正确的政治立场和正确的思想观念。思想政治教育是一个系统工程，需要学校、教师、家庭和社会的共同努力，全力打造一个有利于学生健康成长的环境。

思想政治教育在高校的重要性不言而喻。高校作为社会主义建设者和接班人的摇篮，肩负着培养社会主义建设者和接班人的使命。只有通过思想政治教育，才能使高校学生树立正确的世界观、人生观和价值观，树立正确的政治立场和正确的思想观念。思想政治教育是高校教育中不可或缺的一部分，是高校学生全面发展的保证。通过思想政治教育，可以使高校学生在人生道路上少走弯路，成为德智体美全面发展的社会主义建设者和接班人。

在高校进行思想政治教育是非常重要的，因为这可以帮助学生树立正确的世界观、人生观和价值观。思想政治教育不仅可以引导学生树立正确的政治立场和思想观念，还可以帮助他们在社会主义建设的道路上更好地发挥作用。高校是培养社会主义建设者和接班人的摇篮，通过思想政治教育，可以保证学生在成长过程中不偏离正确的道路。

思想政治教育也是一个系统工程，需要学校、教师、家庭和社会的共同努力。学校应该制订科学合理的教育教学计划，为学生提供全方位的教育资源；教师要做好榜样和引路人，引导学生树立正确的思想观念；家庭是学生成长过程中的重要组成部分，家长们应该关注孩子的思想发展，给予他们正确的引导和支持；社会也应该为学生提供良好的学习和生活环境，营造积极向上的社会氛围。

通过思想政治教育，高校可以培养出德智体美全面发展的学生，他们不仅具有扎实的学术知识，更重要的是具备正确的人生观和价值观。这些学生将成为社会主义建设的中坚力量，为实现中华民族的复兴作出自己的贡献。因此，高校应该重视思想政治教育的重要性，不断完善教育体系，为学生提供更好的成长环境和发展空间。愿我们的高校教育能够培养出更多优秀的社会主义建设者和接班人，为国家的繁荣昌盛贡献力量。

二、高校思想政治教育的重要性

高校思想政治教育的特点体现了学校的育人特色和培养目标。通过开展思想政治教育，可以帮助学生树立正确的世界观、人生观和价值观，培养他们具有高度的社会责任感和良好的道德品质。高校的思想政治教育特点还包括注重培养学生的政治觉悟和社会责任感，引导他们积极参与社会实践和公共事务，促进其全面发展。同时，高校思想政治教育注重培养学生的独立思考能力和批判思维能力，激发他们的创新精神和实践能力，使他们在面对复杂的社会问题和挑战时能够主动思考、勇于探索、勇于创新。高校思想政治教育的特点还体现在注重学生的全面发展和个性成长，促进其身心健康，培养其终身学习的意识和能力，以适应社会发展和个人成长的需要。通过培养学生的思想政治素养和道德情操，高校思想政治教育可以帮助学生树立正确的人生目标和追求，引导他们走向成功和幸福的人生之路。

高校思想政治教育的特点还体现在注重学生的个性发展和创新潜能的挖掘，鼓励他们勇于追求自己的梦想和目标。通过开展各种形式的思想政治教育活动，学校可以引导学生积极参与社会实践，锻炼他们的组织领导能力和团队合作精神。高校还重视培养学生的国际视野和跨文化交流能力，帮助他们拓宽视野，拥抱多元文化，提高在国际舞台上的竞争力。高校思想政治教育还注重培养学生的创业精神和创新能力，激发他们敢于尝试、勇于创新的勇气和信心。通过不断的实践和探索，学生可以提升自己的综合能力，为未来的发展打下坚实的基础。

高校思想政治教育特点还在于注重学生的身心健康和全面发展。学校致力于营造良好的学习环境和生活氛围，关注学生的心理健康和情感发展，帮助他们树立正确的人生观和价值观，培养积极向上的心态和健康的生活方式。高校还重视学生的体育锻炼和兴趣爱好的培养，促进他们身心协调发展，培养他们团队合作精神和挑战自我的勇气。通过丰富多彩的校园文化活动和社团组织，学校为学生提供了展示自己的平台，激发他们的创造力和活力，丰富他们的校园生活，促进个性的充分展现和发挥。

高校思想政治教育的特点旨在培养学生的综合素质和社会责任感，促进他们全面发展和个性成长。学校将不懈地努力，不断完善教育教学体系，创新思想政治教育方法，为学生成长成才提供更好的基础和保障。相信在高校思想政治教育的引领下，学生们将在未来的道路上绽放出更加灿烂的光芒，成为国家和社会的栋梁之材。

高校思想政治教育的现状是一个重要而复杂的问题，涉及各个方面的因素。当前，高校思想政治教育在我国教育系统中占有重要地位，其意义不言而喻。然而，在实践中也存在一些问题和挑战，需要我们认真思考和解决。随着社会的不断发展和变革，高校思想政治教育也应该不断创新，以适应时代的需求。

高校思想政治教育的现状是多方面的。一方面，随着经济的快速发展和社会的多元化，学生们的思想观念也在发生变化，他们的认知和需求也与过去有所不同。另一方面，高校思想政治教育的方式和手段也在不断更新和改进，以更好地适应时代的发展和学生的需求。同时，高校在人才培养和教育责任方面也承担着更多的社会压力和期望。

为了更好地应对这些挑战，我们需要从思想政治教育的本质出发，不断探索和创新。只有深入理解和把握高校思想政治教育的内涵和要求，才能找到更好的解决方案。高校思想政治教育不能脱离现实，必须与时代发展接轨，与学生需求契合。只有在这样的基础上，高校思想政治教育才能更好地发挥作用，为学生的成长和社会的发展作出应有的贡献。

高校思想政治教育的现状虽然面临诸多挑战和困难，但也蕴藏着无限的机遇和可能。我们应该正确认识这一现状，抱着积极的态度，不断探索和创新，努力提升高校思想政治教育的质量和水平，为培养德智体美劳全面发展的社会主义建设者和接班人而努力奋斗。只有这样，高校思想政治教育才能真正发挥其应有的作用，成为学生成长道路上的有力支撑和指导。

高校思想政治教育是培养学生全面发展的关键一环。在当今社会快速发展的背景下，高校思想政治教育需要更加贴近学生的需求，与时代同步，促进学生的思想素质不断提升。既要注重理论教育，又要重视实践教育，使学生在学习中获得扎实的知识基础，同时培养实践能力，更好地适应社会的发展需求。

高校思想政治教育还应当注重学生的个性发展，尊重学生的多元化需求，不断引导他们树立正确的世界观、人生观和价值观。教育者要以身作则，言传身教，引领学生走向正确的人生道路。同时，要重视情感教育，建立良好的师生关系，关心爱护每一个学生，使他们在学习中感受到温暖和关怀，增强对学习的积极性和主动性。

高校思想政治教育要与时俱进，紧跟时代的脚步，不断更新教育理念，创新教育方法，使教育更加贴近学生的生活和实际需求。只有不断探索和创新，才能更好地引导学生成长，激发他们的潜能，培养他们成为有理想、有道德、有才能、有担当的社会栋梁。

高校思想政治教育的现状虽然充满挑战，但也蕴藏着广阔的发展空间。我们应当正确认识这一现状，勇攀教育的新高峰，为培养更多优秀的社会主义建设者和接班人而不懈努力。相信在教育者和学生的共同努力下，高校思想政治教育一定能够迎来更加美好的明天。

高校思想政治教育的挑战是当前高校教育领域面临的重要问题，需要不断探索和应对。挑战主要体现在教育内容的更新和创新、师资队伍的建设和培养、学生的参与和认知等方面。在当前社会变革快速发展的背景下，高校思想政治教育需要更加贴近学生的需求，更加注重实践和创新，以培养德智体美全面发展的人才为宗旨。为了有效开展思想政治教育工作，高校需要不断提升教育质量，加强师资队伍建设，引导学生积极参与社会实践活动，提升他们的综合素质和创新能力。同时，高校还要面对来自社会、家庭、个人等多方面的影响和挑战，加强与外部环境的互动和交流，推动高校思想政治教育不断创新和发展。在全面深化高校思想政治教育改革的过程中，高校需要不断解决教育中存在的问题和矛盾，推动高校教育事业的长远发展，为培养社会主义建设者和接班人作出更大贡献。

在当前社会快速发展的背景下，高校思想政治教育正面临着诸多挑战和困难。在内容更新和创新方面，需要更加贴近学生的实际需求，加强理论教育和实践结合，引导学生不断提升自身素质和创新能力。在师资队伍的建设和培养方面，高校应加大培训力度，提升教师教学水平和服务意识，确保教育质量持续提升。再者，在学生的参与和认知方面，高校应积极鼓励学生参与社会实践活动，增强他们的综合素质和社会责任感，培养他们成为德智体美全面发展的社会主义建设者和接班人。同时，高校还需认清来自社会、家庭、个人等多方面的影响和挑战，加强与外部环境的互动和交流，推动高校思想政治教育工作不断向前发展。在全面深化高校思想政治教育改革的过程中，需要持续解决教育中存在的问题和矛盾，不断完善教育体制，促进高校教育事业的长远发展。只有如此，才能更好地为培养社会主义建设者和接班人作出更大的贡献，推动国家全面建设社会主义现代化。

高校思想政治教育的发展趋势在当今社会变革的浪潮中显得尤为重要。随着社会经济的不断发展，人们的观念和思想也在不断变化，尤其是在高校这个知识传播的重要阵地上，思想政治教育更是扮演着至关重要的角色。传统的教育方式已经无法适应当今社会对人才的需求，因此高校思想政治教育也在不断创新，寻求更有效的教育方式。

高校思想政治教育的发展趋势需要与时俱进，紧跟时代的步伐，不断吸取新的理念和方法。随着信息技术的飞速发展，高校思想政治教育也需要借助现代化的手段，如网络教育、数字化教学等，让学生在学习中不仅仅获得知识，更要塑造正确的思想观念和政治立场。同时，高校思想政治教育还要注重跨学科的交叉融合，打破学科壁垒，促进学生思维的多元发展。

高校思想政治教育的发展趋势还需要重视学生个体差异化的需求，注重个性化的教育模式。每个学生都是独特的个体，他们的思想观念和心理特点也各不相同，因此教育要根据学生的特点制订相应的教育方案，引导他们树立正确的世界观、人生观和价值观。同时，高校思想政治教育的发展趋势还需要加强与社会的联系，促进校企合作，使学生能够更好地融入社会、服务社会。

总的来说，高校思想政治教育的发展趋势是多元化、个性化、现代化和社会化的方向。只有不断创新，适应时代的需求，才能更好地培养出德智体美劳全面发展的社会主义建设者和接班人。希望未来高校思想政治教育能够在多方面的努力下获得更好的发展，成为培养社会主义建设者和接班人的重要阵地。

随着时代的变迁和社会的发展，高校思想政治教育必须适应新形势，更新教育理念，注重个性化、多元化的教学方法。学生作为独立个体，其自身特点和需求应该得到足够的重视和关注。不同学生有着不同的成长环境和背景，教育工作者需要倾听他们的声音，了解他们的需求，制订有针对性的教育计划。

除了个性化教育之外，高校思想政治教育还应该与时俱进，紧跟社会发展的步伐。校企合作是一个重要的方向，通过与企业的合作，学生可以更好地了解社会的需求，增强实践能力，提高社会适应能力。同时，高校应该注重引导学生树立正确的世界观、人生观和价值观，培养他们的社会责任感和使命感。

在未来的发展中，高校思想政治教育需要进一步强化学生的创新意识和实践能力，培养他们成为具有国际视野和竞争力的高素质人才。教育者应该不断探索教育创新的路径，打破传统的教学模式，注重培养学生的综合能力和批判思维。通过多元化、个性化的教育方式，激发学生的学习兴趣，引导他们积极参与社会实践，成为社会的中坚力量。

高校思想政治教育的发展需要全社会的共同关注和支持，只有通过多方合作、共同努力，才能为培养更多优秀的社会主义建设者和接班人铺平道路。希望未来高校思想政治教育能够在多方面的努力下迎来新的发展机遇，为我国社会主义事业注入新的活力和动力。

三、思想政治教育的意义

思想政治教育的定义是指通过学校教育系统，引导学生在政治思想方面进行学习和培养，增强他们的爱国主义、社会主义和中国特色社会主义思想觉悟，促使他们树立正确的世界观、人生观和价值观。思想政治教育的意义在于帮助学生树立正确的思想观念，弘扬社会主义核心价值观，增强学生的国家意识、民族意识、集体意识和荣辱观念。思想政治教育对学生的影响是全面提升他们的综合素质，促使他们更加全面地发展自己，为建设有中国特色社会主义国家贡献力量。

思想政治教育对学生的影响是深远而广泛的。它不仅仅是一种教育方式，更是一种引导和塑造学生思想的过程。通过思想政治教育，学生可以逐渐认识到自己身为一个中国人应该有的责任和使命，从而培养出对国家和人民的深厚感情。思想政治教育也可以帮助学生树立正确的人生目标和远大理想，激励他们努力学习、奋发进取，在实现自己的同时也为社会发展贡献力量。

思想政治教育还可以帮助学生建立起正确的世界观、人生观和价值观，使他们能够辨别是非、树立正确的道德观念。通过对社会主义核心价值观的传承和弘扬，思想政治教育可以引导学生热爱集体、尊重他人，培养出良好的生活习惯和社会行为规范。

而思想政治教育对学生的影响并不仅限于个人层面，更是对整个社会和国家的建设起着积极的促进作用。通过全面提升学生的综合素质，思想政治教育可以培养出更多拥有创新精神、团队合作精神和社会责任感的优秀人才，为国家的进步和发展注入新的活力和动力。

总的来说，思想政治教育是教育体系中不可或缺的重要组成部分，它不仅塑造了学生优秀的思想品质，也培养了他们具备综合素质和社会责任感的能力。思想政治教育的价值和意义将随着时代的发展和社会的变迁而不断扩大和深化，为建设有中国特色社会主义国家贡献着力量。

思想政治教育是指通过教育手段对人们的思想观念和政治立场进行引导和教育，以培养良好的思想品德和政治素养。这一教育形式在推动社会进步、维护社会稳定和实现国家长治久安中扮演着重要角色。通过对学生进行思想政治教育，可以增强他们的政治意识、责任意识和使命感，使他们具备正确的世界观、人生观和价值观，从而促进社会主义核心价值观的传播和坚守。

思想政治教育的意义在于培养学生爱国爱党、拥护社会主义制度、遵守法律法规、维护民族团结等良好品质和行为，促进学生全面发展、全面提升，培养德智体美劳全面发展的社会主义建设者和接班人。高校作为培养人才的摇篮，思想政治教育更是其义不容辞的职责。只有通过思想政治教育的力量，引导学生坚定正确的思想和信念，使他们成为有用之才，为祖国和社会的发展贡献自己的力量。

思想政治教育对社会的影响深远而广泛。一个社会的发展离不开文明的引导和积极向上的精神风貌。通过高校对学生进行思想政治教育，可以培养积极向上、责任心强的公民意识，增强社会责任感和社会参与意识，促进社会协调发展和共同繁荣。同时，思想政治教育也可以防范和解决当代社会问题，引导广大青少年树立正确的人生观、价值观和世界观，有效预防和遏制各种不良思潮的蔓延，维护国家长治久安和社会和谐稳定。

高校思想政治教育是一项极为重要的工作，其影响不仅体现在学生个人的成长和进步上，更体现在整个社会的文明和稳定中。通过不懈的努力，高校将不断探索思想政治教育的创新之路，为培养德智体美劳全面发展的社会主义建设者和接班人作出更大贡献。愿我们共同努力，以更高的热情和更好的状态，把思想政治教育推向更高的水平，以实现民族振兴和社会和谐进步的伟大梦想。

思想政治教育的重要性不可言喻，它不仅仅是为了学生个人成长，更是为了整个社会的文明和稳定。通过思想政治教育，我们可以培养积极向上、责任心强的公民意识，增强社会责任感和社会参与意识，从而促进社会的协调发展和共同繁荣。同时，思想政治教育也扮演着防范和解决当代社会问题的重要角色，引导广大青少年树立正确的人生观、价值观和世界观，有效预防和遏制各种不良思潮的蔓延，维护国家长治久安和社会和谐稳定。

高校思想政治教育的工作永无止境，我们需要不懈努力，不断探索创新之路。只有如此，我们才能为培养德智体美劳全面发展的社会主义建设者和接班人作出更大贡献。相信通过共同努力，以更高的热情和更好的状态，我们可以把思想政治教育推向更高的水平，实现民族振兴和社会和谐进步的伟大梦想。

在这个过程中，每一位教育工作者都承担着重要的责任。我们需要关注每一个学生的成长，引导他们树立正确的人生观、价值观和世界观，培养他们的社会责任感和参与意识。只有这样，我们才能共同努力，建设一个更加文明、和谐的社会，让思想政治教育成为社会进步的推动力量。让我们携手并肩，为实现伟大梦想而不懈奋斗！

思想政治教育对国家的意义是非常重要和必要的。只有通过思想政治教育，国家才能保持社会的稳定和安定，让人民心无旁骛地全心全意为国家、为人民的事业奋斗。这样才能确保国家的长治久安，为实现国家繁荣富强奠定坚实基础。思想政治教育对国家的意义绝不可小觑，它直接关系到国家的命运和前途，因此必须高度重视和深入开展。

思想政治教育对国家的意义是深远而重要的。它是国家意识形态建设的重要一环，是培养国民精神文明素质的有效途径。通过思想政治教育，可以提高人民的思想道德水平，增强民族凝聚力和向心力，促进社会和谐稳定发展。只有加强思想政治教育，才能让人们树立正确的世界观、人生观和价值观，使国家在风雨飘摇中始终屹立不倒，为实现民族复兴、国家富强不懈努力。

思想政治教育对国家的作用既重要又紧迫。在当今世界充满挑战和机遇的形势下，唯有加强思想政治教育，提高全民族的文明素质和思想觉悟，才能应对各种风险挑战，确保国家长治久安。国家需要传承和弘扬优秀传统文化，积淀深厚历史文化底蕴，培养坚定的文化自信，使国家在世界舞台上展现独特魅力和不可替代的力量。思想政治教育的重要性不可忽视，只有深入推进，才能确保国家在未来的发展道路上稳步前行,朝着既定目标坚定不移前行。愿我们共同努力,不忘初心,砥砺前行,共同为祖国的繁荣富强贡献自己的力量。

思想政治教育是培养学生正确的政治立场、世界观和方法论的教育活动,是高校教育中不可或缺的重要组成部分。思想政治教育的意义在于引导学生树立正确的人生观、价值观和世界观,促进学生全面发展和终身成长。思想政治教育对未来的重要性体现在对学生终身发展的积极影响,可以帮助他们在各个领域取得成功并成为社会主义建设的栋梁之材。在当今社会,加强高校思想政治教育,不仅能够提高学生综合素质,还能够塑造学生正确的世界观和人生观,为国家和社会的发展贡献更多优秀人才。

思想政治教育是大学教育的重要一环,对于学生的终身发展起着至关重要的作用。通过思想政治教育,学生可以树立正确的政治立场和人生观,增强自身的综合素质和社会责任感。思想政治教育还可以帮助学生建立正确的社会主义核心价值观,培养他们的独立思考能力和批判精神,使他们能够适应社会发展的需要并作出积极贡献。

在当今社会快速变化的背景下,高校的思想政治教育显得尤为重要。只有通过加强思想政治教育,才能使学生正确理解和把握时代发展的脉搏,树立正确的世界观和方法论,从而更好地适应社会的发展要求。思想政治教育不仅是培养学生的正确认识和世界观的重要途径,更是构建和谐社会的基础保障。

高校思想政治教育的重要性体现在培养出更多有理想、有追求的社会栋梁之材,他们将成为推动社会进步的中坚力量。通过思想政治教育,学生将树立正确的人生目标和信仰,拥有健全的思想道德素养和良好的社会责任感,将来能够在各个领域发光发热,为国家的繁荣和发展贡献自己的力量。

因此,高校应该充分认识到思想政治教育的重要性,加强理论教育和实践教育相结合,引导学生正确对待自己、对待社会,并在未来的发展道路上做出积极的贡献。只有这样,才能真正培养出德才兼备、全面发展的优秀人才,为建设美好的新时代贡献力量。

思想政治教育是指通过教育手段,引导和教育人们养成正确的政治思想观念,增强国家意识和法制观念,培养爱国主义、集体主义和社会主义观念,提高全民群众的思想道德素质和政治觉悟。思想政治教育在高校中尤为重要,是推动学生综合素质教育和全面发展的有效途径。高校思想政治教育的创新探究,是为了应对时代发展的需求,推动高校教育事业不断向前发展。

思想政治教育的意义在于引导学生形成正确的世界观、人生观和价值观,树立正确的政治立场,增强爱国主义情感和社会责任感,提升学生的综合素质和竞争力。高校思想政治教育的创新,可以帮助学生建立正确的人生观和世界观，培养他们独立思考、自信自强的意识和能力，进而促进学生健康成长和发展。

未来，高校思想政治教育的前景将更加广阔。随着社会的不断发展和进步，高校思想政治教育将更加关注学生的创新精神和批判思维能力，培养学生的社会责任感和公民意识，引导他们积极参与社会主义建设和发展，在建设社会主义现代化中国的伟大征程中发挥积极作用。高校思想政治教育的创新，将成为高校教育改革和发展的重要抓手，推动高校人才培养模式的转变，促进高校教育事业的繁荣和进步。

随着时代的不断变迁和社会的不断进步，高校思想政治教育的重要性愈发凸显。未来，高校思想政治教育将不仅仅是传授理论知识，更要注重培养学生的创新能力和批判思维，引导他们树立正确的人生观和世界观。高校思想政治教育的创新将进一步激发学生的社会责任感和公民意识，使他们意识到自身在社会发展中的重要性。

通过开展各种形式多样的教育活动，高校将激发学生的独立思考和自信自强的意识，培养他们具备创新精神和批判思维能力，使他们成为积极进取、担当社会责任的新时代青年。高校思想政治教育的创新将为学生提供更加广阔的学习空间，让他们在探索和实践中不断成长。

高校思想政治教育的未来发展将重点关注学生的全面素质提升和竞争力培养，引导他们树立正确的政治立场，增强爱国主义情感和社会责任感。这将有助于推动学生投身社会主义建设和现代化进程，为国家的发展贡献智慧和力量。高校思想政治教育的创新不仅是高校教育改革和发展的需要，更是国家长远发展的内在要求。

在未来的道路上，高校思想政治教育将继续探索创新，为培养德智体美劳全面发展的社会主义建设者和接班人作出积极贡献。这是一项长期而重要的工作，需要高校全体教职工的共同努力和呵护。高校思想政治教育的前景无疑是光明的，让我们共同期待和努力。

第二节　思想教育创新理念

一、培养学生的创新精神

高校思想政治教育的创新理念着眼于培养学生的创新精神，提倡自主思考和独立见解。这意味着不再仅仅传授知识，而是要引导学生独立思考，不断探索新的领域，勇于挑战传统观念。这种创新理念促使学生不再满足于被动接受信息，而是要积极思考、发现问题、提出解决方案。只有通过培养学生的创新意识和能力，才能真正激发他们的学习兴趣和潜力。在这个过程中，提倡自主思考和独立见解也成为重要的要求。学生应该有勇气发表自己的观点，不断质疑和挑战权威观点，实现从跟随者到领导者的转变。这种自主思考和独立见解的意识，将帮助学生更好地适应未来社会的挑战和变化。通过高校思想政治教育的创新探究，学生将在思维方式和行为习惯上得到全面提升，为未来的发展打下坚实的基础。

在高校思想政治教育的创新探究中，学生们逐渐认识到自主思考和独立见解的重要性。这种意识的觉醒让他们开始积极参与到课堂讨论和学术研究中，勇敢地提出自己的看法和观点。他们不再满足于简单地接受老师传授的知识，而是通过阅读、实践和思考，努力寻找问题的答案，并尝试提出新的解决方案。在这个过程中，他们学会了尊重他人的不同看法，同时也学会了保持自己独立思考的权利。

通过培养自主思考和独立见解的能力，学生们逐渐成长为具有创新精神的未来领导者。他们不再畏惧面对挑战和困难，而是勇敢地迎接各种挑战，努力探索新的知识领域，寻求突破和创新。他们懂得了只有不断挑战自己的极限，才能不断进步和成长。这种积极向上的态度让他们在未来的社会竞争中拥有更大的优势和机遇。

自主思考和独立见解的培养不仅仅是在学术研究中体现，更是贯穿于生活的方方面面。学生们逐渐学会了独立思考问题、独立解决困难，不再依赖他人的指导和帮助。他们开始自主规划自己的学习和生活，树立明确的目标和方向，努力朝着自己的梦想前行。这种自主精神让他们更加自信和坚定，在面对挑战和压力时能够坚持不懈，不畏艰辛，勇敢向前。

提倡自主思考和独立见解不仅是高校思想政治教育的重要内容，更是学生们成长和发展的关键。只有通过不断培养学生的创新意识和能力，才能真正激发他们的学习兴趣和潜力，让他们在未来的社会中拥有更加广阔的发展空间。通过自主思考，学生们将成为具有国际竞争力的优秀人才，为社会的繁荣和进步作出更大的贡献。

高校思想政治教育的创新理念在培养学生的创新精神方面起着重要作用。鼓励学生勇于挑战传统观念，不拘泥于既有的思维模式，敢于打破固有的框框，勇于探索新的道路。这种教育理念激发了学生的求知欲和创造力，使他们能够勇于追求真理，不畏艰难困苦，不怕冒险挑战。通过这种方式，学生可以在实践中不断积累经验，培养自己的创新意识和能力，为未来的发展奠定坚实基础。

在当今社会，传统观念往往束缚了人们的思维和行为方式，限制了人们的创新能力和发展潜力。因此，鼓励学生勇于挑战传统观念，打破陈规，是非常有必要的。通过挑战传统观念，学生可以拓宽自己的视野，开阔思维，了解到世界的多样性和复杂性，从而更好地适应社会变革和发展的需要。只有不断挑战传统观念，才能不断创新，才能不断超越自我，实现个人价值和社会发展的双赢。

挑战传统观念并不是一件容易的事情，需要勇气和毅力。但正是这种挑战，让人们不断突破自己的极限，实现更为广阔的可能性。在挑战传统观念的过程中，人们不仅可以获得新的知识和技能，还可以不断提升自己的思维能力和创新意识。通过接受挑战，人们可以发现自己的潜力和优点，激励自己朝着更高的目标努力奋斗。

挑战传统观念不仅是对自己的一种提升，也是对社会的一种贡献。通过不拘泥于旧有的做法和观念，人们可以为社会带来新的变革和进步。只有不断挑战传统观念，才能引领社会朝着更加开放、包容和创新的方向发展。正是因为有人们的勇于挑战传统观念，才有了历史上那些伟大的变革和革新。无论是科技领域、社会制度还是文化传承，都需要人们敢于挑战传统观念，敢于打破旧有框架，勇于尝试新的可能性。

在当今信息爆炸的社会中，传统观念往往会成为人们思维的枷锁，束缚着他们的发展和进步。只有勇敢地面对挑战，勇敢地打破旧有的条条框框，才能找到通往成功的道路。因此，鼓励学生勇于挑战传统观念是教育的重要任务之一。通过挑战传统观念，学生可以培养自己的独立思考能力和创新能力，为未来的发展做好充分准备。只有不断挑战传统观念，才能成就更加美好的明天。

二、引领学生的社会责任感

在高校思想政治教育的创新中，引领学生的社会责任感是至关重要的。通过探讨社会问题并提出解决方案，学生可以深入了解社会现状，增强社会责任感和使命感。这也可以培养学生的批判思维和解决问题的能力，为他们未来的发展奠定坚实的基础。通过推动学生参与社会实践活动，促进他们将所学知识运用到实际生活中，培养他们的创新精神和实践能力。高校思想政治教育的创新需要不断探索和实践，引领学生走向更加充实、有益的人生道路。

在高校思想政治教育的创新中，引领学生的社会责任感是至关重要的。通过深入研究社会问题并提出解决方案，学生得以拓展视野，增强社会责任感和使命感。这种实践不仅可以锻炼学生的批判思维和问题解决能力，更能为他们未来的发展奠定坚实的基础。在推动学生参与社会实践活动的过程中，他们能够将所学知识运用到实际生活中，培养创新精神和实践能力。高校思想政治教育的创新之路需要不断探索和实践，引领学生朝着充实、有益的人生道路迈进。通过这种方式，学生可以更加全面地发展自己，为社会进步和发展贡献力量。深入探讨社会问题，找到切实可行的解决方案，是培养学生社会责任感和实践能力的有效途径，也是高校思想政治教育持续创新的重要内容。在这个过程中，学生将不断成长，为建设美好社会贡献自己的力量。

在高校思想政治教育的创新探索中，引领学生的社会责任感是至关重要的。通过培养学生的公民意识和社会使命感，可以帮助他们更好地认识社会现实，把握社会发展的方向，积极参与社会实践，并为社会的发展作出贡献。在这个过程中，学生将不仅仅是作为个体存在，更要扮演好作为一个社会成员的角色，承担起应尽的责任和义务。这种引导学生的社会责任感的做法，有助于提高学生的社会责任意识，激发学生的社会参与热情，增强学生的团队合作意识，使他们在日后的社会实践中能更好地适应并发挥自己的作用。

同时，在高校思想政治教育的创新中，培养学生的公民意识和社会使命感也是非常重要的一环。只有让学生认识到自己身为公民的权利和义务，才能有效地引导他们树立正确的社会价值观和行为准则，激发他们的社会责任感和社会使命感。培养学生的公民意识，不仅仅是告诉他们应该如何行使自己的权利，更要让他们明白作为一个公民，自己应该承担起的社会责任和义务。只有这样，他们才能在日后的社会生活中更好地维护自己的权益，同时也能更好地履行自己的社会责任，为社会的进步和发展贡献自己的力量。

因此，高校思想政治教育的创新探索中，引领学生的社会责任感和培养学生的公民意识和社会使命感是互相联系、相辅相成的，只有将这两者结合起来，才能更好地引导学生树立正确的人生观、价值观，让他们在日后的社会实践中展现出更好的个人素养和社会责任。通过不断的探索和实践，我们相信，高校思想政治教育将在未来取得更加积极的成果，为培养更多具有社会责任感和公民意识的优秀人才作出更大的贡献。

在当今社会，培养学生的公民意识和社会使命感显得格外重要。作为高校的重要任务之一，思想政治教育不仅仅是传授知识，更要引导学生树立正确的人生观和价值观。只有让学生认识到自己作为一个公民所需要承担的责任和义务，才能真正做到在实践中展现出更好的素养和责任感。通过多元化的教学方式和活动组织，高校可以激发学生的社会责任感，让他们在参与社会实践的过程中不断提升自己的公民意识和社会使命感。

在学生的成长过程中，高校可以通过丰富多彩的社会实践活动，引导学生深入社会、了解社会，让他们亲身感受到自己的责任和使命。同时，高校可以加强思想政治课程的教学内容，从理论上强调公民的权利与义务，并引导学生将理论与实践相结合。通过让学生参与各种社会实践活动，培养学生的团队合作意识、社会责任感和公民意识，使他们在实践中学会独立思考、勇于担当，为社会的进步和发展贡献自己的一份力量。

总的来说，高校思想政治教育的创新探索中，引领学生的社会责任感和培养学生的公民意识和社会使命感是紧密相连的。只有在这样的教育体系下，学生才能真正意识到自己在社会中的地位和责任，才能做到在实践中表现出更好的素养和责任感。随着不断的实践和探索，我们相信高校思想政治教育将不断取得积极的成果，培养出更多具有社会责任感和公民意识的优秀人才，为社会的持续发展贡献自己的力量。

在当今社会，高校思想政治教育的创新理念越来越受到人们的关注和重视。其中重要的一点就是引领学生的社会责任感，这种责任感不仅是对自己的学业负责，更是对社会、对国家的负责。同时，高校也应注重培养学生的团队合作和社会担当，这不仅有助于学生在团队中更好地发挥自己的优势，也能更好地承担社会责任。通过这种思想政治教育的创新理念，可以帮助学生更好地适应未来社会的发展需要，成为有社会责任感、有团队合作意识和社会担当的人才。

在当今社会，高校思想政治教育的创新理念越来越受到人们的关注和重视。培养学生的团队合作和社会担当是其中至关重要的一环。团队合作不仅可以帮助学生更好地协调人际关系，提升个人综合素质，更能够培养学生的领导能力和解决问题的能力。在团队中，每个成员扮演着不同的角色，需要相互合作、相互尊重，共同实现团队的目标。这种实践不仅能锻炼学生的团队合作意识，更能培养学生的沟通能力和团队管理能力。

同时，社会担当也是现代大学生应该具备的重要素质。学生不仅应该关心自身发展，更应该关注社会公益事业，奉献自己的力量，为社会建设贡献自己的一份力量。在参与社会实践和志愿者活动中，学生可以更好地认识社会，增强社会责任感，锻炼承担责任的能力。只有真正理解并肩负社会责任，学生才能在未来的工作岗位上展现自己的担当和使命感。

高校思想政治教育的创新理念，不仅是为了培养学生成为有理想、有道德、有文化、有纪律的人才，更是为了塑造一代有社会责任感、具有团队合作精神和社会担当的新型人才。只有通过这种创新教育理念的引导，学生才能逐步形成正确的人生观、价值观，不断提升综合素质，为未来的社会发展作出积极的贡献。愿所有的学子们在这样的思想教育下茁壮成长，成为国家和社会需要的栋梁之材。

在高校思想政治教育的创新探究中，培养学生的环境保护意识和可持续发展观念至关重要。通过引导学生关注环境问题，教育他们尊重自然、珍爱生命的理念，可以帮助他们树立正确的环保观念。在这个过程中，学生不仅仅是社会的参与者，更是负有责任的社会公民，需意识到自身的行为与环境之间的关系，并主动参与到环境保护和可持续发展的实践中去。通过开展丰富多彩的环保活动和实践项目，学生可以深刻体会到环境问题的严重性以及自己作为一员应该承担的责任，进而形成保护环境、推动可持续发展的积极态度和行动意识。这种教育理念不仅仅是对学生的单纯灌输，更是通过引导、激发和实践，让学生理解、认同、接受并内化环境保护和可持续发展的重要性，从而在未来的生活和工作中积极推动环境保护事业的发展，真正实现个体与社会、人类与自然的和谐统一。

在培养学生的环境保护意识和可持续发展观念的过程中，教育者需要通过多种方式引导学生，使其深刻认识到环境问题对人类生存的严重影响，并激发他们内心深处的环保责任感。学校可以组织各种环保活动，如植树造林、垃圾分类、节约能源等，让学生亲身参与其中，从而增强他们的环保意识和实践能力。同时，课堂教育也是非常重要的一环，教师可以通过生动有趣的教学方式，向学生传授环保知识，并让他们明白环保不仅仅是一种行为，更是一种态度和生活方式。除此之外，家庭也是培养学生环保观念的关键环节，家长可以在日常生活中给予孩子正确的环保示范，引导他们从小养成良好的环境保护习惯。通过多方合作，学校、家庭和社会共同努力，必将培养出一批有环保意识、有责任感的新一代，他们将成为未来环保事业的中坚力量，推动社会实现人类与自然和谐共生的目标。

三、推动教育教学改革

高校思想政治教育的创新理念包括推动教育教学改革和开展多元化教学方法和评价体系。教育教学改革是高校思想政治教育创新的重要方向，它要求教师们在传统的教学模式基础上勇于尝试新的教学手段和方法，注重激发学生的思考和创造力。开展多元化的教学方法和评价体系能够更好地适应不同学生的学习方式和需求，提高教学效果，促进学生全面发展和综合素质的提升。在高校思想政治教育的实践中,我们需要不断探索创新,不断完善教育教学体系,以培养更多符合时代要求的新型人才。

在高校思想政治教育的实践中,不仅要推动教育教学改革和开展多元化教学方法和评价体系,还需要重视学生个性差异,为每个学生提供个性化的教学服务。通过注重学生的主体地位,激发学生的学习兴趣和自主学习能力,可以更好地促进学生全面发展和综合素质的提升。教师们应该在日常教学中注重与学生的互动,建立起师生良好的沟通与互信关系。这样不仅可以加深师生之间的情感联系,还可以更有效地引导学生树立正确的人生观和价值观。

高校思想政治教育的创新理念还需要致力于拓展跨学科教学的领域,打破学科壁垒,促进不同学科之间的交叉融合。通过跨学科教学的方式,可以更好地培养学生的综合能力和解决问题的能力,提高他们的综合素质水平。除此之外,高校还应该积极引入国际化教育元素,促进国际教育交流与合作,拓宽学生的国际视野,培养具有国际竞争力的人才。

高校思想政治教育的创新理念还需要加强与社会实践的联系,将课堂内外的学习相结合。通过开展社会实践活动,让学生走出校园,走进社会,亲身体验社会生活,从而更好地理解理论知识的实际应用,培养解决社会问题的能力和责任感。只有不断探索创新,不断完善教育教学体系,高校思想政治教育才能更好地适应时代发展的需求,培养更多符合时代要求的新型人才。

高校思想政治教育的创新理念包括推动教育教学改革,建立个性化学习体系和支持机制。通过不断探索和实践,高校在教育教学领域不断追求创新,以满足不同学生的需求和发展。建立个性化学习体系和支持机制,是为了更好地帮助学生发展潜能,实现自身价值。在这个过程中,高校不断探索符合现代时代要求的教育模式,促进学生综合素质的提升,培养德智体美劳全面发展的社会主义建设者和接班人。

高校思想政治教育的创新理念不仅包括推动教育教学改革,还注重建立个性化学习体系和支持机制。这一理念的核心在于为每位学生提供更加个性化、贴近实际需求的学习体验和支持服务。高校在不断的探索和实践中,致力于培养具有自主学习能力和创新精神的学生,促进他们全面发展。

个性化学习体系和支持机制的建立,不仅有利于提高学习效率,还能更好地激发学生的学习动力和潜能。在这个过程中,高校积极探索符合现代社会需求的教育模式,尊重学生个体差异,为他们提供更加多样化、灵活性的学习途径和资源支持。通过个性化学习体系和支持机制的建立,学生可以更好地发挥自身优势,培养批判性思维、创新能力和团队合作精神,为未来的发展奠定坚实基础。

高校不仅要关注学生的学术发展，还要重视他们的全面成长。建立个性化学习体系和支持机制，旨在帮助学生实现自身的梦想和目标，成为社会主义建设者和接班人。高校将不断创新教育教学模式，提升学生的综合素质和实践能力，为构建社会主义现代化国家作出积极贡献。个性化学习体系和支持机制的建立，将为高校教育事业的持续发展注入新的活力和动力。愿每一位学子在这个温馨的大家庭中茁壮成长，绽放出属于自己的光彩。

通过推进课程和教材内容的更新与创新，可以有效激发学生学习兴趣，提高他们的参与度和自主学习能力。这一举措不仅可以使学生更加积极地投入到学习过程中，而且可以提高他们的学习效率和水平。同时，更新和创新课程与教材内容也有助于弥补传统教育中存在的不足，使之更加符合时代发展和学生需求。这样做不仅可以提升教师的教学质量，也可以促进教育教学的全面发展。因此，推动教育教学改革，推进课程和教材内容的更新与创新，对于高校思想政治教育的创新和发展具有重要意义。

教育教学中的推进课程和教材内容的更新与创新，意味着要不断适应社会的发展变化，满足学生个性化需求。在教育教学过程中，教师应该结合学生的特点和实际情况，灵活运用各种教学手段，不断更新和完善课程和教材内容。这样才能更好地激发学生的学习热情，帮助他们建立全面的知识体系和实践能力。

通过推进课程和教材内容的更新与创新，学生能够接触到更加新颖、多样化的知识内容，拓宽视野，提升综合素质。在这个过程中，学生将会更加愿意积极参与到学习当中，自觉主动地去探索、思考和学习。而教师也会因为更新和创新的课程与教材内容而不断提升自己的教学水平和能力，更好地引导学生进行学习。

除此之外，推进课程和教材内容的更新与创新还能有效地弥补传统教育的不足之处，让教育更加符合时代的潮流，更加贴近学生的需求。通过创新教学内容，可以有效地激发学生的创新思维和创造力，培养他们的实践能力和团队合作精神。这样的教学方式不仅可以提高学生的综合素质，也有利于他们未来的职业发展和社会适应能力的提升。

总的来说，推进课程和教材内容的更新与创新是教育教学改革的重要一环，对于高校思想政治教育的创新和发展具有积极的意义。希望通过不断的努力和创新，我们能够为学生提供更加优质的教育教学环境，培养出更加优秀的人才，推动教育事业不断向前发展。

在高校思想政治教育的创新探究中，加强教师队伍建设和培训是至关重要的一环。只有不断提升教师的专业水平和教学能力，才能更好地引领学生，推动教育教学改革的深入发展。当前，高校教师队伍建设已经成为高校管理的重要任务之一。通过加强教师队伍建设和培训，不仅可以提升教师的专业素养，还可以增强他们的教学能力和创新意识。

针对当前高校教师队伍建设和培训存在的问题和挑战，需要不断探索新的方式和途径。通过建立完善的培训机制和体系，为教师提供更加多元化的培训课程和机会，帮助他们不断提升自身的专业水平和教学技能。同时，还需要加强对教师的指导和督促，促使他们在教学实践中不断总结经验、改进方法，提升教学效果。

加强教师队伍建设和培训还需要注重引导教师积极参与教育教学改革，拓展教师的视野，增强他们的创新能力。只有不断鼓励教师尝试新的教学方法和手段，教导方式的创新，才能更好地适应时代发展的需求，有效提升高校思想政治教育的质量和效果。通过加强教师队伍建设和培训，将有效推动高校思想政治教育的创新探索，不断提升高校人才培养的质量和水平。

在加强教师队伍建设和培训的同时，高校还需重视教师的职业发展和个人成长。通过建立健全的评价机制和激励体系，激励教师持续学习和进步，不断提升教学水平和教育能力。同时，要注重培养教师的团队合作精神和创造力，促进师生之间的良好互动和交流，共同推动高校教育事业的发展。

加强教师队伍建设也需要关注教师的心理健康和工作满意度。高校可以通过开展心理健康教育和职业规划指导，帮助教师有效应对工作压力，保持积极的工作状态和生活态度。同时，给予教师更多的关怀和支持，增强他们的归属感和责任感，充分调动教师的工作热情和创造力，为高校教育事业注入更多活力和动力。

加强教师队伍建设和培训也需要与时俱进，不断适应社会发展和教育改革的要求。高校可以借助现代技术手段，开拓线上线下相结合的培训模式，提供便捷灵活的学习途径，满足不同教师的学习需求和兴趣爱好。同时，高校还应积极探索国际交流与合作机会，引进先进的教育理念和教学方法，促进教师的国际化视野和跨文化交流，拓宽教师的思维和视野，推动高校教育的不断创新和发展。

加强教师队伍建设和培训是高校教育事业发展的关键环节，只有不断提升教师的素质和水平，才能更好地适应时代的发展需求，提高高校教育的质量和水平。希望高校能够重视教师队伍建设，为教师提供更多的支持和机会，共同推动高校教育事业走向新的辉煌。

推动教育教学改革是当前高校思想政治教育创新的核心理念之一。通过不断探索和实践，我们深刻认识到传统的思想政治教育方式已经无法适应当代大学生的需求和变化，因此需要将创新理念融入其中。推动教育教学改革，不仅仅是为了满足教育发展的需要，更是为了更好地培养未来社会的栋梁之材。

推广新技术在教学中的应用方面，我们不断探索多种途径，致力于将现代科技与传统教育相结合，开发出更有效的教学工具和方法。通过引入在线教学平台、虚拟实验室等先进技术，我们可以实现教学资源的共享与互动，有效提高教学效果和学习体验。

同时，推广新技术在教学中的应用也有助于激发学生的学习兴趣和动力，促进他们的主动参与和互动交流。通过多媒体教学、智能化教学等方式，我们可以使教学内容更生动直观、更具吸引力，帮助学生更好地理解和掌握知识。

推动教育教学改革和推广新技术在教学中的应用，是高校思想政治教育创新的重要方向。只有不断探索、实践和完善，我们才能更好地适应时代的发展需要，为培养德智体美劳全面发展的社会主义建设者和接班人做出积极贡献。愿我们的努力能够为高校思想政治教育的创新发展注入更多活力与动力。

推广新技术在教学中的应用是当前教育领域不可忽视的重要议题。随着科技的不断发展，传统的教学模式已经无法满足当今学生的需求和学习方式。引入在线教学平台、虚拟实验室等先进技术，将为教学带来无限可能。通过互动性教学、个性化学习等方式，学生的学习效果将得到更充分的发挥。

推广新技术在教学中的应用不仅可以提高教学质量，还能激发学生的学习兴趣和动力。多媒体教学、智能教学等手段可以使教学内容更加生动有趣，学生们也会更主动地投入学习中，提高学习积极性。这样的教学方式不仅让学生更好地理解和掌握知识，还能促进他们的自主学习能力和思维能力的发展。

推动教育教学的改革，积极推广新技术的应用是我们教育工作者的使命。只有不断创新和完善教学方法，才能更好地适应时代的需求，培养出更具创造力和竞争力的人才。因此，我们应该勇于探索，积极实践，为高校思想政治教育的创新发展注入更多的活力和动力。希望我们的努力能为培养未来社会的建设者和接班人作出积极贡献。

四、构建宽松自由的教育环境

高校思想政治教育的创新理念，正是要构建一个宽松自由的教育环境，倡导开放包容的学术氛围。在这样的理念指导下，高校思想政治教育的发展迎来了新的探索和实践。构建宽松自由的教育环境，意味着给予教师和学生更多的自由空间，让他们有更多的自主权和选择权，激发他们的创造力和探索精神。而倡导开放包容的学术氛围，则是要求高校在学术研究和学术交流中尊重多元观点，包容不同的声音，推动学术界的多元发展和交流合作。在这样的环境下，高校思想政治教育的创新将得到更好的实践和推动。

在高等学府内，创新思想政治教育的理念是校园精神文明的重要保障。教师和学生应该有更多的自主权和选择权，以激发各自内在的创造力和探索精神。在这样的自由空间里，学生可以更加自由地表达自己的想法和观点，而教师则可以更好地发挥自己的教育教学能力，引导学生不断进步。倡导开放包容的学术氛围则是在学术领域中尊重多元观点，不将自身观点强加于人，而是包容不同的声音，推动学术界的多元发展和交流合作。学术界的开放包容将会助力于学术研究的深入发展，也将促成学术界间的有效交流合作，实现各领域知识的互通有无。在这样的环境下，高校思想政治教育的创新将更加得到实践和推动，也将为学生的全面发展和社会的进步贡献力量。只有创造一个宽松自由、开放包容的教育氛围，才能为高校素质教育的全面推进提供坚实的基础，促进学术繁荣和社会进步。

在高校思想政治教育的创新探索中，构建宽松自由的教育环境和打破学科壁垒促进跨学科交流与合作是至关重要的。构建宽松自由的教育环境，可以让学生在自由的氛围中进行思想的碰撞与交流，激发他们的创造力和创新能力。打破学科壁垒，能够让不同学科之间的知识相互融合，为学生提供更广阔的学习空间和机会。

在当今快速发展的社会中，高校思想政治教育需要与时俱进，不断创新。构建一个宽松自由的教育环境，能够让学生在愉快的氛围中学习和成长。同时，打破学科壁垒，促进跨学科交流和合作能够促进知识的跨界整合，让学生更全面地了解和掌握知识。这种创新理念将会为高校思想政治教育的发展带来新的活力和动力。

在构建宽松自由的教育环境的过程中，高校可以通过优化教学设施、完善教学管理制度以及推行开放式教育模式等方式，为学生提供更灵活、更自由的学习环境。同时，打破学科壁垒，促进跨学科交流和合作可以通过开设跨学科课程、组织跨学科研讨会等方式来实现。这将有助于激发学生的学习兴趣，培养他们的综合能力和创新意识。

总的来说，构建宽松自由的教育环境和打破学科壁垒促进跨学科交流与合作是高校思想政治教育创新的重要方向。这种创新理念将有助于培养学生的创新意识和综合能力，提升他们的竞争力和综合素质。同时，也能够为高校思想政治教育走向更加开放、多元和创新的道路奠定基础。

在推动学科交流和合作的过程中，高校可以积极引入跨学科团队，促进不同学科之间的融合和互补。通过跨学科研究项目的组织和开展，可以激发教师和学生的创新思维，拓展他们的学术视野。高校还可以建立跨学科研究中心，为不同学科的研究者提供合作交流的平台和资源支持。

同时，高校可以鼓励学生积极参与跨学科实践项目，在实践中探索不同学科知识的交叉点，培养学生解决复杂问题的能力。通过跨学科实践，学生可以充分发挥各自学科专长，共同探讨和解决现实问题，提升综合素质和团队协作能力。

高校还可以建立跨学科研究基金，支持学生和教师开展跨学科研究项目，为跨学科合作提供资金保障。通过资金支持，可以吸引更多人才投身到跨学科研究中，推动学术研究的深入发展。

总的来说，打破学科壁垒，促进跨学科交流与合作将为高校思想政治教育注入新的活力和动力。通过跨学科合作，高校可以培养更具综合能力和创新意识的人才，推动学科间的交流和融合，为高校教育的发展注入新的动力。

在高校思想政治教育的创新探索中，构建宽松自由的教育环境是至关重要的。这种教育环境能够激发学生的思想和探究欲望，让他们在自由的氛围下尽情展现自己的特长和才华。鼓励学术探究和学生自治，不仅可以培养学生独立思考和解决问题的能力，更能够激发他们参与社会实践和创新的热情。这种教育理念的倡导，为高校思想政治教育的发展注入了新的活力。

在构建宽松自由的教育环境中，我们应该尊重学生的个性和特长，给予他们更多的选择权和自由空间。教师应该放手让学生去探索和创新，引导他们从实践中获取知识和经验，培养他们的综合能力和创新精神。只有在这样的环境下，学生才能真正地展示自己的潜力和价值，实现个性化发展和全面提升。

同时，鼓励学术探究和学生自治也是高校思想政治教育创新的重要内容。学术探究可以帮助学生深入理解知识和问题，锻炼他们的批判思维和创新能力。学生自治则是培养学生的独立性和责任感，让他们在管理自己的学习和生活中逐渐成长为自主、自律的人才。

总的来说，构建宽松自由的教育环境，鼓励学术探究和学生自治，是高校思想政治教育创新的核心理念。我们应该不断深化这种理念，创造更加有利于学生全面发展和个性成长的教育环境，为培养德智体美劳全面发展的社会主义建设者和接班人做出更大的贡献。愿我们高校的思想政治教育教学工作越来越出彩，让广大学生真正成为德才兼备的栋梁之材。

鼓励学术探究和学生自治，是高校思想政治教育创新的至关重要的一环。在这样的教育理念下，学生们将有更多的机会去探索自己的兴趣和潜能，去发现自己的个性和价值。学术探究可以激发学生的求知欲和创造力，让他们在学习中体会到思维的乐趣和成长的喜悦。学生自治则是培养学生的自主性和独立性，让他们在生活中学会自我管理和自我激励。

在构建宽松自由的教育环境下，学生们将有更多的空间去展现自己的才华和能力。他们将有更多的机会去参与各种学术活动和学术竞赛，去展示自己的独特见解和独到见解。同时，学生们也将更加自觉地参与校园管理和组织活动中，学会承担责任和领导团队。

在这样的教育环境中，学生们将不断地追求进步和超越，他们将拥有更加积极的人生态度和学习动力。高校的思想政治教育将朝着更加有效的方向发展，培养出更多德智体美劳全面发展的优秀人才。我们期待着学生们在这样的教育环境中茁壮成长，成为社会主义建设者和接班人中的佼佼者。愿我们一起努力，让高校的思想政治教育工作越来越出彩，为国家和社会的发展贡献自己的力量。

高校思想政治教育的创新理念之一是构建宽松自由的教育环境。在这样的环境中，学生可以自由地表达自己的观点，不受限制地探索和思考。除此之外，高校还致力于提供多样化的学习与实践机会，让学生通过不同的途径和方式获取知识和经验，拓展自己的视野和能力。通过构建这样的教育环境和提供这样的机会，高校可以激发学生的学习热情，促进他们全面发展，实现自身价值。

在构建宽松自由的教育环境的基础上，高校还可以通过提供多样化的学习与实践机会来进一步激发学生的学习热情和促进他们全面发展。学生可以通过参与各种形式的社团活动、实习实践、学术竞赛等方式，拓展自己的视野和能力。在社团活动中，他们可以与志同道合的同学一起探讨问题、合作解决难题，培养团队合作精神和领导能力。而实习实践则为他们提供了将理论知识转化为实际能力的机会，让他们在真实的工作场景中学习和成长。同时，学术竞赛也是一个促进学生学习的有效途径，通过参与竞赛，学生可以不断提升自己的专业技能，锻炼解决问题的能力。

除了以上形式的学习与实践机会，高校还可以开设选修课程、导师制度等，为学生提供更个性化和专业化的学习机会。选修课程可以让学生根据自己的兴趣和发展方向选择适合自己的课程，打破传统学科界限，拓展学生的学习领域。而导师制度则可以为学生提供更为个性化的辅导和指导，帮助他们更好地规划未来发展路径，实现自身的理想和目标。

通过提供多样化的学习与实践机会，高校不仅可以满足学生的个性化需求，还可以帮助他们全面发展，更好地适应未来社会的发展和变化。这样的教育环境不仅可以激发学生的学习热情，还可以培养他们的创新能力和解决问题的能力，为未来的社会发展和个人成长奠定坚实的基础。

五、发挥教育管理的引领作用

在高校思想政治教育的创新探索中，加强顶层设计和政策支持起着至关重要的作用。通过加强顶层设计，可以确立教育教学目标和方向，为思想政治教育的改革发展提供战略指导。同时，政策支持也是促进高校思想政治教育创新的重要保障，可以为新理念、新方法的实践提供制度保障和政策支持。只有发挥教育管理的引领作用，加强顶层设计和政策支持，才能推动高校思想政治教育不断迈向更高水平，实现对学生全面发展的引领和促进。

在高校思想政治教育的持续探索中，定期评估和调整教育教学目标和方向是非常重要的。只有确保目标与实际需求相匹配，才能使思想政治教育更具针对性和有效性。同时，政策支持也需要与时俱进，不断完善和调整，以确保政策能够全面覆盖教育教学领域的各个环节，为教育改革提供有力支持。

高校也应不断引入先进理念和方法，不断创新教育教学模式。通过与国际接轨，学习借鉴先进国家的经验和做法，可以为高校思想政治教育提供更广阔的视野和更多的可借鉴之处。同时，加强师资培训和团队建设也是至关重要的，只有不断提高教师素质和教学水平，才能更好地开展思想政治教育工作。

总的来说，只有不断加强顶层设计和政策支持，并与时俱进地创新教育教学方法，高校思想政治教育才能不断迈向更高水平，实现学生全面发展的目标。通过持续努力和改革探索，高校思想政治教育必将迎来更加辉煌的未来。

在高校思想政治教育的创新探索中，建立多方参与的决策机制是至关重要的一环。通过多方参与，可以更好地凝聚力量，团结各方面的资源和智慧，实现教育管理的全面发展。同时，多方参与的决策机制也可以更好地满足不同利益主体的需求，促进高校思想政治教育的全面、均衡发展。只有建立了多方参与的决策机制，才能真正实现教育管理的引领作用，推动高校思想政治教育创新的深入发展。

在多方参与的决策机制下，高校各方面资源得以充分整合，优势互补，形成合力。通过广泛征求意见和建议，可以更好地发掘问题根源，制订更科学合理的政策措施。各方主体之间的互动和沟通也能够增进彼此的了解与信任，建立起更加稳固的合作关系，共同推动高校思想政治教育事业的发展。

多方参与的决策机制还可以有效促进高校教育管理体系的现代化建设。通过引入多元化的决策主体，可以更好地借鉴国际上先进的管理经验和理念，推动高校管理模式的创新与升级。同时，不同利益主体的参与也能够有效监督和约束高校管理行为，提高管理效率和透明度，确保教育资源的公平分配和有效利用。

在多方参与的决策机制下，高校思想政治教育的发展将更加民主、开放、多元化。各方的声音都能够得到充分尊重和重视，共同为高校思想政治教育的繁荣和壮大贡献力量。只有不断完善和深化多方参与的机制，才能更好地适应时代发展的需要，实现高校思想政治教育事业的可持续发展。

高校思想政治教育创新探究在发挥教育管理的引领作用方面，首先需要重视教育管理在推动高校思想政治教育创新中的重要性。教育管理部门应当积极引导高校思想政治教育的创新探索，制订相关政策措施，为高校提供有力支持和指导。同时，教育管理者还应当积极开展对思想政治教育创新的研究和探讨，不断总结成功的经验和教训，进一步优化管理模式，推动高校思想政治教育事业不断向前发展。

在完善监督评估体系方面，高校应当建立健全的监督评估机制，确保思想政治教育创新工作的顺利开展。监督评估体系应当包括定期对思想政治教育创新工作进行评估和检查，发现问题及时纠正和改进。同时，高校还应当加强对评估结果的分析和归纳，及时总结经验，为今后的工作提供参考。通过完善监督评估体系，高校才能更好地发挥思想政治教育创新的作用，促进全校师生的思想政治素质提升和全面发展。

在高校思想政治教育工作中，完善监督评估体系是至关重要的。除了建立健全的监督评估机制外，高校还应当注重培养教师团队的专业水平和思想政治素质。教师是思想政治教育的主要实施者，他们的专业水平和思想政治素质直接影响着教育质量和效果。因此，高校应当通过加强教师培训和考核，不断提升教师的专业水平和思想政治素质。

高校还应当注重激发学生的思想政治参与意识和能力。在教育实践中，高校可以通过组织思想政治研讨会、开展主题班会、举办思想政治教育活动等方式，引导学生积极参与思想政治教育，培养他们的思辨能力和责任意识。同时，高校还应当加强对学生的日常管理和引导，建立健全的学生思想政治教育档案，全面了解学生的思想动态和成长变化，及时发现和解决学生存在的思想问题。

高校还应当充分利用现代化技术手段，提升思想政治教育的传播效果和影响力。通过建设网络平台、推出思想政治教育移动应用、举办线上思想政治教育课程等方式，将思想政治教育延伸到学生的日常生活和学习之中，使之成为学生的内在需求和自觉行为。通过融合现代化技术手段，高校可以更好地激发学生的学习兴趣和积极性，提高思想政治教育的针对性和实效性。

完善监督评估体系是高校思想政治教育创新工作的重要保障，但只有在教师团队专业素质、学生思想政治参与意识和现代化技术手段的支持下，高校的思想政治教育工作才能更好地开展和发展。希望高校能够在完善监督评估体系的同时，注重培养教师队伍和学生群体的素质提升，不断推动思想政治教育事业的蓬勃发展。

高校思想政治教育的创新理念体现在发挥教育管理的引领作用上。教育管理在高校思想政治教育中扮演着至关重要的角色，它不仅是组织、协调、监督和评价高校思想政治教育工作的主体，更是促进高校思想政治教育发展的推动力量。通过强化教育管理，可以引领高校思想政治教育朝着更加科学、完善、有效的方向发展。

推动高校思想政治教育的长期发展和创新路径需要立足于培育学生的综合素质，倡导以人为本的教育理念。高校思想政治教育不仅仅是灌输知识和教育理念，更应该注重培养学生的人文精神、创新意识和实践能力。只有让学生真正受益，才能真正推动高校思想政治教育的长期发展和创新路径。

在实践探索中，高校思想政治教育的创新理念需要不断与时俱进。随着时代的发展和社会的进步，高校思想政治教育的内容和方式也需要不断进行调整和改进。只有不断开展创新实践，不断探索适合高校思想政治教育的新模式、新方法，才能推动高校思想政治教育走上更加科学、规范、有效的发展道路。

发挥教育管理的引领作用，推动高校思想政治教育的长期发展和创新路径，是当前高校思想政治教育领域亟须关注和努力的重要方向。只有不断强化教育管理，不断培育学生的综合素质，不断进行创新实践，才能促进高校思想政治教育事业的繁荣兴盛。愿所有从事高校思想政治教育工作的人员共同努力，为高校思想政治教育的创新发展贡献自己的力量。

在推动高校思想政治教育的长期发展和创新路径方面，我们需要重视学生的主体地位，引导学生树立正确的世界观、人生观和价值观。同时，也需要深化教育教学改革，提升教师队伍素质，拓展教育资源，打造多元化的教育平台。只有如此，才能更好地培养学生的创新精神和实践能力，帮助他们更好地适应社会发展的需要。

还需要加强高校与社会的联系，促进高校思想政治教育与社会实践相结合，让学生在实践中得到更加深入的体验和启发。同时，要加强高校之间的交流与合作，借鉴他校成功的经验和做法，推动高等教育领域的共同发展。

在推动高校思想政治教育的长期发展和创新路径上，更需要关注学生的全面发展，注重培养学生的批判思维能力和创新能力，引导他们不断追求真理和实践。同时，也要重视学生的心理健康教育，为他们提供心理咨询和帮助，帮助他们建立自信、健康的人格。

在推动高校思想政治教育的长期发展和创新路径上，我们需要持续关注教育改革的前沿动态，不断调整和完善教育的内容和方式，努力打造适应时代需求的高校思想政治教育体系，为培养德智体美全面发展的社会主义建设者和接班人作出应有的贡献。愿我们共同努力，为高校思想政治教育事业的繁荣发展添砖加瓦。

第三节　高校思想政治教育教学内容创新

一、引入新的教学内容

通过多媒体手段传递知识可以帮助学生更好地理解和消化教学内容，提高思想政治教育的效果。多媒体手段可以包括幻灯片、视频、音频等形式，通过这些视听形式的展示和传递，可以更生动地呈现教学内容，激发学生的学习兴趣和积极性。同时，多媒体可以突破传统教学的单一形式，增加互动性，使教学更具活力和趣味，有利于学生的深入思考和理解。

引入新的教学内容也是创新思想政治教育的重要途径之一。随着社会的不断变化和发展，新知识、新理念不断涌现，教师可以将这些新内容融入思想政治教育中，使教学内容更加贴近学生的实际生活和社会需求，提高教学的实效性和针对性。通过不断更新教学内容，可以使教学内容具有前瞻性和创新性，激发学生的学习兴趣和求知欲，促进他们的全面发展和成长。

通过多媒体手段传递知识和引入新的教学内容是高校思想政治教育创新的两个重要路径和方法。教师们应不断积极探索和实践，不断完善教学手段和内容，不断提升教学质量和效果，为培养德智体美劳全面发展的社会主义建设者和接班人作出积极贡献。愿我们共同努力，共同探索，共同进步，共同成长！谢谢！

在当今社会，多媒体手段的应用已经成为一种必然趋势。这种方式不仅可以更好地传递知识，还可以激发学生的学习兴趣和求知欲。随着科技的不断更新和发展，教育也需要与时俱进，不断更新教学内容，以确保教学质量和效果。

除了多媒体手段，引入新的教学内容也是非常重要的。随着社会的发展，新的知识和理念不断涌现，教师们应该及时融入这些内容，使教学更加贴近学生的实际需求。通过引入新内容，可以不断激发学生的思维，促进他们的全面发展和成长。

在高校思想政治教育中，创新是永恒的主题。教师们要不断积极探索和实践，提升自己的教学水平，为学生的成长和发展提供更好的支持和指导。只有不断追求创新，不断引入新的教学方法和内容，才能真正培养出德智体美劳全面发展的社会主义建设者和接班人。

在未来的路上，让我们共同努力，共同探索，共同进步，共同成长。为了教育事业的发展，为了学生的未来，让我们携手并进，共同创造更加美好的明天！谢谢！

在高校思想政治教育的创新探究中，引入新的教学内容是非常重要的。通过增加实践环节，可以更好地提升学生的参与度，使他们更加深入地了解和体验思想政治教育的重要性。通过这种方式，学生可以更好地将理论知识与实际情况相结合，提高他们的学习积极性和学习效果。教师们可以通过设计丰富多彩的实践活动，如实践调研、社会实践、实践演练等，引导学生主动参与，从而达到思想政治教育的创新目的。通过实践环节的增加，可以使学生更加主动地学习和思考，培养他们的综合素养和创新意识。这样一来，思想政治教育的创新探究就能更好地实现，为高校人才培养提供更好的保障。

在高校思想政治教育的创新探究中，引入新的教学内容是非常重要的。实践环节的增加可以让学生更好地融入思想政治教育的实践中，从而增强他们的参与度和热情。通过参与实践活动，学生可以亲身感受和实践教育理念，不仅能够增加知识的获取，也能够培养学生的综合素养和创新意识。

在实践环节中，教师可以设计多元化的活动，如志愿活动、实地考察等，让学生在实践中学习，让抽象的理论知识变得生动而具体。这种教学方式不仅可以促进学生对所学知识的理解和消化，也可以锻炼学生的实际动手能力和团队协作能力。在参与实践活动的过程中，学生可以主动探索、思考和解决问题，培养自主学习和创新思维能力，从而更好地适应未来社会的需求。

通过增加实践环节，可以让学生在教育中得到更全面的发展和提升，不仅能够掌握理论知识，还能够在实践中不断提升自我。这样的教学模式不仅可以推动思想政治教育的创新探究，也可以为高校的人才培养提供更好的支持和保障。实践环节的增加，为高校思想政治教育的实践教学注入了新的活力和动力，为学生的个性发展和综合素质的提升提供了更加丰富和有效的途径。

引入前沿理论，激发学生思考：在高校思想政治教育创新探究中，引入新的教学内容是至关重要的。通过引入前沿理论，可以激发学生的思考，帮助他们更好地理解和应用所学知识。这不仅可以扩大学生的学习视野，还可以培养他们的独立思考能力和创新意识。因此，高校思想政治教育必须不断进行内容创新，将新的理论和观念融入教学中，以激发学生的学习兴趣和动力。在这个过程中，教师的角色至关重要，他们需要积极学习和探索新的教学内容，不断提升自己的教学水平，为学生提供更好的教育服务。只有这样，高校思想政治教育才能不断创新，更好地适应当代高校教育的发展需要。

引入前沿理论，激发学生思考是教育中的一项重要任务。通过引入新的理论和观念，可以帮助学生更好地理解世界，拓展他们的视野。这也是培养学生独立思考能力和创新意识的有效途径。在高校思想政治教育中，老师们扮演着关键的角色。他们需要不断学习和研究最新的教育理论，不断提升自己的教学水平。只有这样，才能更好地指导学生，激发他们的欲望去探索新知识，思考未知的问题。

教师们必须具备开放的思维，勇于尝试新的教学方法和手段。他们需要与时俱进，积极融入当下的社会热点话题和前沿理论，使教学内容更加具有吸引力和现实意义。只有这样，才能让学生在学习中感受到热情和动力，激发他们对知识的渴望和探究欲望。

引入前沿理论也有助于促进教育的发展和升级。随着社会的不断变化和科技的飞速发展，教育也需要不断创新，以更好地适应时代的需求。通过引入前沿理论，高校思想政治教育可以与时俱进，为学生提供更丰富和更有深度的教育内容，从而提高教育质量。教育是一项长期而复杂的事业，只有不断创新和更新，教育才能不断进步，为社会培养出更多有担当的人才。

因此，引入前沿理论，激发学生思考，不仅是高校思想政治教育的责任，也是教育事业发展的需要。只有将这一理念融入实际教学中，才能真正实现教育的价值和意义。愿每一位教育工作者都能以开放的心态，推动教育的不断创新与发展。

高校思想政治教育创新探究的重要性不言而喻，为了更好地适应时代发展的需求，我们需要不断探索新的教学内容。结合时事热点，可以引入一些当下社会关注的话题，如"数字化时代下的信息素养教育""全球化背景下的国际交流与合作"等。这些内容不仅可以激发学生的学习兴趣，还有助于培养学生的综合能力和批判思维。通过引入新的教学内容，我们可以更好地满足学生的学习需求，提高教学实效。

在高校思想政治教育的实践中，结合时事热点来增强教学实效是非常关键的。随着社会的不断发展变化，教育内容也需要与时俱进。例如，我们可以引入关于人工智能对社会影响的讨论，或是针对环境保护和气候变化的话题展开教学。这些与时事热点相关的内容不仅能引起学生的兴趣，还可以帮助他们更好地理解当前社会现象和挑战。通过将这些实际问题融入思想政治教育中，可以激发学生的思考和创新能力，培养他们的批判性思维和解决问题的能力。

结合时事热点还能够拓宽教学内容的广度和深度，让学生能够更全面地了解世界各地的情况和发展趋势。比如，在探讨全球化背景下的国际交流与合作时，学生可以更深入地了解不同文化之间的碰撞和融合，从而培养跨文化交流的能力。同时，引入关于信息素养教育的话题，可以帮助学生更好地应对信息爆炸的时代，培养其筛选信息、分析信息、应用信息的能力。

总的来说，结合时事热点来增强教学实效是高校思想政治教育中不可或缺的一环。通过引入与时俱进的内容，可以使教学更富有活力和吸引力，激发学生的学习热情和求知欲。同时，这也有助于将抽象的理论知识与实际问题相结合，培养学生的批判性思维和解决问题的能力，使教育更具有现实意义和实际效果。因此，结合时事热点，增强教学实效，将是高校思想政治教育不断发展的重要路径之一。

在高校思想政治教育的创新探究中，引入新的教学内容是至关重要的。通过鼓励学生自主学习，培养他们的批判性思维能力，可以有效提高教育教学质量。教师应该积极促进学生参与课堂讨论、研究项目和社会实践活动，引导他们独立思考、勇于挑战权威观点。这种教学内容创新的方式能够激发学生的学习兴趣，激发他们对思想政治教育的热情，使他们成为更有创造力和社会责任感的人才。

教师在教学过程中应该灵活运用各种教学方法和手段，如案例分析、小组讨论、实践教学等，以更好地激发学生的学习兴趣和潜能。同时，教师还可以结合当今社会热点问题，引导学生了解并思考国家政策、社会现象，培养学生独立思考和批判性思维的能力。通过引入新的教学内容和方法，可以让学生更加全面地了解和把握思想政治教育的本质和内涵，使他们在学习中不仅获取知识，更加注重能力的培养和自身素质的提升。

因此，高校思想政治教育的先进性必须在教学内容上持续创新，通过引入新的教学内容和方法，鼓励学生自主学习，培养批判性思维，进一步提升教育教学的水平，推动高校思想政治教育事业不断向前发展。

通过引入新的教学内容和方法，学生们可以更好地了解和把握思想政治教育的本质和内涵。教师灵活运用各种教学手段，如案例分析、小组讨论、实践教学等，让学生在实践中提升自己的学习兴趣和能力。同时，教师还可以结合当今的社会热点问题，引导学生深入思考国家政策和社会现象，培养他们独立思考和批判性思维的能力。

在高校思想政治教育中，不断创新教学内容是促使学生自主学习的关键。通过激发学生的学习兴趣和潜能，培养他们成为有创造力和社会责任感的人才。教师的引导和帮助可以让学生更全面地认识世界，提高自身的素质和能力。通过不断提升教育教学水平，高校思想政治教育事业得以不断向前发展。

在这个过程中，学生们将逐步培养出批判性思维，学会独立思考并积极参与社会实践。他们将不仅仅获取知识，更加注重能力的培养和自身素质的提升。高校的思想政治教育不仅是传道授业解惑，更是引导学生积极思考，树立正确的人生观和价值观。通过教师和学生之间的共同努力，高校教育事业将迎来更加美好的未来。

二、教学方法创新

在高校思想政治教育的创新探究过程中，项目式教学模式成为一种备受关注的教学方法。通过项目式教学，学生可以在实践中积累经验，培养自主学习和团队合作能力。教师在项目式教学中扮演着指导者的角色，引导学生深入研究问题、解决问题，激发学生的学习兴趣，提高学生的综合素质。项目式教学模式的实施，有助于学生更好地理解和应用思想政治知识，培养学生的创新意识和实践能力，提升学生的综合素质和竞争力。

在项目式教学模式下，学生需要通过调研、设计、实施、总结等环节，完成一个完整的项目任务。通过参与项目，学生可以增强自主学习的能力，培养合作意识，提高解决问题的能力，培养创新和实践能力。项目式教学突破了传统的教学模式，将理论知识与实践相结合，使学生更加深入地了解专业知识，提高学习兴趣，培养学生的核心竞争力。

项目式教学模式的实施也需要教师不断探索和创新。教师应该根据学生的实际情况和需求，设计符合学生发展水平和兴趣的项目任务，引导学生积极参与，激发学生学习的动力。教师在项目式教学中应扮演着引导者和监督者的角色，及时调整教学方法，帮助学生克服困难，实现项目目标。

项目式教学模式在高校思想政治教育的创新探究中具有重要意义。通过项目式教学，学生可以更好地理解和应用专业知识，培养创新和实践能力，提高综合素质和竞争力。教师在实施项目式教学时需要不断探索和创新，根据实际情况和需求设计项目任务，引导学生参与，激发学生学习的动力，达到提升教育质量和培养人才目标的目的。愿项目式教学模式在高校思想政治教育中发挥更大的作用，为学生的成长和发展提供更好的支持和帮助。

在项目式教学中，学生不再被 passively 授课，而是 actively 参与项目任务的制订与实施，这种参与性质的学习模式能够激发学生的学习兴趣和动力。通过这种方式，学生在实践中学习，在探索中成长，不仅深入理解专业知识，还培养了解决问题的能力和团队协作能力。

对教师而言，扮演引导者和监督者的角色至关重要。教师需要及时调整教学方法，为学生排忧解难，确保项目能够顺利推进并达成预期目标。教师还需不断学习和总结经验，不断提升自身的教学水平和素质，以更好地服务于学生的学习需求。

在高校思想政治教育中，项目式教学模式可以培养学生的创新和实践能力，提高学生的综合素质和竞争力。在这个过程中，学生不仅仅是知识的接收者，更重要的是知识的应用者和创造者。通过参与项目式教学，学生可以更好地发挥自己的能动性和思考能力，培养出具有创新思维的人才。

项目式教学在高校思想政治教育领域具有重要的意义和作用。通过这种教学模式，学生可以得到更加全面的发展和提高，教师也可以更好地发挥自己的指导作用，共同推动高校思想政治教育取得更好的成效。相信随着不断的实践和探索，项目式教学模式将为高校教育带来更多的创新和发展。愿项目式教学模式在高校思想政治教育中继续发扬光大，为培养更多优秀人才贡献力量。

高校思想政治教育的创新不断推进，教学内容和方法也需要相应的创新。在当前高校思想政治教育实践中，倡导小班化教学已成为一种新的趋势。小班化教学能够更好地促进师生互动，实现更有效的教学效果。通过这种教学方式，老师能够更全面地了解学生的学习情况和心理状态，更及时地给予指导和帮助，从而更好地引导学生。同时，学生在小班化教学中也更容易敞开心扉，展现自己的真实想法和困惑，有利于老师更具针对性地进行教学。小班化教学还能够促进师生之间的沟通与交流，加强师生之间的互动，构建更融洽的师生关系。通过倡导小班化教学，能够有效提高高校思想政治教育的质量和效果，推动教育教学工作不断创新。

在小班化教学的模式下，学生们更容易获得老师的关注和指导，也更有机会展示自己的独特特长和见解。在这种互动中，师生之间的信任和理解更加深厚，学生们也更加积极参与课堂讨论和活动中去。同时，小班化教学还能够促进学生之间的互相学习和交流，激发他们的创造力和合作意识。通过这种方式，不仅可以提高课堂教学的效果，还能够培养学生们独立思考和解决问题的能力。

在小班化教学中，老师们也更容易发现学生的问题所在，及时给予帮助和引导，帮助他们克服困难，提高学习效率。通过这种方式，每位学生都能够得到更加个性化的教育，实现全面发展。而且，在小班化教学中，老师们更能够根据学生的学习情况和兴趣爱好调整教学内容和方法，使教学更加有针对性和灵活性。这样不仅可以激发学生学习的热情和动力，也可以更好地实现教学目标。

倡导小班化教学，能够促进高校思想政治教育的不断创新和提高。通过这种教学模式，能够更好地促进师生之间的互动和沟通，增强师生之间的信任和理解，提升教学效果和学生综合素质。小班化教学将是高校教育的一个重要发展方向，也将有利于推动教育的不断进步和提高。

在高校思想政治教育的创新探究中，创新评价方式是非常重要的一环。注重学生全面发展，需要从多个方面进行评价。评价方式的创新不仅可以更好地激励学生学习，还能更准确地反映学生的实际水平。

在教学内容方面，创新评价可以突破传统的单一考核方式，注重学生知识结构的全面性和深度。推崇开放性的思维，将学生的探究性学习纳入考核范围，激发学生的自主学习热情。

在教学方法上，创新评价应该充分考虑学生的个性差异，注重培养学生的创新思维和实践能力。采用多元化的教学手段，激发学生的学习兴趣，引导学生进行自主学习和探究，培养学生良好的学习习惯。

在创新评价方式方面，可以采用多角度评价学生的学习情况，如课堂表现、课外实践、学术作品等。注重对学生的个性特长和发展潜力进行评估，更全面地了解学生的学习状况和成长情况。

创新评价方式是高校思想政治教育创新的重要环节，更加注重学生全面发展，能够有效激发学生的学习潜力，促进学生思想政治教育的全面发展。

在创新评价方式中，我们需要更加注重学生的学习过程，而不仅仅是结果。通过引导学生进行自主学习和探究，可以激发其对知识的兴趣和热情，培养其主动学习的能力。同时，多元化的评价方式也能够更全面地了解学生的学习情况，帮助他们发现自己的优点和不足之处，进而进行有效的提升和改进。

在教学方法上，我们还可以尝试运用新颖的教学手段，如线上教学、实践活动等，来激发学生的学习兴趣和积极性。通过给予学生更多的自主权和选择权，可以促使他们更好地发挥自己的潜力，实现个性化的全面发展。

在评价方式方面，我们可以结合学生的特长和兴趣，设计个性化的评价标准，更加贴近学生的实际情况。通过多角度、多元化的评价方式，可以更好地激发学生的学习动力和创造力，为其提供更广阔的发展空间。

总的来说，创新评价方式是教育教学改革的必然要求，更加注重学生全面发展的价值观已经深入人心。通过不断的探索和实践，我们可以为学生提供更有价值的评价方式，促进其全面发展，实现个体和社会的共同进步。

高校思想政治教育的创新路径与方法，离不开教学内容和教学方法的创新。加强实践教学是重要的途径之一，可以有效提高学生的实践能力。通过不断创新教学内容和方法，可以使教育更加贴合学生的需求，激发他们的学习热情和创造力。这种创新思路在高校思想政治教育中具有重要意义，可以帮助学生更好地理解和掌握相关知识，提升他们的综合素质和能力。加强实践教学，不仅可以帮助学生将理论知识应用到实际生活中，还可以培养他们的实际操作能力和创新意识，为其未来的发展打下良好的基础。通过创新教学内容和方法，高校思想政治教育可以更好地适应时代的发展需求，为学生提供更加优质和全面的教育教学服务。

加强实践教学，不仅是为了提高学生的实践能力，更是为了让他们能够更好地应对未来社会的挑战。在实践教学中，学生可以通过亲身实践来验证理论知识的正确性，增强自己的实际操作能力和解决问题的能力。通过参与各种实践活动，学生可以培养自己的团队合作意识和创新精神，提升自己的综合素质和综合能力。

加强实践教学还可以激发学生的学习热情和自主学习能力。通过实践教学，学生可以更加深入地了解和掌握知识，从而激发出他们对学习的热情和积极性。同时，实践教学也可以培养学生主动学习的意识和习惯，让他们在学习中变得更加主动和积极。

在实践教学中，学生还可以通过与社会实践结合，将所学知识应用到实际生活和实际工作中。这样不仅可以加深对知识的理解和记忆，还可以让学生更好地适应社会的需求和挑战。通过实践教学，学生可以在实践中不断积累经验，培养实际操作能力和解决问题的能力，为将来的就业和发展打下坚实的基础。

总的来说，加强实践教学是高校思想政治教育中的重要环节，可以提高学生的实践能力，激发他们的学习热情和创造力，培养他们的团队合作意识和创新精神，让他们更好地适应社会的发展需求，为其未来的成功奠定坚实的基础。通过不断创新教学内容和方法，高校思想政治教育可以更好地适应时代的发展需求，为学生提供更加优质和全面的教育教学服务。

三、教学管理创新

在高校思想政治教育创新探究中，建立规范的教学管理制度至关重要。通过建立规范的教学管理制度，能够有效提升思想政治教育的质量和效果，确保教学工作的顺利开展。规范的教学管理制度不仅可以明确教学目标和内容，还能够明确教学过程中的各项规范和要求，有效规范教师和学生的行为，提高教学的规范化和科学化水平，推动高校思想政治教育的创新发展。

建立规范的教学管理制度可以帮助高校更好地管理和运行教学活动，确保教学过程的有序进行和质量保障。规范的教学管理制度可以细化教学计划，明确教学课程的目标和要求，确保教学内容的科学性和时效性，帮助学生更好地理解和掌握知识。同时，规范的教学管理制度还可以明确教学评价标准和方法，帮助教师更好地评估学生的学习成果，促进学生的全面发展。

规范的教学管理制度还可以促进师生之间的良好互动和沟通。通过建立规范的教学管理制度，可以明确教师和学生的权利和义务，强化师生之间的互相尊重和信任，建立良好的师生关系。同时，规范的教学管理制度还可以加强学生的自律意识和责任意识，培养学生的良好学习习惯和品质，促进学生全面发展和个性成长。

建立规范的教学管理制度是推动高校思想政治教育创新的重要途径和方法。只有通过建立规范的教学管理制度，才能够确保思想政治教育的有效实施和可持续发展，推动高校教育事业不断向前发展，为培养德智体美全面发展的社会主义建设者和接班人作出积极贡献。

通过建立规范的教学管理制度，学校可以更好地引导学生树立正确的学习态度和价值观，培养他们的团队合作意识和社会责任感。在这样的环境下，学生将更容易形成积极向上的人生态度，树立正确的人生目标，为实现自己的梦想珍惜每一个学习机会，为社会主义建设贡献自己的力量。

规范的教学管理制度也有助于减少学校内部纷争和矛盾，维护校园的和谐稳定。通过明确规定规范的教学管理制度，可以有效防止校园欺凌、违纪乱纪等问题的发生，提升校园安全保障水平，营造一个安全、和谐的学习环境。在这样的环境下，学生可以更好地专注于学业，发挥自己的潜能，实现个人的自我提升和发展。

总的来说，建立规范的教学管理制度不仅仅是为了管理学生和教师，更是为了促进学校教育事业的健康发展，为社会培养更多的优秀人才。只有通过建立规范的教学管理制度，学校才能够更好地履行教育使命，培养德智体美全面发展的社会主义建设者和接班人，为国家的繁荣和进步作出更大的贡献。

在当前高校思想政治教育的创新探究中，强化教师队伍建设，提升教育质量始终是关键所在。教师队伍是高校教育的中坚力量，其素质和水平直接影响着思想政治教育的实施效果。因此，加强对教师队伍的建设是创新教育工作的基础和前提。同时，通过不断提升教师的专业素养、教学水平和教育理念，可以有效提高教育质量，推动高校思想政治教育事业的持续发展。

为了实现教师队伍的建设目标，高校可以采取多项措施。建立健全教师培训机制，定期组织各类培训活动，提升教师的学术水平和教学技能。加强对教师的考核评价，激励优秀教师，倡导教师的自我提升和学习，营造浓厚的教育教学氛围。同时，高校还可以加强对教师的岗位引导，充分发挥各教师在思想政治教育中的专业特长和优势，形成合力，推动教育工作的深入开展。

通过强化教师队伍建设，高校可以实现教育质量的提升。教师作为教育教学的主体，在教育教学过程中发挥着至关重要的作用。只有通过不断提高教师的专业素养和教学水平，才能真正推动高校思想政治教育的创新发展，为学生提供更加优质的教育服务。希望在未来的高校思想政治教育实践中，教师队伍能够不断壮大和成长，为构建社会主义核心价值观提供坚实的保障。

强化教师队伍建设，提升教育质量是高校教育事业的重要举措。针对当前教师队伍建设中存在的问题和挑战，高校应该注重培养教师的创新意识和实践能力，鼓励教师积极参与学科研究和教学改革，不断提升自身的学术水平和教学技能。高校还应该建立健全的教师评价机制，激励教师的持续发展和进步，营造积极向上的学术氛围和教育教学氛围。

通过加强教师队伍建设，高校可以更好地适应社会发展的需求，为学生提供更加优质的教育服务。教师作为高校教育事业的中流砥柱，其专业素养和教学水平直接影响着教育教学质量和教育效果。只有通过不断提高教师的能力和水平，才能真正实现高校教育事业的跨越式发展，为培养德智体美全面发展的社会主义建设者和接班人奠定坚实基础。

在未来的教师队伍建设中，高校可以深化教师培训和发展机制，建立多层次、全方位的培养体系，帮助教师不断提升综合素质，适应教育改革和社会发展的需要。同时，高校还可以加强教师的师德师风建设，培养教师的社会责任感和使命感，引导教师践行社会主义核心价值观，为教育事业和社会发展作出更大的贡献。希望通过共同努力，高校教师队伍可以在新时代焕发出更加夺目的光芒，为构建社会主义现代化国家作出积极贡献。

高校思想政治教育的创新路径与方法的探究，除了重视教学内容的创新外，同样要注重教学管理的创新。在教学管理方面，优化教学资源配置是非常重要的一环。通过合理配置教学资源，可以提高教学效益，进一步促进学生的思想政治教育。教育资源的有效利用和科学配置，能够为教育教学提供更好的保障，创造更好的教学氛围和条件。因此，高校应该注重优化资源配置，不断提升教学管理水平，以更好地推动思想政治教育工作的创新和发展。

在高校思想政治教育的创新路径和方法探究中，教学管理的重要性不言而喻。除了关注教学内容的创新外，教学资源的合理配置也是至关重要的。通过科学规划和有效利用教育资源，可以更好地提高教学效益，为学生的思想政治教育提供更好的支持。

为了优化教学资源配置，高校需要在教学管理方面不断探索创新。要注重教师队伍建设，确保每位教师都具备专业知识和教育技能。同时，要合理分配教学任务，充分发挥教师的专长，提高教学质量。要充分利用现代化技术手段，建立完善的教学资源共享平台，实现资源共享和优势互补。这样可以让不同学科之间的资源得到充分整合，提高教学效益。

高校还应该重视教学环境建设。为学生创造一个良好的学习氛围和条件至关重要。通过优化教室设施和教学设备，提升教学场所的舒适度和实用性，可以有效激发学生学习兴趣，提高他们的学习积极性。同时，要注重文化建设，营造积极向上的校园文化氛围，引导学生树立正确的人生观和价值观。

总的来说，只有不断优化教学资源配置，提高教学管理水平，高校思想政治教育才能得以创新和发展。通过合理配置教学资源，提高教学效益，进一步促进学生的思想政治教育，才能实现高校思想政治教育的目标和使命。愿每一位教师和学生都能在这个过程中收获成长和进步，共同促进教育事业的繁荣和发展。

加强学生心理健康教育工作在高校思想政治教育中起着至关重要的作用。只有关注学生的心理健康，才能保障他们全面发展。因此，我们需要采取针对性措施，加强学生心理健康教育工作，从而进一步提高学生的思想品德素质。

学校可以组织开展心理健康教育活动，引导学生正确处理情绪，增强心理调适能力。同时，学校还可以邀请心理专家开展心理健康讲座，帮助学生了解心理健康知识，学会有效应对压力和情绪波动。通过这些活动，学生能够更加深入地了解自己的心理状态，有效解决心理问题。

学校可以建立心理咨询服务机制，为学生提供心理咨询和帮助。学校可以设立心理咨询中心，配备专业的心理咨询师，为学生提供个性化、专业化的心理辅导服务。通过心理咨询，学生能够及时排解心理困扰，提升心理健康水平，更好地适应学习和生活的压力。

学校还可以开展心理健康教育主题班会和心理健康教育周活动，营造浓厚的心理健康教育氛围。同时，学校可以加强师生交流，建立起更为密切的师生关系，让学生感受到学校对他们心理健康的关注和支持。通过这些举措，学生将更加自信、开朗，全面发展自己。

在加强学生心理健康教育工作的同时，学校还可以积极探索更多的有效途径。比如，可以邀请专业的心理学家或心理医生来学校进行心理健康知识普及讲座，引导学生正确认识心理健康问题，培养他们的心理适应能力。学校可以组织一些社会实践活动，让学生亲身体验社会生活的各种挑战和压力，从而更好地学会应对和调整自己的情绪。

除此之外，学校还可以制订一系列的心理健康教育方案，根据学生的不同特点和需求，有针对性地开展心理健康教育活动。例如，针对性地开设心理健康课程，引导学生认识自己的心理需求，学会自我调节，并培养积极的心理品质。同时，学校可以倡导学生之间的互相帮助和支持，建立起良好的同学关系，共同创建一个和谐而温暖的校园氛围。

学校还可以利用现代技术手段，比如建立心理健康教育网站或平台，为学生提供在线心理咨询服务，让学生可以随时随地得到专业心理支持。同时，学校可以组织一些心理健康知识竞赛或活动，激发学生学习心理健康知识的热情，提升他们对心理健康的重视和认可。

总的来看，加强学生心理健康教育工作，不仅需要学校和教育机构的共同努力，也需要家庭和社会的广泛支持。只有全社会的共同努力，才能够为学生们营造一个健康快乐的学习生活环境，让他们在成长的道路上更加坚强、自信地前行。愿每一个学生都能够拥有健康平衡的心理状态，展现出更加出色的个人魅力和学习成绩。

在高校思想政治教育中，拓展校外资源，促进校内外教学资源共享是非常重要的一部分。通过这一举措，可以使教学内容更加丰富多样，培养学生的综合素质和创新能力，提高教育质量。教师可以通过合作交流，引进外部教学资源，为学生提供更加优质的教育服务。同时，加强校内外资源的整合，促进资源共享，可以有效提高教学效率，实现资源优化配置，为学生提供更好的学习条件和发展空间。这样的教学模式不仅有助于拓宽学生的知识视野，还能够促进学生的综合素质提升，为他们的未来发展打下坚实基础。

拓展校外资源，促进校内外教学资源共享，为高校的思想政治教育带来了新的活力。学校可以通过与外部机构合作，引入更多的专业教师和教育资源，丰富教学内容，激发学生的学习兴趣。这种合作模式不仅可以为学生提供更多选择，还可以促进师生之间的交流和互动，增强教学质量。

在促进校内外资源共享的过程中，学校需要加强资源整合和管理，建立起高效的资源共享机制。教师们可以通过互相合作、分享教学经验，共同探讨教学方法和教学资源的应用，提高教学效率。同时，学校可以整合各类资源，建立起资源库，为教师和学生提供更加便捷的资源获取途径。

通过拓展校外资源，促进校内外教学资源共享，高校可以为学生提供更为丰富和多样化的学习体验。学生可以接触到更多领域的知识和技能，培养跨学科的综合素质和思维能力。而丰富多样的教学资源也能够满足学生的个性化学习需求，激发他们的学习潜力，实现自我成长和发展。

在未来，高校应该继续不断拓展校外资源，促进校内外教学资源共享，为学生提供更好的教育服务和发展空间。通过不断创新教学模式，完善资源共享机制，高校将能够更好地适应社会发展的需求，培养更多具有创新意识和实践能力的优秀人才。

第二章 国内外高校思想政治教育的现状分析

第一节 国内高校思想政治教育现状分析

一、教育内容和形式

在传统教学模式下,教师通常是信息的主要传递者,学生则是被动接受知识的对象。教育内容主要着重于理论知识的灌输,缺乏互动和启发。在这种模式下,学生的思维能力和创新能力无法得到有效的培养,仅仅停留在了对知识的简单理解和记忆上。

传统教学形式多以课堂讲授和考试评价为主,缺乏多样化的教学手段和评价方式。学生们通过死记硬背的方式获取知识,而缺乏主动思考和实践能力的锻炼。这种教学形式容易导致学生们对思想政治教育的反感和抵触,认为这种教育是一种灌输式的教导,缺乏实际意义和引导作用。

传统教学模式在一定程度上限制了学生的自主发展和思维能力的锻炼,对于国内高校思想政治教育的发展提出了挑战。因此,转变教学模式,注重学生的主体地位和思维能力培养,是当前高校思想政治教育的重要课题。

在当下的社会背景下,传统教学模式已经逐渐暴露出一些不足之处。随着信息技术的不断发展和教育理念的更新,人们对教育方式也提出了更高的要求。传统教学模式的单一性和僵化性不再适应当今社会多元化的需求。学生们需要更多的互动与启发,需要在实践中探索和体验,才能真正掌握知识并培养创新能力。

因此,教育界亟须转变教学模式,注重培养学生的自主思考和解决问题的能力。互动式教学、实践性教学、团队合作等新型教学方式应该得到更多的应用，帮助学生在实践中学习，在合作中成长。只有这样，学生们才能真正领悟知识的内涵，培养自己独立思考的能力。

同时，评价方式也需要相应调整。传统的考试评价偏重于死记硬背，而忽视了学生在实际操作中的能力展示。因此，多样化的评价方式应该得到重视，例如项目报告、课堂演讲、小组讨论等方式能更好地展现学生的综合能力和素养。

在当今信息爆炸的时代，教育的目的不仅仅是传授知识，更是培养学生的创新、实践和团队协作能力。只有打破传统的教学模式，走向多元化和个性化，才能更好地适应社会的发展需求，培养出更多符合时代要求的人才。

在当前社会环境下，新媒体已经成为人们获取信息、交流思想的主要渠道。在高校思想政治教育中，新媒体教育手段的运用已经成为一种趋势。通过各种新兴的传播技术和平台，教师们可以更加直观、生动地传达思想政治教育的内容，使学生们更容易理解和接受。例如，通过微信、微博、视频平台开展在线讨论、网络课程等形式，拓宽了教学的边界，为学生们提供了更多参与和互动的机会。这种新媒体教育手段不仅可以激发学生学习的兴趣，还可以使教育内容更具吸引力和亲和力。在国内高校思想政治教育的现状分析中，新媒体教育手段的应用已经得到广泛认可，成为高校教育的重要组成部分。

在当今社会，新媒体的普及和发展促进了高校思想政治教育的创新和改革。教师们大力推崇新媒体教育手段的应用，使得传统的教育模式得以颠覆和更新。通过各种新兴的传播技术和平台，不仅可以让教学内容更加生动和形象，还可以为学生们打开一扇窗口，让他们更自由地表达观点、展示才华。微信、微博、视频等平台成为教师和学生互动交流的重要渠道，促进了师生之间的沟通和交流。

新媒体教育手段的运用也为高校思想政治教育注入了新的活力。在线讨论、网络课程等形式不仅拓宽了教学的边界，还为学生们提供了更广阔的学习空间。通过这些新媒体平台，学生们可以更加方便地获取知识，提升自身素质。教师们也更容易通过新媒体手段了解学生的学习状况和情况，更及时地给予指导和帮助。这种交流互动的模式使得思想政治教育更贴近学生的生活，更具有实际意义和针对性。

在国内高校思想政治教育中，新媒体教育手段的应用已经渗透到各个层面。从课堂教学到课外活动，新媒体的影响力愈发显现。学校纷纷建立自己的新媒体平台，推广教育资源，促进教学效果的提升。通过新媒体教育手段，高校不仅可以激发学生的学习兴趣，还可以提高教学质量，培养学生的创新精神和实践能力。新媒体教育手段的普及和应用，必将为高校思想政治教育带来更多的机遇和挑战。

在国内高校思想政治教育的现状中，实践教学作为重要的教育形式和内容之一，扮演着不可或缺的角色。实践教学是指让学生通过实践活动来获取知识、培养能力和提高素质的教学方式。通过参与实践教学，学生能够更加深入地了解和感受到一些抽象的理论知识，从而更好地将知识运用到实际生活和工作中去。同时，实践教学也能够帮助学生培养团队合作能力、创新思维和问题解决能力，提升他们的综合素质。

在高校思想政治教育中，实践教学通常包括社会实践、实习实训、实践课程等形式。学生可以通过参与社会实践活动，亲身体验社会生活，了解社会发展的最新动态，增强社会责任感和使命感。实习实训是让学生在具体的工作环境中进行实践，锻炼他们的实际操作能力和职业素养。实践课程则是将理论知识与实际操作相结合，让学生在实践活动中感受理论的实用性，促进知识的内化和应用。

通过实践教学，学生不仅能够获取更多的知识和技能，还可以培养实践能力和创新思维，提升综合素质和竞争力。因此，在当前高校思想政治教育的现状分析中，实践教学被越来越多地引入到教育教学中，成为推动学生全面发展和培养人才的重要途径之一。愿更多的高校和教育者重视实践教学，在教育内容和形式上不断创新和改进，为学生提供更加优质的教育资源和培养环境。

通过实践教学，学生将能够更加全面地了解社会的发展和变化，掌握行业的最新动态和趋势。在实践活动中，他们将接触到真实的社会问题和挑战，从而培养解决问题的能力和应对挑战的勇气。实习实训将帮助他们在职场中更加游刃有余地展现自己的才华和能力，实践课程则将激发他们对知识的热情和对学习的动力。

实践教学不仅是理论知识的实践，更是学生综合素质的培养。在实践中，他们将学会与他人合作、沟通和协调，培养团队精神和领导才能。同时，他们还将学会承担责任、化解矛盾、处理危机，提升自身的社会责任感和使命感。

通过实践教学，学生将不再只是课堂上的知识接收者，而是社会的参与者和贡献者。他们将在实践中不断挑战自己、提升自己，成为具有创新精神和实践能力的优秀人才。因此，高校和教育者应该更加重视实践教学的重要性，积极引导学生参与各种实践活动，为他们提供更广阔的发展空间和更丰富的学习资源，助力他们成长为能够应对未来挑战的社会栋梁。愿实践教学成为高校教育的一种常态，为培养更多有志青年打下坚实的基础。

近年来，国内高校思想政治教育正逐渐走向多元化和国际化。在教育内容和形式方面，高校开始注重将传统的教学模式与现代科技手段相结合，以更好地适应学生的学习需求。课程设置方面，大学开始开设更多具有前瞻性和实践性的课程，为学生提供更为全面的思想政治教育内容。同时，高校还积极引入国外先进教育理念和经验，不断创新教育教学方式，提高教育质量和水平。

面对社会快速变化和信息化的挑战，高校思想政治课程设计越来越贴近现实生活，注重培养学生的社会责任感和创新精神。为此，一些高校开始把实践教学纳入到思想政治课程中，让学生在实践中感受到理论的力量，提升他们的综合素质。

高校还加强了国际间的学术交流，积极邀请国际知名学者来校讲学，让学生接触到更加广泛和深入的思想政治理论。同时，学校也鼓励学生参与国际性的学术竞赛和交流活动，提升他们的国际竞争力和综合素养。

总的来说，国内高校思想政治教育的多元化和国际化发展势头良好，不断提高教育质量和水平，为培养具有国际视野和创新能力的优秀人才打下了坚实的基础。希望未来高校能够进一步深化思想政治教育改革，不断探索适合时代发展的新路径，为国家和社会培养更多更优秀的人才。

二、教育管理体制

在国内高校中，思想政治教育的管理机制是非常重要的。学校管理机制的建立和完善对于思想政治教育的实施和发展起着至关重要的作用。国内高校在思想政治教育管理机制方面存在一定的不足，需要进一步完善和改进。在教育管理体制的支持下，学校可以更好地落实思想政治教育的各项任务和责任，加强对学生思想的引导和教育工作。学校管理机制的意义不仅在于提高思想政治教育的有效性，更在于培养学生正确的世界观、人生观和价值观，促进学生成长成才。为了更好地适应时代的需求和挑战，国内高校需要不断探索改进思想政治教育的管理机制，不断提高管理效能和管理水平，为学生成长提供更好的条件和环境。

在国内高校中，思想政治教育的管理机制直接关系到学生的成长和发展。一个健全的管理机制能够有效引导学生树立正确的人生观和价值观，帮助他们成为德智体全面发展的人才。而对于高校来说，完善管理机制也是提高教育质量和培养人才的关键。在全面深化改革的今天，高校应该积极探索新的管理模式和机制，注重考核评价和激励机制的建立，进一步加强对师生的思想政治教育工作。

随着社会的不断发展和进步，高校的管理机制也需要不断与时俱进。要加强对学生的思想引导和教育，需要建立起全方位的管理网络，实现教师、家庭、社会等多方面的有机结合，形成对学生全面、持续的思想教育。同时，高校还应不断改进教育管理体制，加强学生管理规范化和制度化建设，为学生成长成才创造更好的条件。

高校还应积极引入现代科技手段，利用大数据、人工智能等技术手段，加强对学生的思想动态监测和分析，及时发现问题，做出针对性的干预和引导。只有不断改进管理机制，提高管理效率和水平，高校才能更好地履行教育使命，培养更多优秀人才，为国家和社会发展贡献更多的智慧和力量。

教师队伍建设是高校思想政治教育的重要组成部分，教师队伍的素质直接影响到教育质量和教育效果。目前，国内高校的教师队伍建设面临着一些问题和挑战，在教师队伍结构不合理、师资力量不足、教师教学技能等方面存在不足。解决这些问题，需要建立健全的教师激励机制，强化教师培训和教育，提高教师的教学水平和专业素养，从而更好地开展思想政治教育工作。

教师队伍建设是高校思想政治教育的重要组成部分，对提高教育质量和效果具有至关重要的意义。针对目前国内高校教师队伍建设中存在的问题和挑战，需要采取一系列有效措施来加以解决。

建立健全的教师激励机制是至关重要的。只有激励措施得当，才能更好地激发教师的工作激情和创造力，促使他们更加投入到思想政治教育工作中。还需要不断完善教师评价体系，确保教师的辛勤付出得到应有的回报和认可。

要加强教师培训和教育工作。通过开展各种形式的培训活动，提升教师的教学水平和专业素养，使其不断适应教育领域的发展和变化，更好地开展思想政治教育工作。同时，还应鼓励教师积极参与学术交流和研究活动，不断提升自身的学术水平和能力。

要加大对师资力量的投入和支持。通过优化师资结构，加强对高水平、高素质人才的引进和培养，提高整体师资队伍的素质和水平。同时，要给予教师更多的发展空间和机会，激励他们不断进取、自我提升，从而推动整个教师队伍建设的全面发展。

总的来说，加强教师队伍建设是高校思想政治教育事业不可或缺的重要环节。只有不断完善相关机制和政策，加大投入和支持力度，提升教师队伍的整体素质和能力，才能更好地满足高校教育事业的需求，推动思想政治教育工作取得更大的成效。这是高校发展中不可或缺的重要环节，也是促进高校整体发展的关键所在。

在国内高校中，学生管理制度是保障思想政治教育有效开展的重要保障。

学生管理制度的完善与创新，直接关系到学生的思想政治教育是否能够深入到学生心灵深处，是否能够有效引导学生树立正确的世界观、人生观和价值观。在现今社会多元化、信息化的大环境下，高校学生管理制度需要不断地优化和创新，才能更好地适应时代发展的需求，更好地引导学生走向成熟、健康的发展道路。促进学生全面发展，提升学生的综合素质，培养学生的创新精神和实践能力，需要高校不断探索学生管理模式，激发学生的学习热情和创新潜力。

在当今社会，高校学生管理制度的完善与创新至关重要。只有通过不断优化和革新，才能更好地适应时代发展的需要，引导学生树立正确的世界观、人生观和价值观。随着社会多元化和信息化的发展，高校学生管理制度需要走在时代的前沿，不断探索新的管理模式，激发学生的学习热情和创新潜力。只有如此，才能促进学生全面发展，提升他们的综合素质，培养他们的创新精神和实践能力。高校应该积极引入现代科技手段，如大数据分析和人工智能技术，为学生管理提供更加科学、有效的支持。同时，高校管理者应该注重个性化管理，关注每位学生的成长需求，帮助他们充分发挥潜能，走向成熟、健康的发展道路。学生是高校的未来，只有通过不断创新学生管理制度，才能培养出更多具有创造力和竞争力的优秀人才。在这个快速变化的时代，高校学生管理制度的优化和创新是提高教育质量、推动教育进步的关键之举。只有紧跟时代潮流，不断探索创新，才能为学生的发展铺平一条宽广的道路。

近年来，国内高校思想政治教育在教育管理体制方面取得了一定进展。不仅严格规范了教育教学活动的组织管理，还建立了完善的考核评价体系。这一体系旨在全面评估学生在思想政治教育方面的学习情况，确保其思想政治教育目标的达成。同时，也促进了高校教师对学生的个性化引导和关爱，使教育更加贴近学生的需求。

在考核评价体系中，高校将学生的思想政治教育纳入日常评价范围，通过课堂表现、作业水平、思想政治活动参与情况等方面综合评定学生的综合素质。通过建立科学、公正、严谨的考核评价标准，高校可以客观地评估学生在思想政治教育方面的表现，为学生提供个性化的辅导和指导。

高校还加强了对教师的考核评价工作，建立了多层次、全方位的评价体系。通过评估教师在教学设计、教学实施、学生引导等方面的表现，高校可以及时发现问题并进行相应的改进和优化。这有助于提高教师的教学水平和服务质量，进一步促进高校思想政治教育工作的健康发展。

总的来说，国内高校在思想政治教育方面的教育管理体制和考核评价体系已经初步建立，为提升学生的思想政治素养和综合素质提供了有力支撑。未来，高校还应进一步完善这一体系，加强与社会发展和学生需求的对接，不断推动高校思想政治教育工作向更高水平迈进。

高校在思想政治教育方面的工作一直是一个重要的任务。除了加强对学生和教师的考核评价体系外，学校还应该注重促进学生的思想政治素养和综合素质的提升。这需要全校师生的共同努力，包括课堂上的教学和学生自主学习的引导。同时，高校还应该注重引导学生积极参与各类社会实践活动，提高他们的社会责任感和使命感。

高校还可以通过各种途径，如开设相关课程、举办讲座和研讨会等，为学生提供更多元化的思想启蒙和教育。通过这些举措，学生可以更全面地了解国情和社会发展的现状，增强爱国主义情怀和社会责任感。这对于学生成长和成才都具有积极的推动作用。

高校还应该鼓励教师积极参与研究工作，提升自身的教学水平和思想政治教育水平。只有教师具备了高水平的专业素养和教育水平，才能更好地引导学生，提高他们的综合素质和思想政治素养。

总的来说，高校在思想政治教育方面的工作永远是一项长期且艰巨的任务。只有学校、教师和学生齐心协力，共同努力，才能使高校的思想政治教育工作朝着更高水平不断迈进。希望未来高校能够不断完善自身的管理体制和教育体系，为社会培养更多具有高度社会责任感和使命感的优秀人才。

三、教育教学质量

教学效果评估是评价高校思想政治教育工作的重要内容之一。通过对教学效果的评估，可以及时发现和解决存在的问题，提高教学质量和效果。当前，国内高校思想政治教育领域存在着一些问题，如评估指标不够科学、评估方法不够系统、评估结果不够准确等。因此，需要不断探索和完善教学效果评估的体系和方法，确保评估结果客观、准确、全面。同时，高校应加强对评估结果的分析和利用，及时调整教学策略，提高教学效果，确保思想政治教育的有效开展。

教学效果评估是高校思想政治教育的重要环节，在评估过程中需要科学的指标、系统的方法以及准确的结果。通过评估，可以为高校提供重要的数据支持，有利于发现和解决在思想政治教育工作中存在的问题，从而提高教学质量和效果。当前，针对评估指标不够科学、评估方法不够系统、评估结果不够准确等问题，高校需要进一步完善评估的体系和方法。为确保评估结果客观、准确、全面，高校应该持续探索和改进评估工作。

教学效果评估不仅要重视结果，更要注重过程中对评估结果的分析和利用。只有及时对评估结果进行反馈和调整，高校才能更好地指导思想政治教育工作的开展。通过及时调整教学策略，高校可以有效提高教学效果，促进学生思想政治素质的全面提升。同时，高校还应当注重评估结果的运用，对教学工作提出科学的建议和指导，以实现思想政治教育工作的可持续发展。

为了更好地开展思想政治教育工作，高校需要在教学效果评估上下更大功夫，建立完善的评估机制，加强对教师的培训和指导，提高评估结果的科学性和有效性。只有通过不断的努力和改进，高校思想政治教育才能走上更加科学、规范和高效的道路，为学生成长成才提供更好的保障。

通过教育教学质量的评估和学生思想状况的调查，可以更好地了解国内高校思想政治教育的现状。教育教学质量是提高学生成绩和思想素质的关键，而学生思想状况调查则是了解学生的思想倾向和认知水平的有效途径。国内高校在思想政治教育方面还存在一些问题，需要进一步探讨和研究。

通过对学生思想状况的调查，可以更加全面地了解他们的思维方式和认知水平。这对于高校思想政治教育的改进和提升至关重要。随着社会的不断发展和变化，学生们面临着各种思想问题和挑战，高校需要更加注重对学生思想的引导和塑造。

在进行学生思想状况调查的过程中，可以发现一些学生可能存在的偏见、误解或盲目跟从。这些问题如果不及时引导和纠正，可能会对学生的思想素质和健康发展造成不良影响。因此，高校需要通过调查数据建立起更加科学有效的思想教育体系，帮助学生正确认识问题，理性思考，增强思想品质。

学生思想状况调查也可以帮助高校更好地了解学生的思维习惯和思考方式。在当今信息爆炸的时代，学生们接收到的信息越来越庞大和杂乱，思维方式也逐渐呈现多样化和碎片化的趋势。高校可以通过调查了解学生的思维特点，有针对性地进行引导和培养，帮助他们建立起理性、批判性和独立思考的能力。

通过学生思想状况的调查，可以为高校思想政治教育提供重要的参考依据，促进学生的全面发展和健康成长。高校应该认真对待思想政治教育工作，不断完善教育体系，努力营造良好的思想教育氛围，让学生在充满活力的校园中茁壮成长。

教师教学水平评估在国内高校思想政治教育中扮演着至关重要的角色。评估教师的教学水平不仅有助于提高教学质量，也可以促进教师个人的专业发展。通过教师教学水平评估，可以客观地了解教师在教学中的表现和存在的问题，为教师提供相应的培训和支持，提升他们的专业水平和教学效果。教师教学水平评估的过程需要全面、客观、公正、科学，以确保评估结果的准确性和有效性。同时，评估结果应该及时反馈给教师，帮助他们不断改进教学方法，提高教学质量。在推动高校思想政治教育创新的过程中，教师教学水平评估是不可或缺的重要环节。

教师教学水平评估的重要性在于它可以帮助学校管理部门更好地了解各位教师在实施教学过程中的专业能力和教学效果。通过评估结果，学校可以对教师进行分类管理，针对性地开展培训和支持计划，提高整体教育水平。教师教学水平评估也是对学校教育质量的一种监督和检验机制，能够及时发现问题并进行改进。在评估过程中，要注重教师的个性化需求，制订个性化的培训计划，最大限度地激发教师的教学潜力。同时，评估结果应该充分尊重教师的努力和付出，及时给予正面反馈和鼓励，激励他们不断提高自身教学水平。教师教学水平评估是高校教育事业中至关重要的一环，只有通过不断评估、培训和支持，才能实现高校教育水平的全面提升和教学质量的持续改进。

在国内高校思想政治教育中，教学资源配置起着至关重要的作用。教学资源的充分配置与合理利用，对提升教学质量和学生思想政治教育水平具有重要意义。目前，国内高校在教学资源配置方面存在一定的不足之处，需要不断探讨和完善。

教学资源的配置存在一定的不均衡现象。一些高校在教育投入方面并不均衡，导致一些学校的教学资源相对匮乏。这不仅影响了学生的学习效果，也影响了高校整体的教学质量和声誉。

教学资源的利用没有得到充分发挥。一些高校在配置了一定的教学资源后，并没有做到充分利用，造成教学资源的浪费现象。这直接影响了学生的学习效果和教学质量，也浪费了高校的教育投入。

同时，需要关注教学资源的更新和优化。随着社会的发展和技术的进步，教学资源也需要不断更新和优化。一些高校在这方面并没有做到及时更新，导致教学资源的陈旧化，影响了教学效果和学生的学习体验。

因此，国内高校在思想政治教育中，需要加强对教学资源配置的重视，合理配置和充分利用教学资源，不断优化更新教学资源，提升教育教学质量和学生思想政治教育水平。这也是高校思想政治教育创新探究的重要内容之一。

随着社会的不断发展，高校教育资源配置也日益受到重视。对于提升学生的学习效果和提高教育教学质量，充分利用教学资源是至关重要的。只有不断更新和优化教学资源，才能满足学生多样化学习需求，提高教学效果，在思想政治教育中起到更好的示范作用。

高校应当进一步推动教学资源的共享与互联，促进教学资源的互通互联，实现资源的最大化利用。建立统一的资源管理平台，实现资源的共享共赢，提高高校整体的教学质量和声誉。同时，也要注重提升教师的教学水平和专业能力，引导教师更好地利用教学资源，提高教学效果。

高校还应该注重多渠道多种形式的教学资源推广和利用，探索互联网+教育的新模式，借助现代化的技术手段，推进教学资源的数字化、在线化，为学生提供更加便捷、高效的学习体验。

高校在教学资源配置方面还有很多待提升的空间。通过合理配置、充分利用和不断更新教学资源，高校可以有效提升教学质量和声誉，为学生的思想政治教育提供更为有力的支持和保障。高校应该本着不断创新发展的理念，着力构建更加完善的教学资源配置体系，不断提升高等教育水平，培养更多优秀专业人才。

四、教育改革与创新

在国内高校思想政治教育领域，教育改革与创新是一个重要的方向。课程改革实践是促进这一领域发展的关键。通过不断的尝试和实践，国内高校思想政治教育工作者们正在努力探索新的教育模式和方法，以更好地适应当代大学生的需求和特点。在课程改革实践中，不仅仅是内容的更新和完善，更重要的是教学方法和手段的创新，以激发学生的学习兴趣和潜力。通过不断的探索和实验，国内高校的教育工作者们正在逐渐形成一套适合中国国情的思想政治课程体系，为培养德智体美全面发展的优秀人才奠定扎实的基础。

在课程改革实践中，高校教育工作者们意识到教学方法和手段的创新至关重要。他们积极探索采用多样化的教学方式，如案例教学、小组讨论、角色扮演等，以激发学生的学习兴趣和潜力。通过这些新颖的教学方式，学生们可以更好地理解抽象的政治概念，培养批判思维和解决问题的能力。

除了教学方法的创新，课程内容的更新和完善也是课程改革实践的重要内容。国内高校思想政治教育工作者们不断调整和优化课程内容，引入最新的理论成果和实践经验，使课程更具前瞻性和针对性。他们也注重将课堂内容与社会热点、政策法规结合起来，引导学生关注国家发展大局，培养他们的社会责任感和使命感。

在课程改革实践的过程中，高校教育工作者们也逐渐认识到注重学生个体差异性是必要的。他们尊重学生的兴趣爱好和学习方式，鼓励他们根据自身特点选择专业方向和课程内容，实现个性化发展。通过关注学生的成长需求，国内高校为培养德智体美全面发展的优秀人才奠定了更为坚实的基础。

在未来，随着课程改革实践的不断深入和完善，国内高校思想政治教育将迎来新的发展机遇。教育工作者们将继续努力探索，创新教学模式和方法，为学生提供更优质的教育资源和服务，助力他们在思想理论和实践能力上能够更好地迎接未来的挑战。

教学方法创新是当前高校思想政治教育改革的重要方向之一。随着时代的发展和社会的变革，传统的教学方式已经不能完全适应现代学生的需求。因此，高校教师需要不断地探索和尝试新的教学方法，以提高思想政治教育的教学质量和效果。教学方法创新不仅仅是指教学手段的改变，更是教师在课堂上的教学理念和教学方式的全面革新。通过引入多媒体教学、问题导向教学、案例教学等多种教学方法，不仅可以激发学生的学习兴趣，提高他们的思维能力和创新意识，还可以培养他们的自主学习能力和团队合作精神。教学方法创新需要教师不断学习和积累经验，同时也需要高校为教师提供良好的教学环境和支持。只有不断地探索和创新，教育才能不断进步，学生的思想政治素质和综合能力才能得到更好的提升。

在当前教育改革的背景下，教学方法创新已经成为高校教育的必然趋势。现代学生具有更加多样化的学习需求，传统的教学方式已经无法完全满足他们的需要。因此，教师们需要积极探索新的教学手段和方式，以提高思想政治教育的实效性和吸引力。引入科技教育的元素，如在线课程、虚拟实验室等，能够让学生更加便捷地获取知识，激发他们的学习热情。在课堂教学中，问题导向教学能够培养学生的批判性思维和解决问题的能力，使其学会主动探究和思考。同时，案例教学可以让学生将抽象的理论知识与实际情况相结合，提高其思维的灵活性和应变能力。教学方法的创新不仅仅是技术的更新换代，更重要的是要紧跟时代的步伐，把握学生的心理特点和学习方式，不断调整和优化教学过程，促使学生全面发展。除了教师个人的努力和积累外，高校还需要提供更加完善的教学支持和资源保障，为教师们创造一个良好的教学环境，以促进教学理念的全面升级和教学效果的显著提升。只有通过持续的开拓和创新，教育事业才能不断迈向更高的台阶，学生的综合素质和能力才能得到更好的培养和提升。

在国内高校思想政治教育领域，教师培训与发展一直是一个重要的议题。教师作为思想政治教育的实施者和传播者，其专业素养和教学水平直接影响着思想政治教育的效果。教师培训不仅仅是传授理论知识和教学技巧，更要注重思想政治教育的特殊性和复杂性，培养教师的思想政治素养和能力。

为了促进教师的思想政治素养和专业发展，许多高校开展了各种形式的教师培训活动。这些培训包括专业知识的更新、教学方法的改进，以及思想政治教育理念的传播等内容。通过这些培训，教师们能够更好地理解和把握思想政治教育的要求和目标，提高思想政治教育的实效性和针对性。

教师培训还应该与教师的职业发展相结合，为教师提供晋升和成长的机会。高校可以通过评优表彰、岗位晋升等方式，激励教师积极参与教学实践和研究工作，不断提升自身的思想政治教育水平和能力。只有不断地完善教师培训机制，才能确保高校思想政治教育的不断创新和发展。

教师培训与发展是高校教育事业中至关重要的一环，在培养和发展教师队伍的过程中，不仅需要注重专业知识和教学技巧的提升，还要关注教师的思想政治素养和能力的培养。为此，高校可以通过开展各种形式多样的培训活动，例如线上线下结合、理论和实践相结合的方式，不断提升教师的思想政治教育水平。

教师是学生学习和成长过程中的引路人，他们的思想政治教育水平直接影响着学生成长的方向和价值取向。因此，高校应该重视教师的思想政治教育，鼓励教师参与相关学科研究和实践活动，不断提高自身的综合素养。只有教师队伍不断提升自身能力，才能更好地引领学生走向正确的道路。

教师培训还应当注重个性化发展，根据教师的实际需求和发展阶段，制订个性化的培训计划，帮助教师更好地发挥潜能和特长。学校可以通过定期评估和反馈机制，及时了解教师的培训需求和效果，不断优化和改进培训内容和方式，确保培训的实效性和持续性。

教师培训与发展是高校教育事业中不可或缺的一环，只有不断完善培训机制，重视教师的思想政治教育和职业发展，才能确保高校教师队伍的稳定和高效运转，推动教育事业不断向前发展。

五、教育科研与成果转化

教育科研与成果转化是当前国内高校思想政治教育工作中的一个重要方面。科研项目作为教育教学的重要支撑，为高校思想政治教育提供了理论支持和实践指导。国内高校通过开展一系列科研项目，不断推动着思想政治教育的创新与发展。科研项目的开展不仅促进了高校教师的学术研究水平，也为高校思想政治教育提供了更多的实践经验和方法论。通过科研项目的实施，高校思想政治教育能够更好地把握时代脉搏，积极探索教育教学的新途径，提高学生的思想政治素质和综合素养。在科研项目的引领下，高校思想政治教育迈向了更加丰富多彩的发展新阶段。

科研项目的重要性在于为高校思想政治教育提供了持续的动力和支持。通过科研项目的开展，高校能够更好地了解当前社会发展的需求和挑战，深入探讨思想政治教育的关键问题，促使高校思想政治教育在实践中不断创新。同时，科研项目也为高校教师提供了更广阔的学术成长平台，激励他们深入研究相关领域，提高学术水平。

在科研项目的指导下，高校思想政治教育不仅能够更加深入地挖掘学生的潜力，促进其全面发展，还能够更好地引导学生树立正确的世界观、人生观和价值观。科研项目的实施使得高校思想政治教育更加注重培养学生的创新精神和实践能力，促进学生成为德智体美劳全面发展的社会主义建设者和接班人。

通过科研项目的引领，高校思想政治教育走向了更加开放、多元的发展新阶段，为培养具有国际竞争力的人才提供了坚实基础。高校可以通过各类科研项目开展合作交流，不断汲取先进经验和理念，推动思想政治教育向更高水平发展。科研项目的持续推进将为高校思想政治教育注入新的活力和动力，助力高校培养更多符合时代要求的优秀人才。

国内高校思想政治教育现状分析中，教育科研与成果转化是至关重要的一环。只有通过教育科研的努力，才能不断创新教育模式，提升思想政治教育的质量和效益。随着研究成果的不断涌现，如何将这些成果应用到实际教学中，将成为关键问题。只有将研究成果转化为实际教育成果，才能真正发挥其价值。在这个过程中，成果应用与推广将起到至关重要的作用。通过不断推广教育科研成果，扩大其影响力，可以更好地服务于高校思想政治教育的改革和发展。

在高校思想政治教育中，教育科研与成果应用的紧密联系，使得推广和应用成为不可或缺的环节。通过教育科研的持续努力和成果转化，可以不断提升教育模式的创新性和教育质量的改善。在现代社会中，教育科研成果的应用已经成为优化教育体系的必然选择，因此将研究成果融入实际教学中显得尤为迫切。

随着科技的发展和教育理念的不断更新，教育科研成果如何更好地推广和应用，是当前需要思考和解决的重要问题。只有通过有效的推广和应用工作，才能确保研究成果能够真正发挥其应有的作用。在教育现代化的进程中，成果应用与推广的工作将会扮演着越来越重要的角色。

在推广成果的过程中，需要将其应用于实际教学中，并不断优化教学方法和策略。只有将教育科研成果贯彻于实际教学过程中，才能够真正提升教育效益和提高学生的综合素质。同时，通过广泛的推广工作，可以使更多的教育者和学生受益于教育科研成果，推动教育事业的长远发展。

成果应用与推广不仅是教育科研的延伸，更是教育改革和发展的助推器。

只有积极推广教育科研成果，扩大其影响力，才能真正促进高校思想政治教育的革新和提升。通过不懈的努力和持续的推广工作，将不断探索与创新，为高校思想政治教育事业注入新的活力和动力。

第二节　国外高校思想政治教育现状分析

一、西方国家高校教育模式

美国教育模式着重于培养学生的创新能力和实践能力，注重学生个性的发展和自主学习能力的培养。学生在学习过程中，会有更多的自主选择权和探究性学习的机会，培养他们独立思考和解决问题的能力。这种教育模式注重实践和应用，鼓励学生在课堂以外的实践活动中获取经验和技能，促进他们在未来的职业生涯中能够更好地适应变化和挑战。美国教育模式也倡导多元化和包容性，鼓励学生尊重和欣赏不同文化背景和观念，培养他们成为具有全球视野的公民。这种教育模式的核心理念是以学生为中心，促进他们全面发展，实现个人价值。

在美国教育模式中，学生被视为教育的中心，教育者们致力于激发他们的潜能和激情。学生在这样的环境下，不仅仅是被灌输知识，更是被赋予了自主选择的权利和探究学习的机会。他们被鼓励去思考、去质疑、去解决问题，培养了独立思考和创造力。这种教育模式不仅仅停留在课堂上，更注重学生在实践中的应用能力。学生们会通过实践活动来获取实际经验和技能，使他们更好地适应未来的挑战。

而美国教育模式也强调多元化和包容性。学生们被鼓励去尊重并欣赏不同文化背景和观念，培养了他们成为具有全球视野的公民。通过与不同文化的交流和互动，学生们能够更加开阔视野，拥有更广阔的人际关系网络。这种理念使得学生在成长过程中，能够更好地适应不同环境，更好地融入全球化的社会。

总的来说，美国教育模式的核心价值在于以学生为中心，鼓励他们全面发展，实现个人的潜力和价值。这种教育模式的影响力正在不断扩大，激励着全世界的教育者和学生们去尝试新的教学方法和理念，为教育事业的发展开辟了新的道路。通过这种以学生为本的教育方式，我们相信每个学生都有机会去追求自己的梦想，成为一个自信、有担当、有责任感的个体，为社会的发展和进步贡献自己的力量。

欧洲教育模式是世界上一流的教育体系之一，其注重全面发展学生的个性和才能。在欧洲，教育不仅仅是传授知识，更重视培养学生的能力和素质。学生在欧洲的教育中会接受多元化的教学方式，包括小组讨论、实践课程和实习机会等，以培养他们的创新能力和团队合作精神。欧洲教育注重学生的自主学习和思辨能力培养，鼓励他们通过独立研究和项目设计来发展自己的兴趣和特长。欧洲教育模式的成功在于它能够全面培养学生的综合素质，使他们在未来的职业生涯中具备竞争力和适应力。

欧洲教育模式之所以被誉为世界一流，还因为它注重学生的个性和才能培养。在欧洲的教育体系中，学生不仅仅是被动接受知识，而是被激发和引导去探索、创造和实践。教师们注重培养学生的创新能力和团队精神，他们会鼓励学生们勇于表达自己的想法、独立思考和解决问题的能力。欧洲教育还提倡学生参与各种实践活动，让他们在现实中应用所学知识，从而更好地发展技能和能力。除此之外，自主学习和思辨能力的培养也是欧洲教育体系的重要特点。学生们被鼓励通过独立研究、项目设计等方式来探索自己的兴趣和潜力，培养他们的创造性和解决问题的能力。欧洲的教育环境也非常重视个性的发展，每个学生都有机会根据自己的特长和兴趣来选择课程和活动，从而实现自己的潜能。通过这种全面发展学生的教育模式，欧洲教育成功地培养了一大批具有竞争力和适应力的人才，为他们未来的职业生涯奠定了坚实的基础。

二、日本高校思想政治教育模式

日本高校思想政治教育注重培养学生的独立思考能力和批判精神，倡导学生积极参与社会活动，帮助他们树立正确的人生观和社会责任感。该模式强调学生个体的发展和自我实现，鼓励学生在学习过程中不断追求进步和创新，培养他们成为有理想、有担当的优秀人才。

教育实践：在高校思想政治教育领域，教育实践是至关重要的。通过实践活动，学生可以更好地理解并运用所学知识，提高自身思想境界和道德水平。在实践中，学生们能够与社会接轨，增强自身的社会责任感和使命感。同时，教育实践也是一种有效的教学手段，能够激发学生学习的兴趣，促进个人的全面发展。在日本高校思想政治教育模式中，教育实践占据重要地位，通过各种实践项目和社会实践活动，学生们能够全面提升自身的综合素质，培养自己成为有担当的社会人才。在国内高校思想政治教育中，也应加强教育实践的力度，为学生提供更多更广泛的实践机会，助力他们在今后的社会生活中更好地发挥作用。

教育实践对于高校思想政治教育的重要性不言而喻。通过参与各种实践活动，学生们可以将在课堂上学到的理论知识应用到实际生活中，从而加深对知识的理解和掌握。在实践的过程中，他们不仅可以提高自身的思想境界和道德水平，还能够结合社会需求，培养自己的社会责任感和使命感。通过参与社会实践活动，学生们能够更好地了解社会的运作模式，增强自己的社会适应能力和解决问题的能力。

在日本高校思想政治教育模式中，教育实践是一种非常有效的教学手段。通过各种实践项目和社会实践活动，学生们可以全面发展自己的综合素质，培养自己成为有担当的社会人才。这种模式在国内高校思想政治教育中也应该得到更多的借鉴和推广。只有加强教育实践的力度，为学生提供更多更广泛的实践机会，才能真正帮助他们在未来的社会生活中立足并获得成功。

在当前快速变化的社会环境下，高校思想政治教育需要与时俱进，更加重视教育实践的作用。只有通过实践活动，学生们才能不断提升自己的综合素质，增强自身的竞争力，为将来的社会生活做好充分的准备。教育实践是一种有效而有力的教学手段，可以激发学生学习的兴趣，促进他们全面的个人发展。只有重视和加强教育实践，才能培养出更多有担当、有责任感的社会新人。

三、韩国高校思想政治教育模式

国内高校思想政治教育着重培养学生的思想道德素养，注重理论与实践相结合，提倡全面发展。教育科研成果转化方面，高校积极开展教育科研项目，推动科研成果向教学实践转化，促进教学质量的提升。

韩国高校思想政治教育模式注重学生的自主学习和实践能力培养，倡导学生之间的互动交流，重视教育科研创新。同时，韩国高校还积极引进国外先进的教育理念和技术，不断完善教育体系，提高教学水平。

在教育特点方面，国内高校注重培养学生的思想道德素养，强调理论与实践的结合，提倡全面发展。在教育科研成果转化方面，高校致力于开展教育科研项目，推动科研成果向教学实践转化，以促进教学质量的不断提升。

与此相比，韩国高校的思想政治教育模式更加注重学生的自主学习和实践能力的培养，强调学生之间的互动交流，并极力推崇教育科研的创新。韩国高校积极引进国外先进的教育理念和技术，持续完善教育体系，提升教学水平。

总的来说，国内高校和韩国高校在思想政治教育方面各有特色，但都致力于培养学生成为德智体全面发展的社会栋梁。希望未来能够通过更多的交流与合作，不断借鉴彼此的优点，共同促进教育事业的繁荣发展。

在探讨高校思想政治教育现状时，不得不提及教育成效。教育成效是衡量教育活动、教育政策等的效果和成果的标准之一。对于高校思想政治教育来说，教育成效的意义尤为重要。通过对教育成效的评估和研究，能够更好地了解教育活动的实际效果，为改进和优化教育工作提供依据和参考。在国内外高校思想政治教育现状分析中，教育成效也是一个关键的议题。针对不同的教育模式和实践，研究教育成效能够为高校提供更多的启示和借鉴，推动高校思想政治教育的创新和发展。

在探讨高校思想政治教育现状时，教育成效是一个至关重要的指标。它不仅可以反映出教育活动的实际效果，还可以帮助我们更好地了解教育政策的有效性和实施情况。教育成效的评估和研究，不仅有助于发现问题和短板，更可以为高校提供改进和提升的方向。在国内外高校的思想政治教育实践中，教育成效评估被广泛应用，成为一个重要的参考依据。通过对不同教育模式和实践的研究，我们可以发现一些成功的经验和教训，为高校思想政治教育的改革和创新提供参考和借鉴。教育成效的分析不仅可以检验教育工作的成果，更可以促进高校教育理念的更新与发展。因此，我们务必重视教育成效的评估研究，不断完善评价体系，提升教育质量，助力高校思想政治教育事业蓬勃发展。

第三章 高校思想政治教育的评估与效果分析

第一节 实施高校思想政治教育的现状分析

一、高校思想政治教育的重要性

思想政治教育是通过教育手段传授党的理论知识和思想道德观念，培养学生正确的世界观、人生观和价值观，使其成为德智体全面发展的社会主义建设者和接班人。高校思想政治教育的实施现状分析显示，目前一些学校在思想政治教育方面存在着课程设置不够完善、教学内容陈旧、师资力量不足等问题，导致学生对党的理论认识不够深刻，思想动摇现象时有发生。

高校思想政治教育的重要性不言而喻，它直接影响着学生的思想觉悟和综合素质的提高。高校是培养人才的摇篮，良好的思想政治教育可以使学生树立正确的世界观和人生观，增强爱国主义和社会主义意识，提高道德修养和文化素质，使他们成为具有高尚情操和崇高理想的新时代青年。

对于思想政治教育的定义，从根本上讲，它是一种在理论上传统的教育形式，但在实施过程中需要与时俱进，不断创新。思想政治教育不仅仅是灌输知识，更要引导学生正确看待人生价值和社会发展，提升他们的综合素质和道德水平。思想政治教育的定义已经超越了传统的意义，它更应具有启发性、引导性和创新性，以适应社会发展和人才培养的需要。

思想政治教育的定义需要不断与时俱进，随着社会变革和人才培养需求的提高，其内容和形式也在不断地发生着变化。我们应该认识到，思想政治教育不仅仅是一种教育方式，更是一种培养人才的重要途径，是培养社会主义建设者和接班人的必由之路。在这个过程中，我们要注重引导学生独立思考，培养他们解决问题的能力，提高他们的创新意识和实践能力。思想政治教育的定义应该紧密结合现代社会的特点和人才培养的要求，注重培养学生的社会责任感和创新精神，让他们成为具有理想信念和高尚品质的优秀青年。同时，思想政治教育还要注重引导学生树立正确的人生观和世界观，增强他们的社会责任感和使命感，从而更好地投身社会实践，为国家和社会的发展贡献自己的力量。思想政治教育的定义应当贯穿于学校教育的方方面面，从课堂教学到校园文化建设，从学生管理到思想引领，都要注重思想政治教育的渗透和贯穿，使之真正成为学生成长的助推器和引领器。通过不断完善思想政治教育的定义和实施，才能更好地培养出德智体美劳全面发展的社会主义建设者和接班人。

思想政治教育的意义在于培养学生正确的思想观念和政治立场，引导他们树立正确的世界观、人生观和价值观。这不仅有利于学生的个人发展，更有助于社会和国家的进步与稳定。思想政治教育的意义在于引导学生正确处理思想和情感，让他们在面对困难与挑战时能够保持清醒的头脑和坚定的信念。思想政治教育的意义在于加强学生的社会责任感和公民意识，使他们能够积极参与社会事务，为社会、国家的建设贡献力量。思想政治教育的意义在于促进学生全面发展，不仅关注他们的学术成绩，更注重培养他们的人格品质和社会能力。思想政治教育的意义在于传承和弘扬优秀的传统文化，培养学生对传统文化的尊重和理解，使他们在面对现代社会的变革时能够保持文化自信和传统根基。思想政治教育的意义在于帮助学生树立正确的人生目标和价值追求，引导他们坚定理想信念，担负起时代使命，努力成为国家和社会需要的新时代优秀人才。

在当今社会，思想政治教育的意义已经不仅仅停留在传统的课堂教学中。随着社会的不断发展和进步，教育的形式和内容也在不断革新和完善。思想政治教育不仅是学校教育的一部分，更是贯穿于日常生活的方方面面。在家庭、社会以及网络等方面，人们都能够感受到思想政治教育的影响。这种教育方式使得每个人都能够树立正确的人生目标和价值追求，为社会稳定和进步贡献自己的力量。

在现代社会，人们面临着各种各样的挑战和困难。思想政治教育教导我们如何正确应对这些挑战，保持冷静和坚定。只有在思想上保持清醒和稳定，才能够在逆境中披荆斩棘，勇往直前。通过思想政治教育，人们能够培养更强的社会责任感和公民意识，积极投身于社会事务，为社会的繁荣和稳定贡献自己的力量。

在当今多元文化的社会环境中，思想政治教育也扮演着重要的角色。传承和弘扬优秀的传统文化，让学生们能够在现代社会的文化交融中保持文化自信。思想政治教育教导学生们尊重和理解不同文化，有利于增强他们的国际视野和跨文化交流能力。

总的来说，思想政治教育的意义在于培养具有高尚品德和社会责任感的新时代人才，使他们能够在社会的各个领域中展现自己的才华和价值。思想政治教育的重要性不言而喻，希望每个人都能够认真对待这种教育，不断提升自我，为社会的发展贡献自己的力量。

高校思想政治教育的核心目标之一是培养学生的思想道德品质。作为大学生，他们正处于人生观、价值观形成的关键时期。通过思想政治教育，学生能够深刻理解社会主义核心价值观，坚定信念，树立正确的世界观、人生观和价值观。同时，高校思想政治教育也致力于增强学生的社会责任感和道德情操，引导他们树立正确的行为准则，培养高尚的品德修养，成为德才兼备的社会栋梁之材。

除了培养学生的思想道德品质外，高校思想政治教育还旨在提高学生的政治理论素养。在当今复杂多变的社会环境中，学生需要具备深刻的政治意识和理论素养，以更好地适应社会发展的要求，在各领域发挥自己的作用。高校思想政治教育通过系统性的教学和实践活动，帮助学生建立对马克思主义基本原理和中国特色社会主义理论体系的正确认识，使他们能够在实践中运用所学理论指导实际工作，为国家和人民贡献自己的力量。

更重要的是，高校思想政治教育的目标还包括激发学生的创新思维和实践能力。作为当代大学生，他们将面临前所未有的机遇和挑战。思想政治教育应当引导学生勇于探索，积极创新，培养他们的创新意识和实践能力，使他们能够在不断变革的社会中保持敏锐的洞察力和应对能力，为社会发展注入新的活力和动力。

总的来说，高校思想政治教育的目标是全面提升学生的思想道德品质、政治理论素养和创新实践能力，使他们成为德才兼备、担当有为的新时代青年。只有通过思想政治教育的深入开展和切实落实，才能达到这些目标，为培养更多有志之士、有德之人、有能之才创造更加有利的条件。高校思想政治教育的创新探究，不仅需要教育者的不断努力，也需要学生本身的积极配合和参与，共同推动这一事业不断向前发展。愿高校思想政治教育在新时代焕发出更加灿烂的光芒，为实现中国梦注入更多正能量。

在当今社会，高校思想政治教育的重要性不可忽视。作为新时代的大学生，我们应当不断增强自身的思想道德修养，提高政治理论素养，培养创新实践能力。这不仅是对个人发展的要求，更是对整个社会发展的需要。因此，我们需要在学习的道路上保持前行的步伐，不断探索，不断创新。

作为青年人，我们应当勇于拥抱变化，积极适应社会的发展需求。只有不断调整自己的思维方式，更新知识结构，才能在竞争激烈的社会中立于不败之地。同时，我们还应当注重实践能力的培养，只有将所学知识融入实践，才能真正掌握并运用它们。

在这个充满机遇和挑战的时代里，我们需要保持对未来的敏锐洞察力和应对能力。只有不忘初心，不负使命，才能为社会发展注入新的活力和动力。因此，让我们一起努力，为实现中国梦添砖加瓦，为建设美好未来贡献自己的力量。

让我们铭记着高校思想政治教育的宗旨，不忘初心，砥砺前行。让我们以更加饱满的热情，更加坚定的信念，投身到学习和实践中，为实现自己的梦想，为祖国的繁荣富强贡献自己的力量。愿高校思想政治教育的种子在我们心中生根发芽，茁壮成长，绽放出绚烂的光芒。

高校思想政治教育，作为大学教育体系中的重要组成部分，其面临的挑战和困境不可忽视。随着社会的快速发展和多元化趋势，传统的思想政治教育模式已经显露出一些不足之处。学生们对于思想政治教育的兴趣不高，教学内容的单一性和僵化性让他们感到枯燥乏味。同时，一些学生对于思想政治课程的重要性和实用性产生怀疑，导致他们对于课程的态度较为消极。

高校思想政治教育要想更好地适应当下社会的需求，就必须进行创新。创新不仅在于内涵的更新和拓展，更在于方法的改变和多样性。传统的抽象概念灌输和理论宣讲已经不能满足学生的需求，需要更多的实践教学和互动性教育。思想政治教育的连续性和渗透性也应该得到加强，不能仅仅局限于学生们的课堂时间。只有这样，高校思想政治教育才能真正与时俱进，将理论联系实际，引导学生树立正确的世界观、人生观、价值观。

当今社会，高校思想政治教育面临的挑战和困境愈发严峻。信息时代的到来，网络信息的普及和碎片化，为大学生们提供了更多的选择和冲击，思想政治课程的地位逐渐被边缘化。一些学生甚至对于思想政治教育持有排斥的态度，认为这是一种束缚和禁锢，与时代发展脱节。高校思想政治教育的传统模式已经跟不上时代的步伐，无法吸引学生的主动参与和探索，严重影响了教育效果的达成。

因此，高校思想政治教育创新的必要性和迫切性不言而喻。只有不断地创新教学理念、更新内容形式，使思想政治课程具有更强的现代性和实践性，才能更好地引导学生树立正确的思想观念，培养他们的社会责任感和使命感。高校应该积极探索适合当代大学生的思想政治教育模式，注重培养学生的创新意识和实践能力，引导他们积极投身社会主义建设中去。

高校思想政治教育的创新举措势在必行。面对挑战和困境，作为教育者和管理者，应该时刻关注学生的需求和心理变化，努力创造更好的教育环境和条件。只有不断地探索和实践，高校思想政治教育才能更好地发挥教育引领作用，为培养德智体美劳全面发展的社会主义建设者和接班人作出积极贡献。

面对快速变化的社会现实和人们的多元化需求，高校思想政治教育必须与时俱进，不断进行创新。只有通过不断更新教育理念、拓展教学手段，引导学生树立正确的世界观、人生观和价值观，才能更好地满足他们的成长需求。高校应该致力于培养学生的批判性思维和解决问题的能力，引领他们走向社会，为建设美好的未来贡献自己的力量。

要实现高校思想政治教育的创新，需要教师们不断丰富自身的教学经验，提升专业素养，借助信息化技术，打造互动式、多元化的教学模式。同时，高校管理者也应该不断推进教育改革，为教师和学生提供更好的学习环境和支持，搭建交流平台，促进教育资源共享。只有通过全校师生的共同努力和不懈探索，高校思想政治教育才能真正走向深入人心，为学生成长成才提供坚实的思想基石。

在推进高校思想政治教育创新的过程中，不仅需要关注理论的探讨和内容的更新，更需要重视道德品质的培养和行为习惯的引导。教育是一项系统工程，高校思想政治教育的创新离不开全社会的支持和参与。只有形成全社会共同努力的教育局面，才能让高校思想政治教育真正发挥出应有的作用，为建设社会主义现代化国家奠定坚实的思想基础。

二、高校思想政治教育的目标分析

高校思想政治教育的目标设定是其工作的关键环节，也是实现教育效果的前提。目标设定的标准化问题是高校思想政治教育中一个重要的议题。在高校思想政治教育的目标设定过程中，常常存在着一些不规范、不一致的现象。在目标设定的过程中，不同学校、不同部门、不同老师对于目标的理解和设定可能存在差异，导致了目标的标准化程度不高。一些学校可能更加注重学生的思想道德素质的培养，而另一些学校则更加注重学生的社会责任感和创新能力的培养，这种差异化的目标设定使得高校思想政治教育的目标不够规范。

在目标设定的具体表述上，也存在一定的不规范性。有些学校对于思想政治教育的目标设定可能过于抽象和笼统，难以量化和具体化，难以衡量目标的达成程度。例如，某些学校的思想政治教育目标可能是"培养德智体美全面发展的社会主义建设者和接班人"，这一目标虽然宏大，但却缺乏具体的指导和评价标准，不利于实际的教育实践。

目标设定的一致性也是高校思想政治教育中的一个难题。不同学科、不同层次、不同阶段的思想政治教育目标之间可能存在着一定的矛盾和冲突。例如，在某些学校中，专业课程中强调的是学术研究和专业能力培养，而思想政治教育课程中则更加注重德育和思想素质的培养，这种目标的不一致性可能导致学生对于思想政治教育的重视程度不够，影响教育效果的达成。

因此，高校思想政治教育的目标设定需要更加规范和一致。在目标设定的过程中，应该充分考虑学校的办学定位、学生的特点和社会需求，制订符合实际情况的具体目标，并设计科学的评价体系，以确保目标的实现效果。同时，要加强不同学科、不同层次、不同阶段的思想政治教育目标之间的协调和衔接，形成一个系统、完整的思想政治教育目标体系，促进教育目标的一致性和统一性。只有这样，才能更好地推动高校思想政治教育的创新与发展。

在治理教育领域，目标的设定是一个至关重要的环节。不同的学校、不同的学科，都有各自独特的教育目标和重点。因此，在制订目标时，需要充分考虑学校的特点和定位，以及学生的需求和背景。只有这样，才能确保目标的科学性和有效性。

在设计目标时，需要注重目标之间的协调和衔接，确保整体教育目标体系的完整性和体现。不同学科、不同层次、不同阶段的目标应该相互配合，形成一个有机的整体结构，以促进教育效果的最大化。

在实施过程中，还需要建立科学的评价体系，对教育目标的实现效果进行评估和监测。只有通过定期的评价和反馈，才能及时发现问题、调整措施，确保教育目标的顺利实现。

总的来说，高校思想政治教育的目标设定是一个复杂而又重要的工作。需要在充分考虑实际情况的基础上，确立具体、科学的目标，并通过有效的评价和监测手段，保证目标的实现效果。只有这样，高校思想政治教育才能真正发挥其应有的作用，为学生的全面发展和社会的进步作出积极的贡献。

学生的个体差异对教育目标的影响是一个不可忽视的问题。每个学生在性格、兴趣、能力等方面都有着独特的特点，这些差异会影响他们对教育的接受程度和效果。因此，在制订和实施高校思想政治教育时，必须考虑到学生的个体差异，使教育目标更具针对性和实效性。

对于不同类型的学生，他们对思想政治教育的需求也各有不同。一些学生可能更加关注政治理论知识的学习，认为这对于提升自己的综合素质和未来的发展至关重要；而另一些学生可能更注重实践经验的积累，认为通过参与社会实践活动才能更好地理解和实践思想政治教育的内容。还有一部分学生可能更加注重情感方面的培养，认为在情感上与他人建立良好关系才能更好地进行人际交往和社会实践。因此，针对不同类型的学生需求，高校思想政治教育需要提供多样化的教育内容和方式，以满足不同学生的个性化需求。

如何更好地满足学生的个性化需求是一个需要深入思考和探讨的问题。教育者需要对学生的个体差异进行深入的了解和分析，明确每位学生的兴趣、特长、弱点等方面的情况，为制订个性化的教育方案提供依据。教育者需要不断探索和尝试不同的教育方式和手段，以更好地激发学生的学习兴趣和潜能，提高教育的效果。同时，学生们也应主动参与教育过程，积极反馈自己的需求和意见，促进教育者更好地了解和满足学生的个性化需求。

高校思想政治教育创新探究不仅仅是要对传统的思想政治教育内容和方式进行改革和完善，更要着眼于学生的个性化需求，提供更加个性化、多样化的教育服务，实现教育目标的更好实现。只有在充分考虑和尊重学生个体差异的基础上，才能更好地推动高校思想政治教育的发展，培养更加符合时代要求的优秀人才。相信通过共同努力和探索，高校思想政治教育的创新与发展定能够取得更加显著的成效。

在当今社会，教育的重要性愈发凸显。随着时代的发展和社会的变迁，个性化的教育需求愈发凸显。教育者需要不断尝试和探索新的教育方式和手段，以更好地满足学生的学习需求，激发他们的学习兴趣和潜能。同时，学生们也需要积极参与教育过程，主动反馈自己的需求和意见，促进教育者更好地了解和满足学生的个性化需求。

高校思想政治教育的创新与发展不仅需关注传统的教育内容和方式改革，更要重视学生的个性化需求。只有在尊重学生个体差异的基础上，才能更好地实现教育目标，培养出符合时代要求的优秀人才。通过不懈的努力和探索，相信高校思想政治教育的创新与发展将会取得更加显著的成效。

随着科技的发展和社会的进步，教育领域也迎来了新的挑战和机遇。教育者应积极运用科技手段，开发个性化教育工具，为学生提供更加精准、有效的学习支持。同时，学生们也要主动拥抱变化，主动适应教育的新模式，为个性化教育的实施提供积极的配合和支持。

在未来的发展中，个性化的教育将成为教育改革的重要方向。只有在充分尊重和满足学生的个性化需求的基础上，才能真正实现教育目标的高效达成。教育者和学生们共同努力，共同探索，必将为高校思想政治教育的创新与发展注入新的活力和动力。

实践性教育目标在高校思想政治教育中具有重要的意义和影响。高校思想政治教育的目的在于培养学生的社会责任感、公民意识和创新精神，使他们具备正确的世界观、人生观和价值观。而实践性教育目标则能够帮助学生将所学知识与实际情况相结合,通过亲身经历和参与实践活动来加深对理论的理解,并培养学生解决问题的能力和实践能力。

在高校教育中,实践性教育目标通过开展各种形式的实践活动,如社会实践、实验实习、创新创业等,引导学生将所学的理论知识运用到实践中去,从而提高他们的综合素质和能力。实践性教育目标不仅有助于学生树立正确的人生观和世界观,还可以培养学生的责任意识和使命感,让他们在面对社会和生活中的各种挑战时都能做出正确的选择和决策。

实践性教育目标还能够促进高校思想政治教育的深入开展。通过让学生亲身参与社会实践和活动,可以激发他们的学习兴趣和积极性,增强他们对思想政治教育的重视和认识。同时,实践活动也能够促进学生之间的交流与合作,培养他们的团队精神和合作意识,提高整体的教育效果。

在实践性教育目标的指导下,高校思想政治教育可以更好地适应时代发展的要求,更好地引导学生树立正确的人生观和价值观,更好地培养学生的创新意识和实践能力。通过不断探索和创新,高校思想政治教育能够不断提升自身的水平和效果,为培养德智体美劳全面发展的社会主义建设者和接班人作出积极的贡献。

在实践性教育目标的引领下,高校思想政治教育将更加注重培养学生的实际动手能力,强调知识与实践相结合的理念。通过各种形式的实践活动,学生可以将课堂上学到的理论知识应用到实际生活中,增强对知识的理解和掌握,提升综合素质。

实践性教育目标的实施也将促进学生之间的交流与合作,培养团队精神和合作意识。在实践活动中,学生需要互相协作、共同解决问题,这不仅能提高学生的团队协作能力,还能培养学生的领导才能和沟通能力。

实践性教育目标的贯彻执行还能激发学生的创新意识和实践能力。通过自主设计实践项目、实践探究课题,学生可以培养解决问题的能力和创新精神,增强实践动手能力,提高实际操作技能。

总的来说,实践性教育目标是高校思想政治教育的重要组成部分,只有坚持实践性教育目标,教育才能更贴近学生,更加符合现代社会对人才的需求。通过实践性教育目标的引导,高校思想政治教育将更好地培养学生的综合素质,为他们未来的发展奠定坚实基础。

在当今社会变革和科技发展的背景下,高校思想政治教育更加需要重视培养学生的创新精神。创新精神是指学生具备自主思考、勇于探索、勇于实践的能力,能够不断寻求新的解决问题的方法和途径。在现代社会中,创新已成为推动社会进步和经济发展的重要力量,而高校作为培养未来人才的摇篮,必须重视培养学生的创新精神。

培养创新精神能够帮助学生更好地适应社会的变革和发展。随着社会的快速发展,传统的知识和技能已经不能适应新的要求,而具备创新精神的人才则能够更快地适应新的环境和挑战。高校思想政治教育应当注重培养学生的创新能力,使他们具备独立思考和解决问题的能力,为他们未来的成长和发展打下坚实的基础。

培养创新精神有助于提升学生的综合素质和竞争力。创新是推动科技进步和社会发展的重要动力,具备创新精神的人才更容易在社会中脱颖而出。在高校思想政治教育中,应该注重培养学生的跨学科思维和团队合作能力,培养他们具备创新和实践的能力,使他们能够在未来的社会中卓有成就。

培养创新精神也有助于提升学生的社会责任感和公民意识。创新不仅仅是技术和产品的创造,更包括对社会问题的思考和解决。具备创新精神的人才往往更关注社会发展和进步,能够为社会作出更积极的贡献。在高校思想政治教育中,应该引导学生关注社会热点问题,培养他们的社会责任感和公民意识,使他们成为具有社会担当的优秀公民。

高校思想政治教育应当重视培养学生的创新精神,使他们具备独立思考、勇于实践、勇于探索的能力。只有培养出具备创新精神的人才,才能更好地适应社会的发展和变革,为国家和社会的繁荣作出更大的贡献。希望高校思想政治教育能够在培养学生创新精神的道路上不断探索和创新,助力学生成为具有创造力和责任感的未来栋梁。

创新精神的培养是高校思想政治教育的重要任务之一。除了关注社会热点问题,学生还应当具备审时度势的能力,能够在不断变化的社会环境中灵活应对。同时,培养学生的创新精神还需要注重实践和探索,通过参与各种实践活动和社会实践项目,锻炼学生解决问题的能力。在这个过程中,学生将不断发现问题、思考问题,从而不断提升自己的创新能力。

高校思想政治教育还应当重视培养学生的团队合作精神。创新往往是一个团队的智慧结晶,需要多方的合作和协调。通过组织学生参与团体活动和团队项目,可以有效培养学生的团队协作能力和沟通能力,使他们在未来的工作和生活中更加容易融入团队,发挥自己的价值。

高校思想政治教育还应当注重培养学生的创业精神。创新是推动社会发展的动力之一,而创业则是将创新转化为实际产品和服务的过程。通过开设创业课程和组织创业实践活动,可以激发学生的创业激情,培养他们创业的勇气和能力,让他们在未来成为具有创业精神的领军人才。

高校思想政治教育在培养学生的创新精神方面还有许多工作要做。通过关注社会问题、实践探索、团队合作和创业培训，可以帮助学生不断提升自己的创新能力，为社会发展和进步作出更大的贡献。希望高校思想政治教育能够不断探索创新，在培养学生成为具有创造力和责任感的未来领导者方面取得更大的成就。

三、高校思想政治教育的评估方法

在高校思想政治教育的评估与效果分析中，评估方法的选择至关重要。传统的评估方法主要包括问卷调查、访谈等方式，这些方法能够收集到学生、教师对思想政治教育的认知和满意度，但存在主观性强、数据量有限等问题。因此，建立起科学、客观的评估体系显得尤为重要。

对于高校思想政治教育的评估，应该从多个维度进行考核。可以从教学质量和师资队伍建设等方面来评估高校思想政治教育的整体水平。教学质量是否达到教育部门制订的标准，师资队伍是否具备专业知识和教育能力等都是重要的评估指标。可以从学生的学习效果和态度等方面对教育效果进行评估。学生是否能够全面了解和接受思想政治教育内容，是否具有批判性思维和独立思考能力等都是重要的评估指标。考核体系的建立需要考虑到这些方面，综合评估高校思想政治教育的全面表现。

在构建高校思想政治教育的评估体系时，应该注重量化指标和定性指标相结合，既要有客观可衡量的数据支撑，也要充分考虑到教育内容的特殊性和个性化需求。还应该加强对评估结果的反馈和应用，及时调整教育方针和教学方法，不断提高思想政治教育的实效性和针对性。

总的来说，高校思想政治教育的评估需要建立在科学的基础之上，不断完善和创新评估体系，确保思想政治教育工作能够更好地适应当代大学生的需求和社会发展的要求。只有通过科学的评估方法和综合的分析，才能更好地推动高校思想政治教育的创新和发展，培养出更多具有社会责任感和创新精神的优秀人才。希望高校与相关部门能够共同努力，建立起更加完善的高校思想政治教育评估体系，为培养德智体美劳全面发展的社会主义建设者和接班人作出积极贡献。

在高校思想政治教育工作中，建立健全的考核体系是至关重要的。这不仅能够确保教育工作的质量和效果，更能够促进教育体系的不断完善和提升。除了客观可衡量的数据支撑外，还需要注重对教育内容的深入了解和特殊性的把握。只有充分考虑到学生的个性化需求，才能真正做到针对性指导，有效提高教育实效性。

评估结果的反馈与应用也是不可或缺的环节。及时调整教育方针和教学方法，根据评估结果对工作进行有效改进，才能更好地满足学生的学习需求，达到教育目标。科学的评估方法和综合的分析应成为评估工作的一贯原则，只有如此，高校思想政治教育才能不断创新、发展。

高校和相关部门需共同协作，建立更为完善的评估体系。唯有如此，才能培养出更多优秀的社会主义建设者和接班人。通过不断调整教育方针，以求适应当代学生的需求和社会发展的要求，高校思想政治教育才能真正发挥其应有的作用，为培养德智体美劳全面发展的社会主义建设者贡献力量。期待着在大家共同的努力下，高校思想政治教育将迎来新的机遇，为社会发展作出更大贡献。

在制订高校思想政治教育的考核指标时，应该遵循科学、客观、全面、公正的原则。考核指标应该具有科学性，即基于教育目标和教育需求，结合学生的实际情况和需求，确保评估的科学性和有效性。考核指标应该具有客观性，避免主观因素的干扰，确保评估结果客观真实。同时，考核指标应该具有全面性，涵盖学生的思想政治素质、道德品行、社会责任感等多个方面，全面反映学生的综合素质。

考核指标的制订还应该具有公正性，即要确保评估标准公平公正，避免出现片面、偏颇的情况。为了确保考核指标的公正性和有效性，可以借鉴国内外先进的教育评估标准和方法，同时结合高校思想政治教育的具体情况和特点进行调整和完善。

在考核指标的制订过程中，还需要充分考虑高校思想政治教育的特点和要求，确保考核指标具有针对性和实用性。同时，需要积极引入新技术、新方法，充分利用信息化技术和大数据分析手段，提高评估的科学性和准确性。同时，要注重考核指标的灵活性和可操作性，确保能够及时调整和完善评估指标，以适应高校思想政治教育的发展和变化。

高校思想政治教育的评估是一个复杂而重要的工作，考核指标的制订至关重要。只有制订科学、客观、全面、公正的考核指标，才能有效提高教育质量，促进学生全面成长。希望各高校能够重视高校思想政治教育的评估工作，不断完善评估机制，为培养德智体美劳全面发展的社会主义建设者和接班人作出积极贡献。

在高校思想政治教育评估中，除了考核指标的制订外，还需要重视评估实施的全过程管理。评估实施过程中，要注重数据的收集和整理，确保评估结果的客观性和真实性。同时，要建立有效的反馈机制，及时传达评估结果和改进建议，促进高校思想政治教育的持续改进。

评估结果的运用也是评估工作的重要环节。评估结果应该成为高校思想政治教育改进的重要依据，为高校领导和相关部门提供决策参考。通过运用评估结果，可以及时发现问题、总结经验，促进高校思想政治教育的不断提高。

高校思想政治教育评估需要广泛凝聚力量，形成全校师生共同参与的评估氛围。只有全校上下通力合作，共同推动评估工作的开展，才能真正实现高校思想政治教育的目标和使命。希望通过评估工作的持续深入，高校思想政治教育能够焕发出新的活力和动力，为培养更多德智体美劳全面发展的社会主义建设者作出更大的贡献。

工具的使用是高校思想政治教育评估的重要组成部分，通过科学的评价工具，可以更客观地衡量思想政治教育的实施效果。评价工具的使用包括问卷调查、访谈、观察记录等多种方法，通过这些方式收集数据，对高校思想政治教育进行全面、系统的评估分析。同时，评价工具的使用还能够帮助评估者更加准确地把握高校思想政治教育的发展现状，为进一步提升教育质量提供有效的参考和支持。通过评价工具的使用，可以促进高校思想政治教育的创新与改进，推动教育教学工作不断向前发展。

评价工具的使用在高校思想政治教育评估中扮演着至关重要的角色。除了问卷调查、访谈、观察记录等传统方法外，还可以结合现代技术手段，如大数据分析、人工智能辅助等方式进行评估。通过多元化的评价工具，评估者可以更全面地了解学生对思想政治教育的反馈和认知，从而为教育改进提供科学依据。评价工具的使用不仅可以帮助高校发现问题和弱点，还可以发掘教育中的亮点和优势，为教育改革提供建设性建议。

同时，评价工具的使用也能够促进高校教师的专业发展。通过参与评估工作，教师可以对自身的教学方法、教学内容进行反思和调整，不断提升自身专业水平。评价工具的使用还可以促进教师之间的交流与合作，共同探讨教学中的难点和疑惑，相互借鉴经验，共同成长。

评价工具的使用还为高校思想政治教育的未来发展提供了重要的参考和支持。通过持续的评估和分析，可以及时发现教育环节中的问题，调整教育方向，推动教育不断向前发展。评价工具的使用不仅是对过去工作的总结，更是对未来发展的规划和指引。只有通过科学的评估工具，我们才能更好地了解教育的真正需求，为构建高水平的思想政治教育作出应有的贡献。

教师评价和学生自评是高校思想政治教育评估中的重要环节。教师评价主要是指根据学生在学习、参与讨论、思考等方面的表现，对其进行综合评定。

而学生自评则是学生对自己的学习情况、思想观念等方面进行自我评价。教师评价和学生自评相结合，可以更全面地了解学生的学习状况和成长情况，为进一步改进教育教学提供重要参考。

教师的评价是建立在专业知识和丰富经验基础上的，他们可以通过观察学生的学习状态、参与课堂讨论的情况、思维能力等方面，对学生进行客观评价。同时，教师还可以根据学生的作业、考试成绩等客观数据，对学生的学习情况进行评估。教师的评价可以帮助学生更客观地认识自己的优缺点，进而找到提升自身能力的途径。

学生自评则是学生对自己学习成绩、思想观念、综合素质等方面进行自我认识和评价。学生可以根据自己的学习计划、学习目标以及实际表现，对自己进行客观评价。通过自我评价，学生可以更清晰地认识到自己的优势和劣势，从而更好地调整学习方法和提升学习效果。学生自评也可以激发学生的学习动力，促使其更加主动地参与学习过程，从而更好地实现个人发展目标。

教师评价和学生自评都是高校思想政治教育评估的重要环节，通过这两种评价方式的结合运用，可以更全面地了解学生的学习情况和成长情况，为高校思想政治教育的改进和提升提供有力支撑。教师和学生应相互配合，共同努力，推动高校思想政治教育工作取得更好的成效。

教师评价和学生自评是高校思想政治教育中不可或缺的一环。教师的评价可以为学生提供客观的反馈，指导他们在学习中不断进步。而学生自评则是学生对自己的深入思考和认识，是自我成长的一个重要过程。通过教师评价和学生自评的结合运用，可以更好地激发学生的学习动力，促进他们对自身学习状况的深入思考。

教师评价和学生自评的互动过程中，教师应该给予学生及时的反馈和指导，帮助他们认识到自己的不足之处，并提供有效的帮助和支持。而学生也要对自己进行真实客观的评价，坦诚面对自己的优点和缺点，不断完善自己，提升自身的综合素质。

在高校思想政治教育中，教师评价和学生自评的有效结合可以帮助学生建立正确的人生观、价值观和世界观，培养学生的创新能力和批判思维，引导他们树立正确的人生目标，助力学生全面发展并为社会进步贡献自己的力量。通过教师评价和学生自评的方式，高校思想政治教育能够更有针对性地指导学生的学习和生活，使他们在大学生涯中收获更多，成长更快乐。

四、高校思想政治教育的效果分析

通过对高校思想政治教育的现状进行分析，可以发现学生综合素质的提升是一个重要的目标。在实施高校思想政治教育的过程中，我们需要关注不仅是知识的传授，更要注重学生的思想道德素养、社会实践能力以及创新精神的培养。高校思想政治教育的效果分析也将直接影响学生综合素质的提升。借助科学的评估方法，可以更好地了解学生在思想政治教育中的表现，并及时进行调整和改进，促进学生的全面发展。通过不断的探索和创新，高校思想政治教育将为提升学生综合素质发挥重要作用。

在高校思想政治教育的过程中，学生的综合素质的提升是一个至关重要的目标。我们需要关注的不仅仅是传授知识，而更重要的是培养学生的思想道德素养、社会实践能力以及创新精神。高校思想政治教育的效果分析，直接关系到学生综合素质的提升。科学的评估方法可以帮助我们更好地了解学生在思想政治教育中的表现，进而及时调整和改进教育方法，促进学生的全面发展。

通过不断的探索和创新，高校思想政治教育将为提升学生综合素质发挥着重要作用。在教育过程中，我们要注重培养学生的自主学习能力和团队合作精神，鼓励他们勇于探索和创新。同时，我们也需要重视学生的情感管理能力和社交技巧的培养，帮助他们建立良好的人际关系和解决问题的能力。

高校思想政治教育应该关注学生的终身学习能力和持续发展，帮助他们树立正确的人生观和价值观，引导他们走向自己的梦想和未来。只有通过思想政治教育的全面培养，学生的综合素质才能真正得到提升，他们才能成为有理想、有担当的社会栋梁之材。高校教育者要以身作则，不断提升自己的素质和能力，为学生的发展潜力提供更广阔的舞台，助力他们实现人生价值的最大化。愿高校思想政治教育成为学生成长成才道路上的坚实基石，为建设和谐社会贡献自己的力量。

在高校思想政治教育的实施过程中，引导学生树立正确的思想政治观念是至关重要的。只有通过科学有效的方法引导学生，才能促进他们的思想政治素质的全面提升。思想政治观念的引导需全方位、多角度地进行，既要注重理论知识的普及，又要重视实践能力的培养，同时还要引导学生正确看待社会现象和价值观念。只有在多元化、综合性的引导下，学生才能真正理解和接受正确的思想政治观念。

除了在课堂教学中进行思想政治观念的引导外，高校还应该通过各种形式的实践活动加强引导。例如组织学生参与社会实践、志愿服务等活动，让他们亲身感受社会生活的方方面面，从而形成正确的思想政治观念。通过实践，学生将能够更加深入地理解理论知识，培养正确的职业道德和社会责任感，从而实现全面发展。

在引导学生树立正确的思想政治观念的过程中，高校还应该充分发挥教师的作用。教师是学生的榜样和引导者，他们的言传身教将对学生成长产生深远的影响。因此，高校应该加强对教师的思想政治教育培训，提高教师的整体素质和能力，使他们能够更好地引导学生，推动学生的全面发展。

引导学生树立正确的思想政治观念是高校思想政治教育的重要任务之一。只有通过全面、多角度的引导，学生才能真正树立正确的思想政治观念，形成健康的心态和正确的人生观，为社会主义现代化建设贡献力量。

在教育实践中，高校可以通过丰富多彩的活动和课程来引导学生树立正确的思想政治观念。例如，开展丰富多彩的思想政治教育活动，举办各类主题讲座和座谈会，组织学生参加社会实践活动等，都可以帮助学生深入了解社会主义核心价值观，树立正确的思想政治观念。

高校还可以通过营造积极向上的学习氛围来引导学生树立正确的思想政治观念。学校可以倡导阳光向上的学习态度，倡导正直诚信的学术风气，倡导团结奋进的校园文化，从而在日常生活中潜移默化地影响学生，引导他们树立正确的思想政治观念。

总的来说，引导学生树立正确的思想政治观念是高校思想政治教育的重要内容之一。只有通过多方面、全方位的引导和教育，才能真正帮助学生树立起正确的思想政治观念，进一步培养学生的社会责任感和使命感，为建设社会主义现代化事业贡献自己的力量。高校应该充分认识到这一重要性，积极采取有效措施，切实加强学生思想政治教育工作，助力学生全面发展。

高校思想政治教育是培养学生树立正确的世界观、人生观、价值观，提升综合素质和道德修养的重要途径。在这个过程中，培养学生具有积极的社会责任感是至关重要的。只有让学生意识到自己作为社会一员应尽的责任，才能真正造就出社会需要的优秀人才。社会责任感的培养不仅仅是一种道德要求，更是一种社会需要和个人成长所需。

高校应该通过开展各种形式的思想政治教育活动，引导学生认识到自己身处的社会环境，明白个人的行为会对社会产生怎样的影响。只有建立正确的社会责任感，学生才能真正明白自己在社会中的定位，更好地为社会作出贡献。同时，高校还应该注重对学生的实践能力培养，让他们通过参与社会实践活动，感受到社会的需求，从而逐渐形成自己的社会责任观。

在进行高校思想政治教育的效果分析时，社会责任感的培养是一个重要的判断指标。只有学生在教育过程中真正理解并内化了社会责任感，才能更好地为社会服务，为国家发展作出积极的贡献。因此，高校在进行教育评估时，应该注重考察学生的社会责任感表现，评估教育效果。

高校思想政治教育需要注重社会责任感的培养，这不仅是为了学生个人成长，更是为了社会的长远发展。只有通过正确的教育方式和手段，才能真正培养出具有社会责任感的优秀人才，推动社会的进步和发展。希望高校在思想政治教育方面能够不断探索创新，不断提升教育质量，为培养社会主义建设者和接班人作出积极贡献。

在进行高校思想政治教育的过程中，培养学生的社会责任感显得尤为重要。通过学习和实践，学生能够感受到社会的需求，从而逐渐形成自己的社会责任观。这种责任感并不是空洞的口号，而是需要通过实际行动来体现。当学生能够意识到自己身为一名大学生应该如何为社会作出贡献时，他们的行为和言行必然会受到社会的认可和尊重。

教育不仅是传授知识，更重要的是培养学生的社会责任感，让他们能够在日常生活和学习中积极思考，关心他人，热心帮助他人。只有这样，才能真正培养出品德高尚、有担当的人才。高校的使命不仅仅是传授知识，更是要培养学生独立思考、具有社会责任感的能力。只有这样，国家和社会才能持续进步，才能迎来更加美好的未来。

在培养学生社会责任感的过程中，师生之间的互动和引导至关重要。教师应该成为学生的榜样，引导他们树立正确的人生观和社会观。同时，学校也应该提供更多的社会实践机会，让学生在实践中感受到社会的需求和挑战，从而更好地培养他们的社会责任感。只有通过多方面的努力和支持，才能真正做到高校教育的全面发展，为社会培养更多有责任心的人才。愿我们的教育能够在社会责任感的培养上取得更大的成就，为社会和国家的繁荣进步贡献自己的力量。

五、高校思想政治教育创新案例分析

具体措施的实施效果关乎着高校思想政治教育的质量和效果。在实施高校思想政治教育的过程中，各高校需要根据自身的实际情况，制订切实可行的具体措施。通过对一些成功的创新案例的深入分析，可以为高校思想政治教育的改革提供有益借鉴。

在当前高校思想政治教育的现状分析中，我们发现，一些高校在推进思想政治教育改革创新方面取得了一定的成效。通过引入多元化、互动性强的教育手段，如线上线下结合、微课教学等，提升了学生的学习积极性和参与度。同时，加强师生之间的沟通互动，构建融洽的师生关系，能够有效促进学生思想政治教育的深入开展。

在高校思想政治教育创新案例分析中，我们可以看到，一些高校在课程设置方面进行了探索和实践。通过开设符合学生需求的新型课程和选修课程，如思政微课、青年志愿者服务等，增强了学生的兴趣和参与度，提升了教育效果。同时，一些高校还积极引入专业化、个性化的思政教育方案，注重从学生的实际需求出发，开展思想政治教育，获得了较好的效果。

总的来说，高校在实施具体措施方面积极推动思想政治教育的创新与改革，取得了一定的成效。然而，我们也要意识到，实施效果的评估和分析仍然是一个长期而且复杂的过程，需要高校各方面的共同努力和支持。希望通过对高校思想政治教育的评估与效果分析，能够更好地促进高校思想政治教育工作的不断完善和提升。

在实施具体措施和实施效果方面，一些高校还通过开展思政教育实践活动，如主题班会、思政讲座、思政读书会等形式多样的活动，激发了学生对思政教育的兴趣，提高了他们的参与度。同时，一些高校还建立了思政教育志愿者团队，组织学生参与社会实践和志愿服务活动，使学生在实践中增强思想政治教育的理解和认同。

高校还注重培养学生的主体意识和责任感，通过开展学生自治组织和思政干部培训等活动，激发学生的自我管理能力和领导潜力。这些举措不仅提升了学生的思政素养，也促进了学生的全面发展和成长。

高校还加强了与社会的联系和合作，开展校企合作项目和社会实践基地建设，为学生提供更广阔的实践平台和就业机会。通过这些方式，高校将思想政治教育融入学生的学习和生活中，取得了良好的实施效果。

然而，我们也要意识到，实施思想政治教育的具体措施和评估效果是一个长期而艰巨的任务。只有不断探索创新，不断完善改进，才能更好地推动高校思想政治教育工作的持续发展和提升。希望高校在未来能够继续积极探索，不断创新，为学生提供更优质的思想政治教育服务，培养更多德智体美劳全面发展的社会主义建设者和接班人。

需要改进和提高之处：在当前高校思想政治教育工作中存在一些问题和挑战，需要加以改进和提高。部分高校思想政治教育仍然停留在传统的灌输式模式，缺乏互动性和参与性，导致学生学习兴趣不高。一些高校思想政治教育内容过于抽象和理论化，与学生实际需求和现实生活脱节，影响教学效果。部分高校思想政治教育资源分布不均衡，缺乏统一规划和整合，导致资源浪费和教学质量参差不齐。为了提高高校思想政治教育的质量和效果，需要加强师资队伍建设，促进课程内容更新与创新，建立多层次、多渠道的思想政治教育体系，提升教学质量和学生参与度。

在当前高校的思想政治教育工作中，我们不能忽视存在的问题和挑战。一些高校对思想政治教育仍然停留在表面功夫，缺乏深度和系统性，导致学生的认同感不足。一些高校的教育内容过于枯燥和理论化，与学生实际需求脱节，使得教学效果难以达到预期。高校思想政治教育资源的分配不够平衡，有些地区和学校仍然面临着教育资源匮乏的问题，这也直接影响了教学质量的提升。

要想改进和提高高校的思想政治教育工作，我们需要做到以下几点。加强师资队伍建设，培养更多思想政治教育专业人才，提高整体教学水平。更新和创新教育内容，将思想政治教育与学生实际生活和社会需求相结合，使之更加贴近学生。同时，建立起多渠道、多层次的思想政治教育体系，不仅仅是在课堂上进行教育，还要注重在学生日常生活中的渗透和引导，提升学生的思想道德素质和社会责任感。

只有通过不懈的努力和改进，高校思想政治教育才能更好地满足学生的需求，培养出更多社会有用的人才，同时也更好地适应和回应现代社会的变化和需求。通过全面提升思想政治教育的质量和效果，高校才能更好地履行其育人使命，为社会发展和进步贡献更多积极力量。

未来发展方向和趋势：随着时代的发展和社会的进步，高校思想政治教育也需要与时俱进，不断创新。未来，高校思想政治教育将更加注重学生的主体性，提倡以学生为中心的教育理念，促进学生积极参与和主动思考。同时，高校思想政治教育还需加强与社会实践的结合，培养学生的社会责任感和实践能力，使之能够更好地适应社会的发展需求。

高校思想政治教育还将更加强调跨学科的融合和多元化。未来的教育将更加注重培养学生全面发展的能力，注重知识的互联互通和跨学科的交叉学习，培养学生的综合素质和创新能力，使之能够在未来的社会中脱颖而出。

在技术的支持下，高校思想政治教育也将更加注重信息化和智能化。未来的教育将更多地利用科技手段，提高教学质量和效率，打造更加智能化的教学环境，为学生提供更加丰富多彩的学习资源和学习方式，推动高校思想政治教育的创新和发展。

未来高校思想政治教育的发展方向将是以学生为中心，注重实践与理论的结合，跨学科的融合和多元化以及信息化和智能化的发展，努力培养出更加符合社会需求的高素质人才，为国家和社会的发展作出更大的贡献。

未来发展方向和趋势呈现多元化和跨学科融合的特点。高校教育将更加侧重于培养学生的全面发展能力，注重知识的互联互通和跨学科的交叉学习。学生将被激励发展综合素质和创新能力，以便在未来社会中脱颖而出。

在技术支持下，高校思想政治教育将更加强调信息化和智能化。教育将积极利用科技手段，提高教学效率和质量，构建更加智能化的学习环境，为学生提供更多元的学习资源和方式，推动教育的创新和发展。

未来的高校教育将以学生为核心，注重实践与理论的结合，实现各学科之间的交叉融合与共生。信息化和智能化的趋势将为高等教育带来更广阔的发展空间，培养更加符合时代需求的高素质人才，为社会的进步和发展贡献更大力量。

当前，高校思想政治教育在中国教育体系中扮演着重要的角色。通过对实施高校思想政治教育的现状进行分析，可以发现存在一些问题和挑战。针对这些问题，一些高校开始尝试创新思想政治教育的方式和方法。通过案例分析，可以看到一些成功的经验和做法，为推动高校思想政治教育不断进步提供了借鉴。除此之外，还有一些其他相关的探讨，例如，如何加强高校思想政治教育的实效性，如何提高学生的思想政治素质，以及如何促进学生的思想政治道德观念的培养。这些问题都值得我们深入探讨和研究，以推动高校思想政治教育的不断创新和发展。

在高校思想政治教育中，除了探讨如何提高实效性和学生的思想政治素质外，还应当关注如何引导学生正确看待历史，如何培养学生的社会责任感和民族情感。同时，高校思想政治教育也应该注重学生的自主学习能力和批判性思维能力的培养以及如何引导学生正确处理个人利益和集体利益的关系。还需要思考如何通过多元化的教学手段和内容，激发学生的兴趣和激情，让他们在学习过程中获得更多的乐趣和启发。在推动高校思想政治教育不断创新和发展的过程中，还需要注重师生之间的互动和合作，打破传统的教学模式，建立起开放、包容、平等的学习环境。只有如此，高校思想政治教育才能更好地适应时代的发展需求，为培养社会主义建设者和接班人作出更大的贡献。

第二节 高校思想政治教育的创新途径探索

一、教育内容的创新

高校思想政治教育的创新途径探索包括多元化知识体系的建构，这是一个重要的环节。通过构建多元化知识体系，可以丰富教育内容，提高学生的综合素质和思想能力。在当前的高校思想政治教育中，我们必须注重不同学科之间的融合和互动，促进知识的整合和创新，使学生在学习中能够更加全面地了解世界的多样性和复杂性。同时，多元化的知识体系也可以激发学生的学习兴趣，增强他们的创新能力和思维方式，培养出更具有国际竞争力的优秀人才。通过构建多元化的知识体系，我们可以为高校思想政治教育的创新提供更加丰富和多样化的内容和方法，从而更好地适应当代大学生的学习需求和发展方向。在未来的工作中，我们将继续深化多元化知识体系建构的探索，不断拓展教育领域的边界，为高校思想政治教育的发展注入新的活力和动力。

在构建多元化知识体系的过程中，我们需要重视跨学科的融合和交流，促进各领域知识的互补与共融。这样的系统性整合不仅可以为学生提供更加立体和全面的知识结构，还可以激发他们对于不同学科之间联系和交叉点的思考，从而培养出更具综合素质和创新精神的人才。同时，多元化知识体系也为学生提供了更广阔的视野和更丰富的选择空间，帮助他们更好地适应社会的多样性和变化性。

通过构建多元化的知识体系，我们可以为学生打开更多的认知路径和思维框架，引导他们更深入地探索自己感兴趣的领域，并培养他们的批判性思维和解决问题的能力。在当代社会快速发展的背景下，多元化的知识体系不仅可以帮助学生更好地适应未来的职业挑战，还可以激发他们对于知识的探索和创新的热情，使他们成为具有国际视野和综合素质的社会栋梁之材。

在未来的工作中，我们将进一步强化多元化知识体系的建构，推动高校思想政治教育的不断创新和拓展。我们将积极引入前沿科技和人文艺术等跨学科知识，丰富教育内容，提升学生的综合素质和社会责任感。同时，我们也将注重培养学生的跨学科思维能力和团队协作意识，为他们未来的职业发展和社会责任担当打下坚实基础。通过不断探索和实践，我们相信多元化知识体系的建构将为高校思想政治教育的发展注入新的活力和动力，培养出更多具有国际竞争力的优秀人才。

高校思想政治教育的一个关键方面是良好的学风和校风建设。学校的学风和校风直接影响着学生的思想政治教育效果。良好的学风培养学生的自律意识和学习积极性，激发他们对知识的热爱和探索精神。而校风则是学校整体氛围和文化的体现，包括师生之间的相互尊重和理解，学校对待学生的态度等。通过建设良好的学风和校风，可以有效提高学生的思想政治素质，塑造积极向上的人格品质。

良好的学风和校风建设需要学校和全体师生的共同努力。学校可以通过组织多样化的教育活动，加强师生之间的互动交流，引导学生正确对待学习，树立正确的人生观和世界观。而师生也要自觉遵守学校的规章制度，尊重他人，培养积极向上的心态，共同营造和谐融洽的学习环境。

在实践中，一些高校采取了创新措施来推动良好的学风和校风建设。例如，开展学风建设主题班会，组织学生参加社会实践活动，举办校园文化节等。这些举措有效地引导学生树立正确的学习态度和人生观，促进学生成长成才。同时，学校也要注重师资队伍建设，加强教师的思想政治教育培训，提升教师的专业水平和业务能力，为学生成长提供更好的指导和引领。

良好的学风和校风建设是高校思想政治教育不可或缺的重要环节。通过共同努力和创新措施的实施，可以有效提高学生的思想政治素质，培养德智体美全面发展的社会主义建设者和接班人。建设良好的学风和校风，是高校思想政治教育工作的一项长期而艰巨的任务，值得高校和全社会的重视和支持。

在实践中，高校的思想政治教育工作一直是教育工作的重中之重。除了开展学风建设主题班会、组织学生参加实践活动和举办校园文化节这些常见措施外，一些高校还积极探索更具针对性和有效性的创新举措。例如，开设思想政治教育专题课程，邀请专家学者进行讲座，组织学生参与学术研讨会和社会实践项目等。

同时，高校还在师资队伍建设方面下足了功夫。他们不仅加强教师的思想政治教育培训，提升其专业水平和教学能力，还注重对教师进行全方位的指导和支持。通过建立 mentor 制度、举办教学比赛和评比活动以及定期开展教学交流等活动，高校积极搭建起一个互帮互助、共同成长的教师团队。

除此之外，高校还鼓励学生参与各种学术科研实践活动，如学科竞赛、科研训练营等，激发学生的创新潜能和实践能力。同时，高校也强调学生的综合素质培养，通过开展社会实践、志愿活动、文体竞赛等多样化活动，促进学生的全面发展，培养他们成为有担当、有情怀的社会主义接班人。

总的来说，高校的思想政治教育工作并不仅仅停留在传统的模式和方法上，而是积极探索创新路径，努力提高学生的思想政治素质和全面发展能力。这种精神和努力不仅是高校的追求，也是整个社会对于青年一代成长成才的期许和支持。随着社会的发展和教育理念的不断更新，高校思想政治教育工作将继续深化，为培养更多优秀人才作出更大的贡献。

在当前教育环境下，高校思想政治教育的重要性愈发突出。作为培养学生全面发展的重要环节，思想政治教育不仅关乎学生个人成长，更涉及国家和社会的长远发展。因此，如何实施全面性的思想政治教育成为当前高校教育面临的重要课题。

针对高校思想政治教育的现状分析可发现，传统思想政治课程的教学方式和内容已逐渐滞后于时代发展的需求。新时代背景下，学生接受信息渠道的多元化、个性化需求日益增强，传统教学模式已无法完全适应学生的需求。因此，高校思想政治教育需要更多的创新和改革。

高校思想政治教育创新案例分析表明，一些高校已开始尝试通过建立多元化的教学内容、创新的教学方法和引入新颖的教学工具等方式，来提高思想政治教育的吸引力和实效性。这些案例的成功经验为高校思想政治教育创新提供了有益的参考。

在探索高校思想政治教育的创新途径过程中，教育内容的创新是至关重要的一环。通过引入前沿理论、热点问题和实践案例等内容，能够更好地激发学生的学习兴趣和思考能力，提升思想政治教育的吸引力和实效性。

全面性的思想政治教育不仅仅是传授理论知识，更需要关注学生的思想道德素质和实践能力的培养。只有实现了全面性思想政治教育，学生才能真正成为有理想、有道德、有文化、有纪律的社会主义建设者和接班人。因此，高校思想政治教育的全面性发展是当前亟待解决的重要问题。

在当今信息爆炸的时代，高校思想政治教育必须与时俱进，不断创新教学方法和手段。例如，利用多媒体技术结合社交平台开展线上思想政治教育，能够更好地吸引学生的注意力，促进他们的积极参与和思考。开展实地教学、社会实践和志愿服务活动也是提高思想政治教育实效性的有效途径，通过亲身经历来感受和体会理论知识的实际应用。

除了教学内容和方法的创新，引入新颖的教学工具也是重要的一环。例如，利用虚拟现实技术打造虚拟校园，让学生在虚拟环境中进行思想政治教育实践，增强他们的互动体验和参与感。同时，结合大数据分析开展个性化教学，根据每位学生的学习特点和需求量身定制教育方案，促进他们的全面发展和提高教育实效性。

通过不断探索和实践，高校思想政治教育能够更好地适应新形势下学生的思想需求和教育特点，实现全面性思想政治教育的目标。各种创新方式和成功经验的借鉴，将为高校思想政治教育的发展提供有益的参考，推动教育事业不断向前发展，培养更多有理想信念、有文化素养、有社会责任感的新时代青年。

高校思想政治教育的社会实践教育开展，一直是高校教育改革创新的重要内容之一。通过社会实践教育，学生可以将课堂上所学到的理论知识与实践相结合，培养学生的实践能力和创新思维。在当今社会，社会实践教育不仅仅是一种教学活动，更是一种重要手段，以促进学生全面素质的提升和综合能力的培养。

高校开展社会实践教育的方式多种多样，可以是学生参与社会实践活动，实地考察调研，也可以是实习实训，参加社会志愿服务等形式。通过这些活动，学生可以亲身体验社会生活，了解社会发展的实际情况，感受社会各界的需求，增强社会责任感和使命感。

社会实践教育的开展对于高校学生的成长和发展起到了重要的促进作用。在社会实践中，学生可以锻炼自己的实践能力、沟通能力和解决问题的能力，培养学生的创新精神和团队合作意识，提高学生的综合素质和竞争力。同时，通过社会实践教育，学生也能够更好地理解和把握社会规律，增强对社会的认识和理解，促进学生的人格全面发展。

在今后的高校思想政治教育创新中，应进一步加强社会实践教育的开展，完善社会实践教育的体系和机制，促进学生全面发展和综合素质提升。同时，高校应不断探索社会实践教育的新模式，注重培养学生的创新精神和实践能力，推动高校思想政治教育向更高水平不断发展。

社会实践教育的开展是高校教育的必然要求。通过参与社会实践，学生可以更加深刻地感受到社会的复杂性和多样性，培养出解决问题的能力。在社会实践中，学生不仅可以将课堂所学知识应用到实践中，还可以结识各行各业的人士，拓宽人际交往的广度和深度。通过参与社会实践，学生还能够培养批判性思维，独立思考问题的能力，从而更好地适应未来社会的发展趋势。

除此之外，社会实践教育还可以帮助学生树立正确的人生观和价值观，激励学生积极参与社会实践活动，勇于承担社会责任，发挥自身的作用。通过社会实践，学生可以逐渐形成正确的人生追求和奋斗目标，树立远大的理想和信念。同时，社会实践教育还可以帮助学生更好地认识自我，发现自身的优势和不足，不断完善和提升自己，实现个人的自我价值。

在未来，高校应该进一步加强社会实践教育的引导和推动，为学生提供更多更广阔的实践机会，激励学生勇于尝试和创新，实现自身价值的最大化。只有通过社会实践教育的不断深化和完善，高校教育才能更好地服务于学生的成长和社会的发展，共同构建美好的未来。

高校思想政治教育的创新是时代发展的需要，推进创新创业教育是高校思想政治教育的重要内容之一。在当前经济和社会发展速度加快的大环境下，高校思想政治教育需要更加注重培养学生的创新精神和创业意识，帮助他们适应未来社会的发展需求。

推进创新创业教育，首先需要从教育内容进行创新。高校应该结合学生实际需求和社会实践，打破传统的教学模式，开设更多的实践性课程，鼓励学生参与创新创业项目，培养他们的实践能力和创新思维。

高校应该积极探索创新创业教育的推进途径。可以通过与企业合作，建立实习基地和实训中心，为学生提供更多的实践机会和创业平台；同时，可以邀请成功创业者来校演讲，分享创业经验，激发学生的创业激情。

高校还应该加强师资队伍建设，培养一支具有创新创业教育理念的教师团队。通过专业培训和学术交流，提升教师的教学水平和创新意识，为学生提供更优质的创新创业教育服务。

总的来说，推进创新创业教育是高校思想政治教育的新要求和新方向，只有不断创新教育内容、探索推进途径、加强师资队伍建设，才能更好地培养学生的创新创业能力，更好地适应社会发展的需要。希望高校能够认识到这一点，不断完善和提升创新创业教育，为学生的未来发展打下坚实的基础。

在推进创新创业教育方面，高校可以开设更多与创业相关的课程，如商业模式创新、市场营销策略等，帮助学生全面了解创业领域知识。加强学生创新创业实践能力的培养也是至关重要的，可以组织创业比赛、创业训练营等活动，让学生在实践中不断提升自己。

与此同时，高校还可以建立创新创业孵化器，为有创业意向的学生提供投资、导师支持等资源，帮助他们顺利开展创业项目。加强校企合作，促进学术成果转化为实际产出，为学生提供更多的实践机会和创业平台，让他们能够在真实的市场环境中学习和成长。

除了教师团队的建设，高校还应注重学生创新创业思维的培养，引导他们从实际问题出发，勇于尝试新的方法和思路，培养他们解决问题的能力和创新意识。只有在这样一个鼓励创新、提供支持的氛围中，学生才能真正感受到创新创业的乐趣，并且找到适合自己的创业方向。

在未来的发展中，高校应该不断更新创新创业教育的理念和方法，充分挖掘学生的潜力，为他们的成长提供更加全面的支持和帮助。只有这样，高校才能更好地培养出具有创新精神和实际能力的优秀创业人才，为社会的发展注入更多创新活力和动力。

二、教学方法的创新

当前，高校思想政治教育一直是教育工作中非常重要的一个方面。随着社会的不断发展和变化，传统的教学方法已经不能完全满足学生的需求。因此，教育界开始探索新的教学方法，其中互动式教学模式备受关注。

互动式教学模式通过引入各种互动元素，如小组讨论、角色扮演、案例分析等，让学生参与教学过程中，从而激发他们的学习兴趣和积极性。这种教学方式不仅可以增加学生的参与度，还能够激发他们的思维能力和创造力，促进他们的全面发展。

在互动式教学模式下，学生不再是被动接受知识的对象，而是主动参与教学活动中，通过和同学们的交流和合作，共同探讨问题、解决问题。这种互动式的学习方式不仅能够提高学生的学习效果，还可以培养他们的团队合作能力和沟通能力。

通过互动式教学模式，学生可以在实践中学习，在交流中成长。他们可以通过和同学们的互动，不断探索和发现自己的不足之处，并且及时进行纠正和改进。这种互动式的学习方式，有利于培养学生的创新意识和实践能力，为他们未来的发展打下坚实的基础。

总的来说，互动式教学模式是一种创新的教学方法，能够有效地激发学生的学习热情和潜能，提高他们的学习效果和综合素质。为了更好地推进高校思想政治教育的发展，我们应该不断探索和实践新的教学方式，让学生在互动中学习，在参与中成长。

互动式教学模式的实践证明，学生在这种氛围中更容易激发学习兴趣，更加主动地参与学习过程中。通过与同学们的深入交流和合作，他们能够共同探讨问题、解决问题，从中获得更多的知识和经验。在这种互动性的学习过程中，学生不仅仅是接受知识的被动者，更是学习的主体，能够在实践中快速成长。

互动式教学模式可以促进学生之间的沟通与合作，培养他们的团队协作能力和创新能力。在团队合作的过程中，学生们需要相互协调配合，共同完成学习任务，这不仅能够增进他们的友谊，更重要的是锻炼了他们的领导才能和组织能力。同时，通过与同学们的讨论和交流，学生们可以不断开拓自己的思维，激发自己的想象力，培养创新精神，为未来的发展奠定坚实基础。

互动式教学模式是一种以学生为主体，以实践为中心的教学方式，能够激发学生的学习热情，提高他们的综合素质。在高校思想政治教育的推进过程中，我们应该积极倡导和实践互动式教学模式，让学生在互动中学习，在合作中成长，为培养全面发展的人才作出更大的贡献。

在高校思想政治教育中，实践性教学方式被认为是一种有效的教学方法。通过实践性教学，学生可以将理论知识与实际工作相结合，从而更好地理解和应用所学内容。实践性教学方式可以包括实习、社会实践、实验课程等形式，通过参与实际活动，学生可以提高实际操作能力和问题解决能力。实践性教学方式还可以帮助学生培养团队合作意识和创新思维，促进学生的综合能力全面发展。

在当前高校思想政治教育中，越来越多的学校开始尝试实践性教学方式，取得了一定的成效。通过实践性教学，学生在实际操作中体会到理论知识的实用性，增强了学习的兴趣和动力。同时，学生通过实践性教学还可以锻炼解决问题的能力，增强自身的综合素质。实践性教学方式的引入，为高校思想政治教育注入了新的活力，为学生的思想政治素质培养提供了新的途径和平台。

总的来说，实践性教学方式在高校思想政治教育中具有重要意义，对学生的全面发展和综合素质提升起着积极的推动作用。随着社会的不断发展和高校思想政治教育水平的不断提升，相信实践性教学方式将在未来得到更加广泛的应用和推广，为培养高素质、全面发展的人才作出更大的贡献。

在当今社会中，实践性教学方式已经被越来越多的学校所认可和采用。通过实践性教学，学生在参与各种实际活动的过程中，不仅仅可以深化对理论知识的理解，还可以培养实际操作能力和解决问题的能力。实践性教学方式不仅仅是一种传授知识的方式，更是一种培养学生综合素质和实用能力的有效途径。

随着社会的进步和教育理念的不断更新，实践性教学方式在高校思想政治教育中的地位和作用将变得越来越重要。通过实践，学生可以更加直观地感受到知识的力量，增强学习的主动性和积极性。同时，在实际操作中积累的经验和技能将为学生的未来发展奠定坚实基础。

实践性教学不仅仅是一种教学方法，更是一种教育理念。通过实践性教学，学生在参与各种实际活动的过程中，可以培养团队合作精神、创新能力和实践能力，进而提升自身的综合素质。实践性教学方式的推广和应用，将为高校思想政治教育的发展注入新的活力，为培养德智体美劳全面发展的社会主义建设者和接班人作出积极贡献。

实践性教学方式在高校思想政治教育中的作用和意义不可忽视。相信随着实践性教学方式的不断完善和深化，学生的能力和素质将得到更好的提升，为建设社会主义现代化强国培养更多更优秀的人才作出更大的贡献。

在当前高校思想政治教育的发展中，多媒体教学手段扮演着重要的角色。通过使用多媒体教学手段，可以提升学生对思想政治教育内容的理解和接受度，使教学过程更加生动和具有吸引力。多媒体教学手段包括投影仪、电脑、视频等工具，可以将传统的教学内容进行视觉化呈现，增加学生的参与感和学习兴趣。通过多媒体教学，教师可以更好地展示案例分析、历史事件、理论知识等内容，帮助学生更加直观地理解和记忆。同时，多媒体教学也可以激发学生的思维和创造力，在学习的过程中更容易引发学生的好奇心和积极性。总的来说，多媒体教学手段的应用，将为高校思想政治教育的创新和提升起到积极的促进作用。

在当今高校教育中，多媒体教学手段的应用不仅提升了思想政治教育的效果，还为教学带来了全新的可能性。通过多媒体教学手段，师生之间的互动更加紧密，教学内容更加贴近学生的生活和实际情况。教师可以根据学生的学习需求和兴趣，选用丰富多样的图片、视频和音频资料，让教学内容更加生动有趣。通过多媒体教学，学生可以更好地理解抽象的概念，提升自己的学习能力和创造力。

多媒体教学手段还能够为学生提供更为直观的学习体验。通过音视频资料展示，学生可以更加深入地了解历史事件、案例分析和理论知识，加强对知识的理解和记忆。同时，多媒体教学也可以激发学生的学习兴趣和积极性，让他们更加投入课堂学习中，提高学习的效率和质量。

总的来说，多媒体教学手段在高校思想政治教育中的应用已经成为一种趋势。通过不断创新和完善多媒体教学手段，可以更好地服务于学生的学习需求，促进思想政治教育的深入开展。相信在多媒体教学的引领下，高校思想政治教育将迎来更加美好的未来。

在当前高校思想政治教育的现状分析中，个性化学习辅导成为重要的创新途径。通过个性化学习辅导，学生可以根据自身的需求和特点制订学习计划，提高学习的有效性和学习成果。个性化学习辅导注重对每位学生的个性化需求和学习方式进行诊断和分析，为学生提供个性化的学习资源和辅导方案，使每位学生能够在学习过程中发挥自己的优势，充分调动学习的积极性和主动性。这种教学方法不仅能够提高学生的学习兴趣和学习动机，还能够有效提高学生的学习效果和综合素质。通过个性化学习辅导，高校思想政治教育可以更好地满足学生的学习需求，促进学生成长成才。

个性化学习辅导在当前高校思想政治教育中的重要性不可忽视。通过个性化学习辅导，学生能够更好地制订学习计划，提高学习效果。针对每位学生的个性化需求和学习方式进行诊断和分析，为其提供相应的学习资源和辅导方案，能够有效激发学生的学习积极性和主动性。这种教学方法不仅可以增强学生的学习兴趣和动力，提高学习效果，还能够全面提升学生的综合素质。

通过实施个性化学习辅导，高校思想政治教育能够更好地满足学生的学习需求，促进学生成长成才。这种个性化辅导方式不仅有利于学生在学术方面的提高，还能够促进学生的全面发展，培养学生的创新能力和解决问题的能力。个性化学习辅导也有助于学生更好地适应社会发展的需求，增强学生的竞争力。

在推进高校思想政治教育的过程中，个性化学习辅导可为学生提供更为个性化、有针对性的教学方案，将教育资源更好地整合到学生的学习过程中。这将有助于高校教育更好地适应社会发展的需要，为培养更多具有创新精神和实践能力的优秀人才打下坚实基础。因此，个性化学习辅导在高校思想政治教育中的应用具有重要的意义，值得高度重视和深入研究。

三、教育管理的创新

教育管理体制的改革是当前教育领域中一项重要而紧迫的任务。通过对现有管理机制进行深刻反思和审视，不断探索和创新管理模式，是实现教育现代化和高质量发展的必然要求。教育管理体制的改革需要在政策制订、资源配置、管理机制、激励约束等方面进行全面优化和创新，以适应时代发展的需要，推动学校教育事业的蓬勃发展。在新的形势下，教育管理体制的改革更要注重突破传统模式的束缚，倡导开放包容、创新发展的理念，建立灵活高效、激励约束、科学规范的管理体制，以推动教育事业实现跨越式发展。

教育管理体制的改革不仅是体制机制的变革，更是理念观念的更新。必须深刻认识到，教育管理体制的改革是一场全面的系统性改革，需要以全局观念和创新思维来引领、协调和推动。只有不断完善教育管理制度和机制，才能更好地服务于学校教育事业的发展，提高教育质量、推动教育公平和促进学生成长成才。教育管理体制的改革需要各级教育管理部门和学校管理者共同努力，形成合力，推动教育事业不断向前发展。

教育管理体制的改革是一场综合性、系统性的改革，需要在政策法规、人事任免、财务管理、绩效考核等多方面着力。通过完善管理制度和机制，建立科学规范的管理体系，强化内部监督和外部评估，实现管理效率和效益的最大化。同时，在管理体制的改革过程中，要注重培养具有现代管理理念和方法、具有领导力和创新能力的教育管理人才，为教育管理体制的不断完善和创新提供有力支撑。教育管理体制的改革是一项长期而繁重的任务，需要各方共同努力，方能取得成功。

在教育管理体制的改革中，必须加强对学校管理者和教育管理部门的培训和教育，提升他们的管理水平和素养。同时，还要注重加强对教育管理工作的监督和评估，建立健全的监督制度和评估机制，确保管理工作的公正和透明。还应积极推动教育信息化和智能化技术在管理工作中的应用，提高管理效率和服务质量。

教育管理体制的改革还需要注重激励机制的建立，通过建立健全的激励机制，激发教育管理者和学校管理者的积极性和创造性，推动管理体制的不断创新和完善。同时，还要深化教育管理体制的体制机制改革，推动管理体制向市场化、法治化、社会化方向发展，增强管理体制的适应性和灵活性。

在教育管理体制的改革过程中，还要加强与社会各界的沟通和协调，形成全社会共同参与教育管理的局面，形成教育管理改革的强大合力。只有各方共同努力，才能推动教育管理体制的改革取得实质性进展，更好地服务于学校教育事业的发展，提高教育质量、推动教育公平和促进学生成长成才。教育管理体制的改革是一项长期而繁重的任务，需要各级教育管理部门和学校管理者共同努力，共同推动教育事业不断向前发展。

教师队伍建设在高校思想政治教育中起着至关重要的作用。只有拥有高素质、专业化的教师队伍，才能够有效传承和发展优良的教育传统，推动高校思想政治教育的创新和发展。教师队伍建设需要注重教师的思想政治素质和专业水平的提升，不断强化师德师风建设，培养一支忠于党、忠于教育事业的高素质教师队伍。同时，建设教师队伍还要注重引导教师不断提升自身的教学能力和专业水平，积极参与教学改革和创新实践，为学生提供更加优质的教育教学服务。教师队伍建设还需要加强教师的综合素质培养，培育一支既懂政治、懂教育、更懂学生的高水平师资队伍，为高校思想政治教育的质量提升提供坚实保障。

教师队伍建设不仅仅是雇佣和培养师资，更是一项综合性工程。在构建高素质、专业化的教师队伍的过程中，需要注重激励和激励机制的建立。通过激励教师的积极性和创造性，可以激发他们在思想政治教育领域的更大发展潜力。提供良好的工作环境和发展机会，让教师们感受到自身价值的实现和成长，是激励的重要手段。

教师队伍建设还需要注重团队建设。教师们应该强化集体主义意识，形成团结合作、共同奋斗的工作氛围。只有保持团结一致，共同推动教育事业的发展，才能更好地传承和发展优良的教育传统。建立良好的师生关系也是教师队伍建设的重要内容之一。教师应该尊重学生、倾听学生，关注学生的成长和发展，积极引导他们健康成长，为学生成长成才提供更为全面的帮助与指导。

教师队伍建设需要综合考虑教师的个体发展和整体发展，注重发挥教师队伍的整体效益。只有形成了相互支持、相互促进的良好氛围，才能让教育事业蓬勃发展。通过不断完善教师队伍建设的各个方面，可以提高教师队伍的整体素质和水平，进一步推动高校思想政治教育的创新与发展。

高校思想政治教育的现状分析显示，目前在教育管理方面存在一些问题，需要进行改进和创新。而高校思想政治教育的创新案例分析也表明，一些学校在尝试不同的教育方式和方法，取得了一定的成效。针对这一情况，高校思想政治教育的创新途径探索变得尤为重要，需要找到适合当下社会发展和学生需求的教育模式。同时，教育管理的创新也是必不可少的，必须与时俱进，不断优化管理体系，提高教育质量。

学生综合素质评价体系的建立是高校思想政治教育的重要内容之一。通过建立科学合理的评价体系，可以全面客观地评估学生的素质和能力，为他们的发展提供有力支持。这不仅有利于学生个体的成长，也有助于整个社会的发展。因此，建立健全的学生综合素质评价体系，是当前高校思想政治教育的重要任务之一，也是教育管理创新的一部分。

在建立学生综合素质评价体系的过程中，高校需要充分考虑到学生个体的特点和需求，制订个性化的评价标准和方法。同时，要注重促进学生全面发展，培养他们的创新精神和实践能力。高校还应该加强与社会企业的合作，将实践教学融入到评价体系中，使学生的学习更加贴近实际需求。除此之外，教师队伍的建设也至关重要，他们应当不断提升自身的教育教学水平，积极参与评价体系的建设和完善。教育管理部门也要积极支持学校的教育改革和创新，为学生综合素质评价体系的建立提供有力支持。

在实践中，高校可以借鉴先进的教育理念和经验，结合本校实际情况，探索适合自身发展的评价体系。通过不断试错和改进，逐步完善评价体系，确保其科学性和有效性。同时，高校还应该积极引入先进的教育技术和工具，提高评价的精准度和准确性。建立健全的评价体系需要全校师生的共同参与和努力，形成良好的教育氛围和文化，从而推动学生综合素质的全面提升。

总的来说，建立学生综合素质评价体系是高校思想政治教育的一项重要工作，对于促进学生全面发展和社会进步具有重要意义。高校要不断探索创新，与时俱进，努力打造科学合理、全面公正的评价体系，为学生的成长和发展提供稳定有力的支持。同时，教育管理创新也势在必行，只有不断更新教育理念，优化管理模式，才能推动高校思想政治教育的健康发展，为培养更多有社会责任感和创新能力的优秀人才做出贡献。

高校思想政治教育的现状分析显示，当前虽然高校在思想政治教育方面投入了大量的资源和精力，但在实际效果上存在诸多不足。在一些高校中，思想政治教育仍停留在传统的教学模式下，缺乏足够的针对性和有效性。同时，一些学生对思想政治教育存在抵触情绪，教师在开展教育工作时也面临较大挑战。

针对这一现状，一些高校针对思想政治教育进行了创新探索。如通过开展主题教育活动、建设校园文化长廊等方式，引导学生树立正确的世界观、人生观和价值观。这些创新案例为高校思想政治教育带来了积极的效果和影响，为学生提供了更为广阔的发展空间。

为了进一步提升高校思想政治教育的效果，需要探索创新的途径。教育管理的创新是关键，要建立健全的教育管理体系，推动教育教学质量的提升。同时，教育资源的合理配置也至关重要，要充分利用各种资源，为思想政治教育提供更大的支持和保障。只有持续不断地探索创新，才能不断提升高校思想政治教育的质量和水平。

在当前教育环境下，思想政治教育的重要性日益凸显，但挑战也同样不容小觑。针对学生对思想政治教育存在的抵触情绪，高校需要更加深入地思考如何切实推动教育工作的开展。除了开展主题教育活动和建设校园文化长廊之外，高校还可以探索更多的创新方式，如组织思想政治教育示范课程、举办主题演讲比赛等。这些举措不仅可以激发学生的学习兴趣，也可以增强他们对思想政治教育的接受度。

高校在思想政治教育中还应当注重教育资源的合理配置。这不仅包括经济资源的投入，也包括人力资源和物质资源的充分利用。通过建立健全的评估机制，高校可以更好地了解教育资源的实际利用情况，及时调整资源配置方案，确保教育工作的顺利开展。同时，高校还可以积极引进优质教育资源，如邀请相关专家学者开展讲座、组织学生参加国内外学术交流活动等，为学生提供更加丰富的学习资源和学术支持。

高校还需要重视教育管理的创新，不断完善管理体系，提升管理水平。只有将科学的管理理念融入教育工作中，才能更好地引领教育教学事业向前发展。通过持续的创新探索，高校思想政治教育将迎来更加美好的未来，为培养德智体美劳全面发展的社会主义建设者和接班人贡献力量。

随着社会的发展和教育理念的更新，高校思想政治教育也在不断进行创新探究。校园文化建设作为高校思想政治教育的重要组成部分，对于提升学生的思想品德和全面素质具有重要意义。在推进校园文化建设的过程中，高校可以积极倡导社会主义核心价值观，开展形式多样的文化活动，引导学生树立正确的世界观、人生观和价值观。同时，高校要加强对校园文化建设的规划，注重培养学生的文化自信和文化素养，打造具有时代特色和高校特色的校园文化。

教育管理的创新也是推动高校思想政治教育发展的关键。高校需要建立科学合理的教育管理体系，完善教育管理机制，加强对师生的教育管理，营造良好的学习氛围和教育环境。通过教育管理的创新，高校可以更好地引导学生的学习方向，提高教学质量，促进学生成长成才。

在高校思想政治教育的创新途径探索中，高校可以积极引入现代科技手段，结合互联网和大数据技术，打造智慧教育系统，提高教学效率和教学质量。同时，高校还可以加强师生之间的互动交流，促进师生之间的沟通和合作，营造和谐的教育氛围。通过不断探索创新的途径，高校可以更好地适应时代发展的需求，提升思想政治教育的实效性和针对性。

总的来看，高校思想政治教育的发展离不开校园文化建设的推进、教育管理的创新和创新途径的探索。只有通过不断创新探索，高校思想政治教育才能更好地适应时代发展的需要，引领学生健康成长，为社会培养更多的优秀人才。

高校文化建设的推进是思想政治教育的重要组成部分。在校园中，营造一种文明、和谐的校园氛围，助力学生全面发展。通过加强校园文化建设，可以为学生提供一个积极向上的学习环境，激发他们学习的热情和动力。高校可以注重培养学生的创新精神和实践能力，开展各种文体活动和社团组织，让学生在参与中收获成长。

教育管理的创新是高校思想政治教育的基础保障。高校可以建立科学合理的教育管理体系，完善班级、院系、学校等多层级管理体系，为学生提供更有针对性的服务和引导。同时，高校还应加强对教育资源的整合和利用，提高资源利用效率，创造更好的学习环境和条件。

通过创新途径的探索，高校思想政治教育可以更好地适应时代发展的要求。高校可以不断引进先进的教育理念和方法，加强教师队伍建设，提升教学水平和服务能力。同时，高校还可以积极开展社会实践活动，促进学生的社会责任感和实践能力的提升，培养学生综合素质和创新能力。

高校思想政治教育的发展需要教育管理者和广大师生共同努力，共同推动。只有在校园文化建设的不断推进、教育管理的创新和创新途径的积极探索下，高校思想政治教育才能实现新的突破，为培养社会需要的优秀人才作出更大的贡献。愿高校思政教育永远繁荣昌盛，为祖国的发展进步贡献力量。

四、研究与实践的结合

学术研究成果的应用是高校思想政治教育的重要环节，通过将学术研究成果与实际教育实践相结合，能够有效促进教育教学质量的提升。学术研究成果的应用可以帮助高校教师更好地了解学生的思想政治教育需求，制订更加有针对性的教学方案和教育活动。同时，通过学术研究成果的应用，可以及时发现并解决教育教学中存在的问题，推动高校思想政治教育的不断创新与发展。

在高校思想政治教育的实践过程中，学术研究成果的应用还可以促进教育教学理论与实践的密切结合。借助学术研究成果，教育工作者可以在实践中不断验证和完善理论，提高教育教学的科学性和有效性。通过将学术研究成果融入实际教学中，可以为学生提供更加丰富和有效的思想政治教育资源，激发其学习的积极性和主动性。

学术研究成果的应用还可以促进高校思想政治教育的创新和提升。通过科学的运用学术研究成果，可以为高校教育教学工作注入新的理念和方法，拓展思想政治教育的领域和深度，不断推动高校思想政治教育的发展。在教育实践中，积极运用学术研究成果，可以帮助高校教育工作者更好地应对教育教学中的挑战和问题，不断提升教育教学的质量和水平。

学术研究成果的应用是高校思想政治教育中不可或缺的重要环节。通过将学术研究成果与实际教育实践相结合，可以促进教育教学的创新与发展，提高教育质量，推动高校思想政治教育事业迈上新的台阶。希望未来高校能够更加重视学术研究成果的应用，不断丰富并完善思想政治教育工作，为培养德智体美劳全面发展的社会主义建设者和接班人作出更大的贡献。

在高校的教育领域里，学术研究成果的应用是至关重要的。这种应用可以为教育教学工作带来新的理念和方法，进一步加深思想政治教育的意义和影响。通过积极运用学术研究成果，教育工作者可以更好地应对各种挑战和问题，提高教学的质量和水平。

将学术研究成果与实践相结合，不仅促进了教育教学的创新和发展，也推动了高校思想政治教育事业向前迈进。希望高校能够重视这种应用，不断丰富和完善思想政治教育工作，为培养全面发展的社会主义建设者和接班人作出更大的贡献。

在实践中，积极引入学术研究成果不仅为学生提供了更丰富的教育资源，也为教师们提供了更广阔的教学视野和更有效的教学手段。这种应用不仅有利于个体的成长，也有利于整个社会的进步和发展。因此，我们应该进一步推动学术研究成果的应用，为高校教育事业注入更多的活力和创新精神。

总的来说，学术研究成果的应用对于推动高校思想政治教育的发展具有重要意义。只有不断加强学术研究成果的应用，才能更好地适应社会的发展需求，更好地培养具有国际竞争力的人才，为建设社会主义现代化国家贡献力量。希望未来能够更多地关注这一领域，为高校教育事业的繁荣发展贡献力量。

高校思想政治教育是培养学生的思想道德素质、社会责任感和创新精神的重要环节。为了更好地实施高校思想政治教育，需要对当前的现状进行深入分析。通过对不同高校的教育方式、教学内容和教育效果进行比较，可以更好地了解当前高校思想政治教育的特点和不足之处。

在分析的基础上，可以通过案例分析来探讨高校思想政治教育的创新方式。通过对成功案例的分析和总结，可以找到创新的途径和方法，为高校思想政治教育的改进提供借鉴和启示。同时也可以结合研究和实践，通过理论探讨和实践验证相结合的方式，深入探讨高校思想政治教育的有效途径。

为了更好地促进学生的思想道德素质的提高，实践活动的科学设计显得尤为重要。科学设计的实践活动，可以更好地激发学生参与的热情和积极性，使思想政治教育更加生动和有效。通过科学设计的实践活动，可以让学生更好地理解和接受思想政治教育的内容，使教育效果得到最大程度的发挥。

在高校思想政治教育中，实践活动的科学设计是至关重要的。只有通过科学设计的实践活动，我们才能真正激发学生对思想政治教育的兴趣和热情，使他们能够更好地理解和领会教育内容。在实践活动中，我们可以通过设计一系列具有挑战性和启发性的任务来引导学生思考和讨论，从而促进他们的思想觉悟和道德修养。科学设计的实践活动也可以帮助学生将理论知识与实际问题相结合，培养他们的创新精神和解决问题的能力。

一个成功的实践活动设计应该具有清晰的目标和明确的任务，能够引导学生积极参与并充分发挥他们的主动性和创造性。在设计活动时，我们需要考虑到学生的实际情况和兴趣爱好，使活动更加贴近学生生活和学习，有助于激发他们的学习动力。同时，我们也需要注重活动的多样性和趣味性，使学生在参与过程中能够体验到快乐和成就感，从而更好地接受并内化思想政治教育的理念。

通过科学设计的实践活动，我们可以促进学生的全面发展，培养其批判思维和创新能力。这样的教育方式不仅可以提高学生的综合素质，还可以使他们在面对未来的挑战时更加从容和自信。因此，高校思想政治教育需要不断创新和改进，结合科学设计的实践活动，为学生的成长和发展提供更好的支持和保障。

第三节　高校思想政治教育的未来发展方向

一、国际化视野下的思想政治教育

在当前全球化的背景下，高校思想政治教育正面临着更加复杂多元的挑战和机遇。国际合作与交流成为加强高校思想政治教育的重要途径之一。通过与国际先进教育理念和教育方式的交流合作，可以不断借鉴吸收外部经验，推动高校思想政治教育的创新与发展。国际交流也有助于拓宽师生们的国际视野，促进跨文化交流与理解。

同时，国际合作与交流也带来了一系列新的挑战。面对不同国家和地区的不同文化背景、教育体制和教学方式，高校在开展国际合作时需要更加注重文化的融合和沟通，避免文化冲突和误解，确保国际合作的顺利进行。国际化的思想政治教育需要高校加强对国际政治经济形势的了解，及时调整和优化教育教学计划，以适应不断变化的国际环境。

因此，在推进高校思想政治教育国际化进程中，高校需要积极主动地寻求国际合作与交流的机会，建立起多层次、多形式的国际交流平台，促进教师和学生之间的国际互动与合作。只有不断加强国际合作与交流，才能不断提升高校思想政治教育的水平和质量，为学生的综合素质培养提供更加广阔的空间和可能。

在国际合作与交流的过程中，高校不仅需要注重文化的融合和沟通，还需要更加关注教育体制和教学方式的差异。这种多元化的挑战促使高校不断探索更有效的合作模式，促进师生之间的文化交流与共同成长。面对不断变化的国际环境，高校需要更加灵活地调整教育教学计划，以适应全球化的发展趋势。

在推进高校思想政治教育国际化进程中，建立多层次、多形式的国际交流平台是至关重要的。通过开展国际学术研讨会、学生交换项目和合作研究计划，高校可以促进师生之间的国际互动与合作，提升教育质量和水平。只有在国际合作与交流的广阔平台上，高校才能不断拓展学生的国际视野，培养他们具备全球竞争力的综合素质。

同时，高校还需重视国际化的思想政治教育，加强对国际政治经济形势的研究与了解。只有通过不断深化对国际形势的认识，及时调整教育教学内容，才能更好地培养学生适应国际化发展的能力和素养。在全球化背景下，高校的国际合作与交流不仅是提升教育教学质量的重要途径，更是推动高校自身发展的关键动力。

高校思想政治教育的发展需要与国际接轨，借鉴国际先进的教育理念和经验。跨国教育资源整合是促进这一目标实现的重要途径，可以帮助高校思想政治教育与国际标准接轨，提升教育质量和水平。通过跨国教育资源整合，高校可以引进国外优质的教育资源，包括先进的教学方法、课程设置和教材等，丰富教育教学内容，满足学生多元化的学习需求。

同时，跨国教育资源整合也可以促进国际间的学术交流与合作，扩大高校的国际影响力和竞争力。高校可以与国外知名大学、机构合作开展联合培养项目、学术交流活动等，共同探讨思想政治教育的创新理念与实践经验，促进教育质量的提升和发展。

在实施跨国教育资源整合过程中，高校需要审慎选择合作伙伴，建立健全的合作机制，确保资源整合的有效性和可持续性。同时，高校还需要加强组织管理和交流沟通，促进跨国教育资源的共享和传播，推动思想政治教育的创新与发展。

随着全球化的深入发展，跨国教育资源整合将成为高校思想政治教育的重要趋势和发展方向。高校应不断加强对外交流与合作，积极借鉴国际先进的教育理念和经验，推动思想政治教育的创新与发展，为培养具有国际视野和竞争力的优秀人才做出贡献。

高校在开展教育资源整合的过程中，需要不断探索合作的可能性，并建立长久稳固的合作关系。只有通过与国外知名大学、机构的合作，共同研究教育领域的前沿问题，才能推动思想政治教育的革新和进步。高校应积极搭建国际化的教育平台，鼓励学生和教师参与国际学术交流活动，拓宽视野，提升综合素质。

在推动跨国教育资源整合的过程中，高校也需加强内部管理和沟通协作能力，建立便捷高效的信息共享机制。只有通过内外兼修，才能确保教育资源的共享和传播，促进教育质量的提升和发展。同时，高校还应该积极探索与企业、社会组织等多方合作的可能性，共同为人才培养和社会发展贡献力量。

在全球化背景下，高校跨国教育资源整合不仅是必然趋势，更是高校发展的重要机遇。高校应当秉承开放包容的理念，不断借鉴和吸收国际先进的教育理念和经验，推动本土教育的创新与发展。只有不断与国际接轨，才能培养出具有国际竞争力和影响力的优秀人才，为国家和社会的发展作出更大的贡献。

在高校思想政治教育领域，国际人才交流与培养起着重要的作用。通过与国际教育机构和学者的交流合作，可以拓展教育资源，引进先进的教育理念和教学方法，促进本土教育的不断创新与发展。同时，培养具有国际视野和竞争力的人才，也是高校思想政治教育的重要任务之一。国际人才的交流与培养，可以促进学生的跨文化交流与沟通能力的提升，培养他们具备全球化背景下所需的综合素养和批判思维能力。通过与国际教育机构的合作，高校可以为学生提供更广阔的学习和发展空间，为他们的未来职业发展打下坚实的基础。

国际人才交流与培养还可以促进高校教师的专业发展和教学水平的提升。与国外教育专家的交流合作，可以为教师提供更多的学术机会和学术资源，激发他们的学术研究热情，提升教学质量和科研水平。同时，国际人才的培养也可以为高校引进更多优秀的教学人才，注入新鲜血液，推动高校思想政治教育的不断创新和发展。

在国际人才交流与培养的过程中，高校需要不断完善相关政策和机制，建立健全的国际交流平台，开展多种形式的交流活动，营造良好的交流氛围。同时，需要加强对国际人才的培养和引进工作的规划与指导，注重人才的全面发展，促进国际人才与本土人才的互补与共同成长。通过国际人才交流与培养，高校可以不断提升思想政治教育的国际竞争力，为培养具有全球视野和国际影响力的优秀人才作出积极贡献。

在全球化背景下，国际人才交流与培养显得尤为重要。高校应当积极开展多元化的合作交流，拓展国际视野，提升教师的学术水平和科研实力。同时，通过与国外教育专家的对话互动，可以不断汲取新思想，激发学术热情，促进教学质量的提升。在加强对人才的培养和引进的同时，高校也应关注人才的全面发展，创造良好的交流氛围和发展机会。这种国际人才交流与培养的模式，不仅有助于高校提升国际竞争力，更能够为培养具有全球视野和国际影响力的未来人才奠定坚实基础。通过不断完善政策机制，建立健全的国际交流平台，高校可以吸引更多优秀的国际人才，推动教育思想的创新与发展。在国际化的浪潮中，高校应当不断探索创新，致力于打造具有国际影响力的教育体系，为建设世界一流大学贡献力量。

在高校思想政治教育的创新探究中，借鉴世界领先指标是至关重要的。通过对国际先进经验的学习和借鉴，我们可以更好地把握高校思想政治教育的发展趋势，加强我们的理论研究和实践探索。国际化视野下的思想政治教育可以帮助我们了解世界范围内的最新动态和趋势，为我们提供更广阔的视野和更深入的思考。在这个过程中，我们需要不断地研究与实践相结合，不断地积累经验和教训，不断地总结和提炼出适合中国国情的高校思想政治教育的创新途径。

高校思想政治教育的未来发展方向在于更加注重学生的创新能力和实践能力的培养，更加注重学生的思想品德和道德修养的提升，更加注重培养学生的国际视野和跨文化交流能力。通过对世界领先指标的借鉴，我们可以更好地把握高校思想政治教育的发展方向，推动高校思想政治教育的创新与发展。在未来的发展中，我们需要不断地探索和实践，不断地积累经验和教训，不断地总结和提炼出适合中国国情的高校思想政治教育的创新途径。

在面对日益复杂多变的国际形势和激烈竞争的社会环境下，高校思想政治教育必须紧跟时代步伐，不断提升自身的教育水平和质量。只有通过对世界领先指标的借鉴，才能使我国高校思想政治教育走在时代前沿，实现高质量发展。

在未来的发展过程中，高校需要更加注重学生的创新能力和实践能力的培养，培养学生具备解决复杂问题和适应未来社会需求的能力。同时，高校还需要注重加强学生的思想品德和道德修养，引导学生正确树立人生观、价值观，培养德智体美全面发展的社会主义建设者和接班人。

除此之外,高校还应该加强对学生的国际视野和跨文化交流能力的培养,促进学生在跨文化背景下的交流与合作,帮助他们更好地适应全球化的挑战和机遇,成为具有国际竞争力的人才。只有不断地探索和实践,不断总结经验教训,才能不断提炼出适合中国国情的高校思想政治教育的创新途径,实现高校思想政治教育的跨越式发展。高校思想政治教育应当不断更新理念、深化改革,适应时代要求,引领未来发展,为培养社会主义建设者和接班人贡献力量。

未来发展趋势预测:随着社会的不断发展和变化,高校思想政治教育也将面临着新的挑战和机遇。在未来,我们预计高校思想政治教育将更加注重个性化和多元化的教育方式,为学生提供更加丰富的知识和技能培养。同时,高校思想政治教育还将更加重视学生的实践能力和创新意识的培养,使他们能够更好地适应社会的发展需求。

在国际化视野下,高校思想政治教育也将更加开放和包容,引进国际先进的教育理念和经验,为学生提供更加广阔的学术视野和思想交流平台。同时,在国际化的大背景下,高校思想政治教育也将更加重视国际规范和标准的引入,提升高校思想政治教育的国际竞争力。

未来高校思想政治教育将朝着更加个性化、多元化、实践化和国际化的方向发展,为学生提供更加全面的素质教育,促进学生的综合发展和自我实现。我们相信,在高校思想政治教育的不断探索和创新下,必将取得更加显著的成效和进步。

未来发展趋势预测将持续引领高校思想政治教育的改革方向。在不断探索中,高校将更加注重学生的个性化发展,充分尊重和关注每位学生的特长和需求。教育将更多地以学生为中心,为他们提供更加贴心、有效的教学服务,帮助他们实现自我潜能的发掘和提升。

同时,多元化也将成为高校思想政治教育的一个重要特点。教育将更加灵活多样,注重培养学生的多元思维和综合能力。通过开设丰富多彩的选修课程和社会实践活动,高校将为学生提供更广阔的成长空间,让他们在不同领域中充分发展,全面提升自身素质。

实践化教育也将是未来发展的重要方向。高校将更加重视实践能力的培养,通过校外实习、项目实践等形式,引导学生将理论知识转化为实践能力,培养他们的创新意识和解决问题的能力。高校将与社会各界密切合作,为学生提供更多的实践机会,让他们在实践中不断成长。

国际化教育也是高校发展的重要趋势之一。高校将更加开放融合国际优秀教育资源,引进更多国际化的课程和教学模式,拓展学生的国际视野和交流机会。通过与国外高校的合作与交流，高校将提升自身办学水平，为学生打开更广阔的国际化发展之路。

未来高校思想政治教育将朝着更加个性化、多元化、实践化和国际化的方向前进，为培养更多全面发展的优秀人才而不懈努力。在不断创新和改革中，高校思想政治教育必将迎来新的辉煌。

二、数字化时代下的思想政治教育

大数据时代的到来，给思想政治教育带来了新的挑战和机遇。大数据分析技术的应用，可以帮助高校更好地了解学生的思想政治状况，为教育管理提供科学依据。通过大数据分析，可以实现对学生的学习行为、思想倾向等方面的深入分析，从而更好地指导和帮助学生健康成长。同时，大数据分析还可以帮助高校领导了解教育教学工作的实际情况，为改进和优化教育教学工作提供数据支持。

在思政教育中，大数据分析可以帮助高校更好地挖掘和利用数据资源，为思想政治教育提供精准的个性化服务。通过对学生的学习习惯、思想动向等方面的数据分析，高校可以更好地为学生提供个性化的教育方案，促进他们的全面发展。同时，通过大数据分析还可以及时发现学生的问题和需求，为教育管理提供及时有效的指导。

值得一提的是，大数据分析在思政教育中的应用也存在一些挑战和问题。首先是数据隐私和安全问题，如何保护学生的隐私数据安全是一个亟待解决的问题。其次是数据分析技术的专业性和复杂性，需要高校加强对相关技术人才的培养和引进工作，以提升数据分析技术在思政教育中的应用效果。

总的来说，大数据分析技术的应用为高校思想政治教育带来了新的机遇和挑战。高校应积极借助大数据分析技术，不断探索思政教育的创新发展路径，为培养德智体美劳全面发展的社会主义建设者和接班人作出更大的贡献。

在大数据分析技术的支持下，高校思想政治教育迎来了数字化的新时代。通过对学生日常行为和学习情况的数据分析，教育管理者可以更好地了解学生的学习习惯和心理状态，进而制订个性化的教育方案。这种针对个体的精细化管理不仅可以提高教育效果，还可以有效地促进学生的全面发展。

但是，随着大数据分析技术的广泛应用，也带来了一些挑战和问题。其中最为突出的是数据隐私和安全问题。学生的个人信息和数据可能会受到泄露和滥用的风险，因此如何确保数据的安全性成为亟待解决的难题。数据分析技术的专业性和复杂性也给高校带来了挑战。需要建立完善的数据分析团队，加强对相关技术人才的培养和引进，以提高数据分析技术在思想政治教育中的应用效果。

尽管面临诸多挑战，但大数据分析技术的应用为高校思想政治教育带来了前所未有的机遇。高校可以借助这一技术手段，深入挖掘学生的学习和生活习惯，精准预测学生的需求和困难，从而更好地指导教育管理工作。随着技术的不断进步和应用的深化，相信大数据分析技术将成为高校思想政治教育的重要助力，为培养德智体美劳全面发展的社会主义建设者和接班人作出更大的贡献。

高校思想政治教育一直是教育改革的重要内容之一。在当今数字化时代，人工智能技术的发展为高校思想政治教育带来了新的探索方向。人工智能技术能够更好地满足学生个性化学习的需求，帮助教师更好地了解学生的学习情况，通过数据分析来调整教学方法，提升教学效果。

在高校思想政治教育中，人工智能技术可以利用大数据分析学生的学习行为、学习习惯和学习效果，为教师提供更为精准的指导。同时，人工智能技术还可以开发出个性化学习系统，根据学生的性格、能力和兴趣定制学习内容，提高学生的学习积极性和学习效果。

除了个性化学习之外，人工智能技术还可以在高校思想政治教育中开展情感教育。通过人工智能技术，教师可以更好地了解学生的情感状态，及时发现并解决学生的心理问题，提高学生的情感管理能力和心理健康水平。

未来，随着人工智能技术的不断发展和应用，高校思想政治教育将迎来更多的创新和突破。人工智能技术能够为高校思想政治教育注入新的活力，促进教育教学质量的不断提升，推动学生全面发展。希望通过人工智能技术在思政教育中的探索，能够为未来高校思想政治教育的发展提供更多的可能性。

随着人工智能技术的广泛应用，高校思想政治教育将迎来更多的创新和突破。人工智能技术不仅可以帮助教师更好地了解学生的情感状态，还能够为学生提供更丰富多彩的学习体验。例如，通过人工智能技术，学生可以通过虚拟现实技术参与角色扮演活动，模拟真实情境下的思想政治教育过程，从而提高学生的情感管理能力和沟通能力。

人工智能技术还可以在高校思想政治教育中开展个性化引导。通过分析学生的学习数据和个人喜好，人工智能系统可以为每位学生量身定制学习计划，让每个学生都能够在适合自己的学习节奏和方式下进行思想政治教育。这不仅可以提高学生的学习积极性，还可以激发学生的学习潜力，实现个性化发展。

未来，随着人工智能技术的不断进步，高校思想政治教育将迎来更多的可能性。无论是教学内容的个性化定制，还是学生情感管理能力的培养，都将得到更加系统和全面的支持。相信在人工智能技术的助力下，高校思想政治教育将迎来新的发展机遇，为培养德智体美劳全面发展的社会主义建设者和接班人贡献更大的力量。

在当今数字化时代的背景下，高校思想政治教育也随之展开了新的探索与尝试。在线教育平台的发展为高校思想政治教育带来了新的机遇与挑战。通过在线教育平台，学生可以随时随地获取到丰富多样的思想政治教育资源，拓宽了他们的学习途径。在这个平台上，学生可以选择自己感兴趣的内容进行学习，增加了学习的积极性和主动性。

同时，通过在线教育平台，高校也可以更好地管理和监控思想政治教育的内容和效果。教师可以根据学生的学习情况进行及时的调整和反馈，提高思想政治教育的针对性和有效性。在线教育平台的建设也为高校思想政治教育的评估提供了更为便捷和科学的手段，为高校思想政治教育的改进和提升提供了重要参考依据。

随着在线教育平台的不断完善和发展，高校思想政治教育也将迎来更加广阔的发展空间。未来，随着技术的不断创新与应用，高校思想政治教育将更加多元化和个性化，更好地满足学生的学习需求。在数字化时代的浪潮中，高校思想政治教育将与时俱进，不断探索前进，为培养德智体美全面发展的社会主义建设者和接班人作出更大的贡献。

随着科技的不断创新和应用，在线教育平台的发展势必会给高校思想政治教育带来更多的机遇和挑战。通过在线教育平台，高校可以利用大数据分析，深入挖掘学生的学习习惯和思想倾向，为个性化的思想政治教育提供更为有力的支持。教师可以根据学生的学习特点和需求，定制更加贴近实际的教学策略，使思想政治教育更具针对性和吸引力。

在线教育平台也为高校提供了全球化视野和资源共享的可能。高校可以通过在线教育平台与国际名校合作，引进先进的思想政治教育理念和方法，为学生提供更加开阔的学术视野和思想交流平台。这种跨文化的交流不仅可以促进学生的综合素质提升，更能够培养他们的国际视野和全球胸怀，为他们未来的人生道路奠定更加坚实的基础。

在未来，随着在线教育平台技术的不断成熟和完善，高校思想政治教育将更加深入人心，更加贴近学生，更加与时俱进。通过不断探索和实践，高校将能够更好地引导学生树立正确的世界观、人生观和价值观，培养他们成为具有社会责任感和创新精神的新时代青年，为国家的建设和发展贡献自己的力量。在线教育平台，作为高校思想政治教育的新平台和新工具，必将在未来发挥越来越重要的作用，为高校教育事业带来新的活力和希望。

信息化教育工具的应用，是高校思想政治教育创新的重要方向之一。随着数字化时代的到来，传统的教育模式已经难以满足学生多样化学习需求的挑战。信息化教育工具的应用，使得思想政治教育更加生动有趣、互动性更强。通过在线课程、教学平台以及教育App等工具，学生可以在任何时间、任何地点进行学习，提高了学习的灵活性和便捷性。信息化教育工具的应用还可以实现教学资源的共享和交流，为思想政治教育的创新提供了更广阔的空间。

信息化教育工具的应用也使得思想政治教育更加个性化。通过大数据分析学生的学习行为和偏好，教师可以根据学生的情况进行有针对性的教学，提高教学的针对性和有效性。同时，信息化教育工具还可以提供更多元化的学习资源，包括视频、音频、电子书等形式，满足不同学生的学习方式和需求。从而激发学生的学习兴趣，提高学习效果。

在信息化教育工具的应用中，高校还可以借助云计算、人工智能等前沿技术，开展智能化教学。通过智能化教学系统对学生进行个性化学习推荐，针对性地开展学生自主学习和探究式学习，培养学生的创新思维和问题解决能力。同时，教师可以通过智能化教学系统对教学过程进行实时监测和评估，及时发现和解决问题，提高教学效率和水平。

总的来说，信息化教育工具的应用将为高校思想政治教育带来更多的可能性和机遇。高校需要充分利用信息化教育工具，探索和实践更加有效的教学模式，推动思想政治教育不断创新和发展，培养更加全面发展的人才。

在信息化教育工具的应用中，高校可以进一步拓展教学资源和手段，打破传统的教学模式，创造更加有趣和有效的学习氛围。通过引入虚拟现实技术，学生可以身临其境地参与历史事件重现、科学实验等活动，提升他们的学习体验和认知能力。同时，结合大数据分析，高校可以更好地了解学生的学习习惯和需求，精准地进行个性化教学和课程设计，提高学生的学习满意度。

信息化教育工具的应用也可以促进高校师生之间的互动和合作。通过在线学习平台和社交媒体等工具，师生之间可以随时随地进行交流和讨论，分享学习心得和资源，形成更加紧密的学习社区。教师可以借助信息化工具，及时了解学生的学习情况和问题，主动提供帮助和指导，促进学生全面发展。而学生也可以利用信息化工具，积极参与学习活动，提高学习主动性和学习效果。

总的来说，信息化教育工具的应用将为高校教育教学带来更多创新和可能性，为培养具有创新精神和实践能力的优秀人才奠定坚实基础。高校需要不断探索和利用信息化教育工具，不断完善教学设计和管理，促进教育教学的全面提升，助力高等教育事业蓬勃发展。

第四节　高校思想政治教育的实施策略探讨

一、政策法规保障

政府管理部门对高校思想政治教育的政策支持是确保教育质量和效果的重要举措，政府通过制订和实施相关政策法规，为高校提供指导和支持。政府支持的政策包括对思想政治教育的重视和推动，为高校提供必要的资源和条件，促进教育教学的持续改进和创新。政府管理部门积极倡导和推动高校思想政治教育工作的顺利进行，加强与高校的合作与沟通，共同努力推动高校思想政治教育的发展。政府对高校思想政治教育的政策支持是保障高校教育事业顺利发展的重要保障，有助于提升学生的思想政治素养，培养社会主义建设者和接班人。

政府管理部门的政策支持对于高校思想政治教育的重要性不言而喻。在政府的积极推动下，高校得以稳步发展并不断提升教育质量。政府的政策支持包括对高校的资源保障和政策指导，为高校思想政治教育提供了有力保障。高校应当以此为契机，积极探索教育教学模式的创新，加强校内师生的思想政治教育，确保教育目标的实现。

政府不仅仅是为高校提供政策和资源的支持，更重要的是激励高校各方面的积极性和创造力。政府的政策支持为高校教育教学工作提供了稳定的环境和政策支撑，有力地推动了高校思想政治教育的深入开展。高校应当时刻紧跟政府政策的步伐，站在思想政治教育的前沿，不断提升自身的办学水平和质量。

政府管理部门的政策支持也为高校师生之间的交流和合作搭建了平台。政府的政策支持为高校营造了积极向上的氛围，推动了校园文化的建设和思想政治教育的传承。高校应当以政府政策为指引，加强与政府管理部门的沟通和合作，共同努力为高校思想政治教育事业的蓬勃发展贡献力量。政府的政策支持是高校教育事业持续发展的重要支撑，是确保高校教育质量和效果的重要保障。

高校内部管理规定是高校思想政治教育的重要组成部分，它规范了高校内部的教育管理行为，确保了思想政治教育的有序进行。这些规定包括教师队伍建设、教学管理、学生管理、校园文化建设等方面的内容，旨在营造良好的教育环境和氛围，促进学生的全面发展。高校内部管理规定的制订和执行对于高校思想政治教育的开展具有重要意义，也是高校内部管理体系健全的重要保障。在制订和执行过程中，需要充分考虑教学、科研、管理等方面的特点和需求，确保规定的有效性和可操作性，使其能够真正起到促进高校思想政治教育发展的作用。

高校内部管理规定的制订和执行是确保高校内部秩序井然、教学有序进行的重要保障。这些规定细化了教师队伍建设、教学管理、学生管理、校园文化建设等方面的细节内容，旨在建立起一个有序的教育管理体系。通过规定的执行，能够为高校带来良好的教育环境和氛围，促进学生全面发展。

教师队伍建设是高校内部管理规定的核心内容之一，对于提高教学质量和促进学生发展起着至关重要的作用。规定要求高校加强师德师风建设，加强教师的教学能力和职业素养培养，努力打造一支高素质、专业化的教师队伍。教学管理规定督促各高校建立健全的教学管理制度，保障教学质量和教学秩序，有效提高教学效果。学生管理规定强调了对学生思想教育和行为引导，让学生在和谐的校园氛围中健康成长。校园文化建设是高校内部管理规定的重要内容之一，注重培养学生的文化素养和道德情操，促进校园文化的繁荣发展。

高校内部管理规定的制订和执行要贯彻教学、科研、管理等方面的特点和需求，确保规定的有效性和可操作性。只有在高校内部管理规定得到切实执行的基础上，高校思想政治教育才能够深入开展，高校内部管理体系才能更加健全。通过持续不断的完善和执行规定，高校能够建立起一套完善的管理制度，为高校的长期发展奠定坚实的基础。在今后的工作中，高校需要进一步加强对内部管理规定的宣传和落实，提高广大师生的管理意识和遵守规章的自觉性，共同创造一个和谐稳定的学习生活环境。

二、人才队伍建设

教师队伍建设是高校思想政治教育事业的基础和保障，关系着高校教育教学质量的提升和学生综合素质的培养。优秀的教师队伍是高校的宝贵财富，他们不仅是学生的知识传授者，更是道德引领者和思想启蒙者。教师队伍的建设需要注重培养教师的专业素养和思想道德水平，提高他们的教学能力和教育创新意识，使之具备面对复杂教学环境和学生需求的能力。

教师队伍建设还需要重视培养教师的综合素质和团队合作能力，推动教师之间的合作交流和共同成长。优秀的教师不仅在学术上有所建树，更需要有团队意识和事业心，愿意为高校思想政治教育事业的发展贡献自己的力量。教师队伍的建设也需要高校领导的关心和支持，在人才选拔、培养和激励方面给予教师更多的政策支持和关怀，营造一个和谐有序的教育教学环境。

教师队伍建设的重要性还体现在教师对学生的影响和教育作用上。优秀的教师可以成为学生的榜样和导师，激励学生积极进取，树立正确的人生观和价值观。教师队伍的建设不仅要注重教学质量，更要关注教师的人格魅力和情感表达能力，使教师成为学生心目中的良师益友，引导他们健康成长。

教师队伍建设的重要性是高校思想政治教育事业发展的基础，只有建设好优秀的教师队伍，才能提升高校思想政治教育教学水平，促进学生全面发展，推动高校教育事业不断向前发展。教师队伍建设不仅是一项长期的工作任务，更是一项重要的战略决策，需要高校各方共同努力，共同打造一支具有教学专业技能和道德情操的优秀教师队伍，为高校思想政治教育事业的繁荣发展奠定坚实基础。

教师队伍建设的重要性还体现在教师对学生的心理健康和人格塑造方面。优秀的教师可以用自己的言行举止影响学生，引导他们正确处理情绪，树立自信心，培养健康的人格和良好的人际关系。教师温暖关怀能够为学生提供情感支持和内心安慰，在他们成长道路上充当重要的引导者和支持者。

教师队伍的建设还在于促进教师之间的团结合作和专业成长。优秀的教师应该拥有不断学习和进步的精神，积极参与教学研究和教学改革，不断提升自身的教学水平和教学质量。高校应该为教师提供广阔的发展空间和良好的职业发展机会，促使他们在教学实践中不断创新，不断完善自我，为学生成长成才贡献自己的智慧和力量。

教师队伍建设的重要性不仅体现在教师对学生的影响和教育作用上，更体现在促进学生心理健康和人格塑造方面，以及促进教师之间的团结合作和专业成长方面。建设一支优秀的教师队伍，是高校思想政治教育事业发展的基础，也是推动高校教育事业不断向前发展的重要保障。只有关注教师的全面发展，共同努力打造一支专业化、团结合作的优秀教师队伍，才能为高校思想政治教育事业的繁荣发展注入持久的动力和活力。

在高校思想政治教育中，学生领导团队建设起着至关重要的作用。通过建设学生领导团队，可以培养学生的领导能力、团队合作意识和责任意识，促进学生全面发展和成长。学生领导团队的建设不仅可以提高学生的综合素质，还可以推动学校思想政治教育的深入开展。通过参与领导团队的建设，学生可以更好地理解和传承中华优秀传统文化，增强爱国主义、集体主义和社会主义核心价值观的意识。学生领导团队还可以成为学校管理和教学管理的重要助力，为学校的和谐稳定发展提供有力支持。

同时，在建设学生领导团队的过程中，要注重培养学生的责任心和使命感，激发学生的自信心和创新精神。学生领导团队建设应该注重学生的个性发展和全面发展，鼓励学生发挥自己的特长和潜力，促进学生之间的互帮互助和共同进步。学生领导团队建设还要注重团队氛围的营造，激励学生团队的凝聚力和创造力，提升团队的执行力和影响力。通过不断完善学生领导团队的建设机制和管理模式，可以促进学生的自我管理和自我约束能力，培养学生的良好习惯和健康心态。最终实现学生领导团队建设与高校思想政治教育的良性互动和共同发展，为培养德智体美劳全面发展的社会主义建设者和接班人作出积极贡献。

在建设学生领导团队的过程中，我们应该重视培养学生的协作能力和团队精神，鼓励他们发挥个人优势，共同促进团队的整体发展。学生团队建设应该注重激发学生的创造力和创新意识，引导他们勇于接受挑战，不断挖掘潜力。还需要重视学生之间的沟通和合作能力培养，培养学生团队的凝聚力和协作精神，以达到团队有效运作的目的。通过完善团队建设的机制和管理模式，可以提升团队的执行力和影响力，让学生领导团队真正发挥出其积极作用。最终，学生领导团队的成功建设将为学校的和谐稳定发展提供有力支持，为培养全面发展的社会主义建设者和接班人作出积极贡献。

高校思想政治教育的现状分析显示出，存在一些困难和挑战，需要不断探索创新，提高实施效果。通过对一些成功的案例进行分析，可以发现一些行之有效的方法和途径，为未来的发展指明方向。在数字化时代，思想政治教育也需要与时俱进，积极应对新的挑战和机遇。同时，实施策略的讨论也尤为重要，包括人才队伍建设和行政管理人员素质培养等方面，均需要细致的探讨和研究。通过研究与实践的结合，可以不断提高高校思想政治教育的质量和效果，为社会培养更加优秀的人才，推动社会进步和发展。

在当前数字化时代，高校思想政治教育的发展面临着前所未有的机遇和挑战。行政管理人员素质的培养尤为重要，他们是高校思想政治教育的中坚力量。要提升素质，首先需要建立健全的培养机制，注重理论与实践相结合，不断提升管理水平和服务意识。加强人才队伍建设，培养出一支高素质、专业化的队伍，为高校思想政治教育的发展提供坚实保障。还需要不断创新教育教学模式，探索符合时代要求的教育方法，激发学生的学习兴趣和创造力。同时，加强与社会的联系，紧密结合社会实际，引导学生树立正确的人生观、价值观，培养社会责任感和创新精神。在不断探索创新的过程中，高校思想政治教育将迎来新的发展机遇，为社会培养更多更优秀的人才，推动社会进步和发展发挥着重要的作用。相信在全体教职员工的共同努力下，高校思想政治教育定能够不断提升质量和效果，为建设更加繁荣和文明的社会作出应有的贡献。

三、教育资源合理配置

在高校思想政治教育的实施过程中，财政投入与教育资源建设一直是关键因素。只有足够的财政支持和完善的教育资源，高校才能保证思想政治教育的质量和效果。当前，随着教育事业的不断发展，财政投入和教育资源建设也得到了相应的提升和加强。

以财政投入为例，各级政府和高校领导部门都在加大对高校思想政治教育的财政支持力度。通过增加投入资金、提供奖励政策等措施，有效地提升了高校思想政治教育的经济保障水平。同时，在教育资源建设方面，各高校也在不断优化教学设施、完善教育技术设备，为思想政治教育的实施提供了更加良好的条件。

在未来，财政投入与教育资源建设仍然需要进一步加强。我们需要更加注重财政支出的合理规划和有效使用，确保每一分钱都能为思想政治教育带来实际效益。同时，也需要不断提升教育资源的质量和覆盖范围，为高校思想政治教育的创新发展提供强有力的支撑。

数字化时代下，财政投入与教育资源建设也应与时俱进。我们可以利用信息化技术，建立数字化教育资源平台，为高校思想政治教育提供更多更好的资源支持。这样不仅可以提升教育资源的利用效率，也能够丰富教育形式和内容，更好地满足学生的学习需求。

总的来说，财政投入与教育资源建设是高校思想政治教育不可或缺的重要环节。只有在这方面持续加强的基础上，高校思想政治教育才能迈向更加健康、全面、可持续的发展之路。

在数字化时代的今天，高校思想政治教育必须跟上时代的步伐。财政投入和教育资源建设的重要性不言而喻，但如何更好地利用这些资源，才能为学生提供更好的教育呢？

我们可以通过加强师资队伍建设，培养更多优秀的思想政治教育专家，提高教育教学水平。可以加强学生参与思想政治教育的主体地位，鼓励学生自主学习，积极参与社会实践活动，培养他们的思想品质和创新能力。同时，也可以加强校园文化建设，营造浓厚的思想政治教育氛围，引导学生积极健康地参与各类社会活动。

高校可以加强与社会各界的合作，整合各方资源，为学生提供更多更好的实践机会和资源支持。同时，建立起多元化的评价机制，激励教师和学生积极参与思想政治教育，促进教育质量的提升。

在财政投入和教育资源建设方面，我们需要不断创新，探索适合时代发展需求的新模式和新方法。只有不断推动教育现代化，提升高校思想政治教育的品质和水平，才能更好地培养出德智体美劳全面发展的优秀人才，为建设社会主义现代化国家贡献力量。

在高校思想政治教育的实施过程中，校园设施的更新与改善扮演着重要的角色。随着时代的发展，校园设施也需要与时俱进，以满足学生学习和生活的需求。通过对校园设施的更新和改善，可以提升学生的学习体验，增强他们对学校的归属感。同时，现代化的校园设施也可以吸引更多优秀的老师和学生加入学校的教育事业中。

校园设施的更新与改善需要综合考虑学生和教师的需求，充分利用现代化技术和理念，打造一个适宜学习和教学的环境。例如，建设数字化教室，配备先进的多媒体设备，可以提升课堂教学效果，激发学生的学习兴趣。完善校园的体育设施和文化设施，可以丰富学生的课余生活，培养他们的全面发展。

教育资源的合理配置也是校园设施更新与改善的重要内容之一。学校应该根据自身的特点和需求，合理规划教育资源的使用，确保资源的有效利用。同时，学校还需要不断引进和更新教学设备，提升教学质量和水平。通过对教育资源的合理配置，可以为学生提供更好的学习环境和条件，促进他们全面发展。

在未来，随着教育事业的不断发展，校园设施的更新与改善将成为教育工作者关注的重点。建设现代化的校园设施，提升学校的整体形象和实力，将有助于推动高校思想政治教育的创新和发展。只有不断改进和完善校园设施，才能更好地适应时代的需求，提升教育质量，培养更多具有社会责任感和创新精神的优秀人才。

在当今社会，教育资源的合理配置和校园设施的更新与改善已经成为教育事业中不可或缺的一部分。学校的设施建设不仅关系到学生的学习和生活质量，更是与学校的教育质量和竞争力密切相关。合理规划教育资源的使用，不仅能够提高资源利用效率，还可以为学生成长提供更为优质的学习环境。

随着时代的进步和教育理念的不断更新，校园设施的现代化改造已经成为教育工作者不可回避的重要课题。现代化的校园设施不仅包括教学楼、实验室等基础设施，还包括运动场、图书馆、艺术室等丰富多彩的功能区域。这些设施的建设和更新不仅将为学生提供更多元化的学习资源，还有助于激发学生的学习热情和创新能力。

校园设施的更新与改善也为学校教育教学工作提供了更大的发展空间。建设先进的实验室和科研中心，不仅可以提升学校的教学水平，还有助于推动科研成果的转化和应用。通过不断改进校园设施，学校可以更好地适应社会的变革和发展，培养更多具有国际竞争力的高素质人才。

总的来说，校园设施的更新与改善是教育事业中至关重要的环节，只有不断完善和提升校园设施，才能更好地满足学生的学习需求，促进他们的全面发展。希望未来的教育工作者和决策者能够重视校园设施建设，不断完善学校的硬件条件，为学生成长提供更为优质的教育资源和服务。

高校思想政治教育的教育教材及其他资源供给一直是一个备受关注的话题。在当今数字化时代，教育资源的合理配置显得格外重要。通过对不同高校的思想政治教育资源供给进行比较分析，可以看出存在着资源配置不均衡的情况。一些高校在教育教材及其他资源的供给上表现优异，而另一些高校则存在资源短缺的情况。针对这种现状，需要采取相应措施，确保资源供给更加公平均衡。

教育教材是高校思想政治教育的重要组成部分，而教材的质量直接影响着教育教学的效果。因此，高校应该加大对教材编写的投入，确保教材内容丰富全面，符合学生的实际需求和思想政治教育的要求。在资源供给方面，高校还可以探索多元化的教育资源，如开展线上线下结合的教学模式，充分利用信息化技术，提升资源的覆盖范围和使用效率。

除了教育教材外，其他资源的供给也是影响思想政治教育效果的重要因素。高校可以通过建立资源共享平台，加强与外部机构的合作，共同开发资源，丰富资源种类，提升资源的质量和可及性。高校还应根据学生的实际需求，合理配置资源，确保资源的合理利用和最大化效益。

在资源供给方面，高校需要不断探索创新，不断完善资源配置机制，努力提高资源供给的效率和质量。只有这样，高校思想政治教育才能更好地发挥作用，培养出更多思想政治素质过硬的人才，推动高校思想政治教育的不断深化和发展。

在当今社会，随着信息化技术的不断发展，高校的资源供给方式也在不断变革。除了传统的教育教材外，高校还可以通过开展多样化的教学模式，如虚拟教室、远程教育等方式，拓展资源的传播渠道，提高资源的利用效率。同时，高校还应积极与各行业合作，共同开发更加适合学生需求的资源，不断丰富资源种类，为学生提供更加丰富多样的学习选择。

高校还可以通过建立资源共享平台，促进内部资源的共享与交流，避免资源的重复浪费，提高资源的利用率。同时，高校还需关注资源的质量和可及性，确保每一份资源都能够为学生带来实实在在的帮助。只有将资源供给方面的工作不断完善，才能更好地满足学生学习需求，推动高校思想政治教育工作的深入发展。

在资源供给的过程中，高校需要不断探索创新，寻找适合自身特点的资源供给方式，打破传统的束缚，迎接信息化时代的挑战。高校应不断提高资源供给的效率和质量，为学生提供更加优质、便捷的学习资源。只有努力完善资源供给机制，才能让高校思想政治教育事业走向成功，培养出更多思想政治素质过硬的人才，为推动社会进步贡献自己的力量。

在高校思想政治教育中，校企合作共建资源共享是一种重要的途径。校企合作可以为高校提供更多的实践机会和资源支持，使学生在实践中更好地理解和应用所学知识。通过与企业的合作，高校可以获取更多实际的案例和问题，为教学提供更多真实性和针对性。同时，校企合作还可以促进高校和企业之间的资源共享，实现资源的互补和优势整合。这样一来，不仅可以提高教学质量，也可以促进高校与社会的深度融合。

校企合作共建资源共享的意义在于，通过与企业的合作，高校可以更好地了解社会和市场的需求，及时调整教学内容和方法，提高教学的针对性和实效性。同时，企业也可以借此机会了解高校学生的实际水平和能力，为企业招聘提供更多的参考依据。校企合作不仅可以带动高校教学水平的提升，也可促进人才培养模式的创新和实践教学的深入发展。

因此，校企合作共建资源共享是高校思想政治教育创新的重要途径之一。通过与企业的合作，高校可以打破学校与社会、理论与实践之间的界限，实现资源的有机整合和共享。在未来的发展中，高校应进一步加强与企业的合作，拓展合作领域，不断深化合作内涵，实现资源的更大共享和互利共赢。只有这样，高校思想政治教育才能不断创新，不断前行，为培养更多优秀人才出作更大的贡献。

校企合作共建资源共享是高校思想政治教育创新的重要途径之一。通过与企业的合作，高校可以打破学校与社会、理论与实践之间的界限，实现资源的有机整合和共享。这种合作不仅能促进学生实际能力的提升，也能为企业提供更多的人才选择。在今后的发展中，高校应当主动拓展合作领域，促进双方利益的互惠共赢。只有通过深化这种合作关系，才能实现资源的更大共享，推动高等教育向着更高的水平迈进。学校和企业间的合作，可以让学生在学习中更好地融入社会实践，提升综合素质和实践能力；同时，企业也能通过合作项目更好地了解并选拔人才。这种双赢的合作模式，将不断促进高校思想政治教育的创新，为社会培养更多具有实践能力和社会责任感的优秀人才。在未来的发展中，高校和企业应当共同努力，加强沟通合作，实现资源的共享和互相促进，共同推动高等教育事业的蓬勃发展。

高校思想政治教育的发展需要充分利用社会资源与学校资源的对接。社会资源包括政府支持、企业合作、社会组织参与等，可以为高校思想政治教育提供更多的支持和资源。学校资源则包括师资力量、课程设置、教育设施等，通过整合学校内部资源，可以更好地实施思想政治教育工作。

社会资源与学校资源的对接是高校思想政治教育的重要保障。政府支持可以为高校提供政策支持和资金保障，推动思想政治教育工作的深入开展。与企业合作可以为学生提供实践机会和就业渠道，促进思想政治教育与实践相结合。社会组织的参与则可以为高校带来更多创新思维和教育资源，丰富思想政治教育的形式和内容。

学校资源的充分利用也是高校思想政治教育的重要保障。优质的师资力量是思想政治教育的核心，他们的教学水平和思想品质直接影响着学生的思想政治素养。合理的课程设置可以为学生提供系统、全面的学习内容，帮助他们形成正确的世界观、人生观和价值观。完善的教育设施则可以为思想政治教育提供良好的教学环境和条件。

在社会资源与学校资源的对接中，高校需要搭建起多方合作的平台，促进资源共享与互补。同时，高校还需要加强内部资源整合，提高资源的综合利用效益。只有充分利用社会资源与学校资源的对接，高校思想政治教育才能迈向更高水平，为学生成长成才提供更好的指导和保障。

在社会资源与学校资源的有机结合中，高校可以通过开展校企合作、产学研合作等形式，吸引更多实践与专业经验，为学生提供更加有深度和广度的思想政治教育内容。同时，高校可以通过拓展社会资源渠道，引入更多优质教育资源，丰富教育手段和方式，激发学生的学习积极性和创新潜力。

在教育教学过程中，高校还需不断完善教育评估机制，引入多元化评价方式，使学生的思想政治教育成果更具可衡量性和可视性。同时，高校应积极推动全员参与的育人机制，促进师生之间的互动与交流，构建起更加和谐融洽的教育氛围，营造有利于学生成长的教育生态。

高校还可以通过加强学生社团建设、开展形式多样的文化艺术活动等途径，丰富学生的课余生活，培养其综合素质和人文精神。通过积极引导学生参与社会公益活动、实践服务等形式，引导学生树立正确的价值观念和社会责任感，促进学生全面发展和提升，使其成为德智体全面发展的现代新人。

第四章　高校思想政治教育的发展趋势和展望

第一节　当前高校思想政治教育现状分析

一、思想政治教育的重要性

高校学生的思想政治素质建设是当前高校思想政治教育的重要组成部分。在当今社会，思想政治教育在高校教育中占据着重要地位，对于培养学生正确的世界观、人生观、价值观具有重要意义。高校学生的思想政治素质建设是推动高校教育的重要任务之一，也是培养德智体美劳全面发展的社会主义建设者和接班人的关键环节。

在当前高校思想政治教育现状分析中，高校学生的思想政治素质建设已成为高校工作的重中之重。通过开展各种形式的思想政治教育活动，不断提高学生的思想政治素质，培养他们正确的人生观、世界观、价值观，增强爱国主义、集体主义、社会主义思想，始终保持对党忠诚、为民奉献的政治品质。

高校学生的思想政治素质建设不仅仅是课堂教学内容的延伸，更是一种全方位的培养。通过开展丰富多彩的思想政治教育活动，引导学生树立正确的人生观和价值观，提升他们的思想境界和道德情操，培养他们具有独立思考、批判精神和创新意识的优良品质，为他们的未来成长和发展打下坚实的思想基础。

高校学生的思想政治素质建设既需要学校的积极引导和推动，也需要学生本身的自觉参与和努力。学生要始终保持对思想政治教育的高度重视，积极投入各种思想政治教育活动中去，不断提高政治意识和思想觉悟，增强道德修养和社会责任感，做到理论联系实际、知行合一，真正成为德智体美劳全面发展的社会主义建设者和接班人。

高校学生的思想政治素质建设是高校思想政治教育的核心任务，是推动高校教育事业全面发展的关键环节。只有不断加强思想政治教育，提高学生的思想政治素质，才能培养出德智体美劳全面发展的社会主义建设者和接班人，为推动中国特色社会主义事业不断向前发展贡献力量。愿我们共同努力，为高校思想政治教育事业的繁荣昌盛而努力奋斗！

高校学生的思想政治素质建设需要学校和学生双方共同努力。学校应该创造良好的教育环境，提供丰富多彩的思想政治教育课程和活动，引导学生树立正确的人生观、价值观和世界观。同时，学生本身也要有自觉，要积极参与思想政治教育中去，不断提升自己的政治意识和思想觉悟。只有通过自身的努力和学校的引导，学生才能真正做到知行合一，在实践中体会到理论的力量。

高校学生作为社会主义建设者和接班人，肩负着重大责任。他们需要不断提高自身的道德修养和社会责任感，将所学所思贯穿于行动之中，为实现中华民族伟大复兴的中国梦贡献自己的力量。只有思想政治素质全面发展，学生们才能更好地适应社会变革的要求，为祖国的繁荣稳定作出更大的贡献。

在今天这个充满挑战和机遇的时代，高校学生的思想政治素质建设至关重要。我们应该共同努力，不断强化思想政治教育，引导学生坚定信念、立足本职、服务社会，努力培养一代代德智体美劳全面发展的社会主义建设者和接班人。让我们携手同心，共同为高校思想政治教育事业的繁荣昌盛而不懈奋斗！

当前高校思想政治教育现状分析：随着时代的变迁，高校思想政治教育进入了新阶段，面临着新的挑战和机遇。

思想政治教育的重要性：思想政治教育是高校教育的重要组成部分，是培养学生全面发展的重要环节。

国家发展需要高校学生具备的思想政治素质：国家发展需要高校学生具备正确的思想政治观念，积极参与社会建设和发展。

当前高校思想政治教育现状分析：在这个新的时代背景下，高校思想政治教育必须与时俱进，适应社会发展的需要，为学生提供更加全面的教育。随着社会的不断进步，学生需要具备更高的思想政治素质，才能更好地融入社会，为国家的繁荣稳定贡献力量。高校作为培养未来国家栋梁的摇篮，肩负着重要的历史使命，需要把思想政治教育作为首要任务，培养学生的爱国主义、集体主义、社会主义核心价值观等思想政治素质。

国家的发展离不开高校学生的积极参与和贡献，而正确的思想政治观念是学生参与社会建设和发展的重要保障。唯有具备正确的思想政治素质，学生才能在社会中做出正确的选择和决策，为国家带来更多的正能量。因此，高校必须加强对学生思想政治素质的培养，引导学生树立正确的世界观、人生观和价值观，促使他们在未来的人生道路上成为更加优秀、有担当的一代。高校的使命就是培养优秀的人才，而思想政治素质的培养将是高校教育的重中之重。

随着时代的演进，高校思想政治教育需要面对新的挑战和机遇。只有不断创新教育理念，拓宽思想政治教育的途径和方法，才能更好地适应学生的需要，培养出更加优秀的人才。同时，高校思想政治教育也需要注重实践，让学生在实践中增长才干，培养出具有创新精神和实践能力的人才。高校思想政治教育的发展将为国家未来的繁荣和稳定提供有力支持，同时也为学生未来发展奠定坚实基础。

高校思想政治教育对学生思想认识和人生观的影响至关重要，这不仅是因为高校阶段是学生人生中重要的成长阶段，更是因为思想政治教育直接关系到学生的终身发展。当前，高校思想政治教育面临着许多挑战和困难，包括教育内容的陈旧、教育方法的单一、学生参与的不足等问题。然而，无论面临什么样的困难，高校思想政治教育的重要性都不容忽视。

思想政治教育可以帮助学生树立正确的世界观、人生观和价值观，引导他们树立正确的人生目标和追求，使其能够坚定信念、积极进取，增强责任感和使命感。同时，思想政治教育可以帮助学生正确认识社会现实和历史发展，使其具有正确的社会分析能力和批判能力，在面对各种复杂问题时能够做出正确的判断和选择。这些都将对学生的思想认识和人生观产生深远影响。

尤其在当今社会，随着社会经济的发展和科技的进步，社会变革日新月异，价值观念不断碰撞，对学生思想认识和人生观的影响也越来越复杂和深远。高校思想政治教育应当抓住这一时代特点，深入了解学生的思想情况和需求，根据学生的个性特点和发展规律，采取切实有效的教育方法，引导学生树立正确的思想观念，培养正确的人生观，增强道德素质和文化修养，使他们能够自觉做到"立德树人"，真正成为社会的栋梁之材。

在未来的发展中，高校思想政治教育仍将面临着许多挑战和艰难，但只要高校思想政治教育能够不断创新，与时俱进，关注学生的需求和成长，充分发挥教育的育人功能，高校思想政治教育就一定能够取得更好的成效，培养出更多具有社会责任感和使命感的新时代人才。这也是高校思想政治教育的发展趋势和展望所在。

高校思想政治教育是培养学生正确的思想观念和人生观的重要途径。随着时代的变迁和社会的发展，学生们所处的信息环境和社会背景也在不断更新和变化。高校思想政治教育需要与时俱进，在认识学生思想动向的基础上，采取创新的教育方法，引导学生养成正确的行为准则和道德标准。只有通过教育的力量，才能培养出具有强烈社会责任感和使命感的新一代人才。

高校思想政治教育应该以学生的需求为中心，深入了解学生的心理状态和成长需求，通过引导和激励，帮助他们建立自信、培养创新思维、增强社会责任感。同时，高校思想政治教育也需要在教师队伍建设方面下更大功夫，提高教师的思想政治素养和教育水平，使他们成为学生的引路人和榜样。

在未来的发展中，高校思想政治教育将继续面临着挑战和压力，但只要坚持不懈地进行创新和改革，关注学生的成长和发展，高校思想政治教育一定能够迎来更加美好的明天。每一个学生都是国家和社会的未来，而高校思想政治教育则是塑造这个未来的重要力量，让我们共同努力，为培养更多优秀的新时代人才而努力奋斗。愿高校思想政治教育不断前行，为社会发展和进步贡献力量！

国家相关政策对高校思想政治教育的要求是非常严格的，这也体现了思想政治教育在培养学生全面发展方面的重要性。政策要求高校要把思想政治教育融入课程教学中，通过课堂教学、社会实践等形式，引导学生树立正确的世界观、人生观和价值观。政策还要求高校要建立健全思想政治教育工作机制，加强师德师风建设，培养高素质的思想政治教育师资队伍。

在当前的高校思想政治教育现状分析中，可以看到高校思想政治教育已经成为学校教育的重要组成部分，为学生的全面发展提供了重要的支撑。通过开展各种形式的思想政治教育活动，学生的思想觉悟和道德水平得到了有效提升，为他们未来的发展奠定了良好的基础。思想政治教育的重要性不可忽视，只有通过系统化、常态化的教育，才能培养出德智体美劳全面发展的社会主义建设者和接班人。

在当前的高校思想政治教育工作中，我们必须认识到，其实质是培养学生正确的政治方向和正确的世界观、人生观和价值观。高校要将思想政治教育融入到学生的日常学习和生活中，使其真正成为学生终身受益的重要组成部分。通过积极引导学生参与各种思想政治教育活动，帮助他们树立正确的理想信念和正确的道德观念，为他们未来的成长和发展提供精神动力。

高校应该建立起一套完善的思想政治教育工作机制，加强师德师风建设，培养一支高素质的思想政治教育师资队伍。只有这样，才能保证思想政治教育工作的顺利进行和取得显著成效。同时，高校还应该注重对学生进行个性化的指导和教育，从不同层面和角度引导学生认识自我、认识社会、认识国家，使他们成为有担当、有使命感的新时代青年。

高校思想政治教育的实施不仅仅是一项任务，更是一种责任和使命。只有将思想政治教育融入高校教育的各个方面，才能真正实现学生全面发展的目标。思想政治教育工作的持续推进将为学生的成长提供坚实的保障，为社会主义建设事业培养出更多更好的接班人。让我们共同努力，为高校思想政治教育事业的发展贡献力量，为培养社会主义建设者和接班人而不懈奋斗！

高校思想政治教育存在的问题和挑战，需要我们深入思考和认识。当前，随着社会的不断发展和变化，高校思想政治教育也面临着许多挑战和问题。随着信息化和全球化的快速发展，学生接触到的信息呈现多样化和碎片化，传统的思想政治教育已经无法完全满足学生的需求。同时，一些学生对思想政治教育缺乏兴趣和重视，导致教育效果不佳，甚至出现抵触情绪。一些教师对思想政治教育重视不够，缺乏系统性和深度性的教学方法和手段，无法有效引导学生树立正确的思想观念和政治立场。一些学校在思想政治教育方面投入不足，导致师资力量不足、教学资源匮乏，不能满足学生全面发展的需求。社会风气的影响也给高校思想政治教育带来了挑战，一些不良思想和行为影响了学生的正常学习和生活，需要高校积极面对和解决。在未来，高校思想政治教育需要不断创新和完善，针对当前存在的问题和挑战，采取有效措施，促进学生全面发展和思想政治素质的提高，为建设社会主义现代化国家作出积极贡献。

高校思想政治教育存在的问题和挑战是一个长期而严峻的课题。教育者所面临的第一道难题是如何真正了解学生的需求，并且找到相应的解决方法。这需要教育者不断更新自己的教育理念和方法，与时俱进。对于学生而言，他们需要被激发出对思想政治教育的兴趣和重视，从而提高教育的效果。教育者需要创新教学方式，激发学生的学习热情。学校需要增加对思想政治教育方面的投入，提升师资力量和教学资源，以满足学生全面发展的需求。社会环境对思想政治教育也有着深远的影响，学校需要不断引领学生树立正确的思想观念，正确引导他们应对社会风气的影响。未来，高校思想政治教育需要采取更加积极的措施，持续创新和完善教育模式，为学生的全面发展和思想政治素质的提高提供更好的保障，从而为社会主义现代化国家的建设贡献更多的力量。

二、高校思想政治教育的创新需求

当前社会发展对高校思想政治教育提出了新的挑战，要求高校更加注重学生的全面发展和创新能力培养。随着社会的不断进步和信息化时代的到来，学生的认知水平和思维方式都发生了巨大的变化，传统的思想政治教育模式已经不能满足学生的需求。因此，高校需要不断进行创新，采取新的教育手段和方法，以适应社会的发展变化。

社会对高校思想政治教育提出了更高的要求，要求高校将思想政治教育与学科教育相结合，培养学生的思想素质和学术能力，使他们在未来的工作和生活中能够胜任各种挑战。同时，社会也希望高校思想政治教育能够更加贴近实际，培养学生的实践能力和创新意识，使他们能够在社会中起到更加积极的作用，为国家和社会的发展做出贡献。

总的来说，当前社会发展对高校思想政治教育提出了更高的要求和更大的挑战，高校需要不断创新，适应社会的发展变化，培养学生的全面发展和创新能力，以更好地适应社会的需求和发展。只有这样，高校思想政治教育才能在新的时代条件下焕发出新的活力，为社会的进步和发展作出更大的贡献。

当前社会发展迅速，高校思想政治教育面临着前所未有的挑战。社会的多元化和复杂性要求高校在教育中更加注重学生的思想素质和综合能力的培养，使他们能够适应社会的多变环境。高校思想政治教育需要更加注重学生的实践能力和创新思维的培养，让他们在实际生活中能够运用所学知识解决问题，发挥积极作用。高校还需要更好地与社会各界合作，将实践教育与学科教育相结合，为学生提供更广阔的发展平台。

随着时代的进步和社会的发展，高校思想政治教育也需要与时俱进，不断创新教育模式，提升教学质量，以培养出更具综合素质和创新能力的优秀人才。只有这样，高校才能更好地适应社会的需求和发展，为国家和社会的繁荣进步作出更大的贡献。唯有不断探索和完善，高校思想政治教育才能在新的时代条件下焕发出新的活力，引领着学生迈向更加光明的未来。愿高校在迎接挑战的过程中不忘初心、不断进步，为社会的发展和进步贡献自己的力量。

学生群体特点对思想政治教育的影响在当前高校思想政治教育中占据着重要的地位。随着时代的变迁和社会的发展，学生群体的特点也在不断发生变化。这些特点不仅影响着学生的学习方式和态度，也会对思想政治教育提出新的要求和挑战。因此，了解学生群体的特点，结合思想政治教育的实际情况，积极探索创新的教育模式和方法，是当前高校思想政治教育工作中亟须关注和解决的问题。

学生群体的特点对思想政治教育的影响是多方面的。随着信息化时代的到来，学生对于思想政治教育的接受方式发生了明显变化，他们更倾向于通过互联网和社交媒体获取信息，并对传统的教育方式提出了挑战。学生群体的多样性和个性化特点也给思想政治教育带来了新的思考，需要根据不同学生的特点和需求，采取差异化的教育策略。学生群体普遍具有青春朝气和求知欲强的特点，这为思想政治教育工作者提供了广阔的发展空间，可以通过激发学生的自主学习潜能，促进其全面发展。因此，思想政治教育工作者需要深入了解学生群体的心理特点和需求，不断调整教育方法和手段，创新教育模式，以更好地引导学生健康成长。在这个过程中，不仅需要与时俱进，结合社会发展趋势，也需要保持敏锐的观察力和持续的学习态度，才能更好地适应学生群体变化带来的挑战，实现思想政治教育工作的良性发展。

当前高校思想政治教育现状分析：高校思想政治教育在传统的教学模式下存在一定局限性，学生参与度低、教学内容单一、教育方法陈旧等问题亟待解决。高校思想政治教育需要与时俱进，创新教学理念和方法，适应不断变化的社会发展需求，提升教学质量和效果。

高校思想政治教育的创新需求：随着社会的发展和进步，思想政治教育的内容和形式也需要不断创新。创新意味着要敢于挑战传统观念，敢于突破传统教学模式，积极引入新的教育理念和技术手段，提高学生的思想品德素养，培养他们的社会责任感和创新意识，使思想政治教育更加符合时代要求。

教师队伍的专业素养提升对教育创新的要求：教师是高校思想政治教育的重要组成部分，他们的专业素养直接影响着教育质量和效果。教师队伍需要不断提升自身的专业水平和教学能力，积极参与教育创新实践，探索适合当前社会发展需求的教育模式和方法，为学生提供更加优质的教育资源和服务。只有不断提高教师队伍的专业素养，才能更好地引领和推动高校思想政治教育的创新与发展。

教师队伍的专业素养提升对教育创新的要求是至关重要的。随着社会的不断发展，教师应当具备更高水准的专业知识和能力，以适应教育创新的需求。他们需要积极更新自己的教学理念和方法，提升自身的专业技能，不断学习新知识，与时俱进。只有这样，教师们才能更好地引领学生，激发他们的学习激情，培养他们的创新思维和实践能力。

在教育创新中，教师们还应当注重团队合作与交流。通过与同事们的交流和合作，共同探讨教学方法和课程设计，相互启发，共同进步。同时，教师们也需要关注学生的需求和反馈，灵活调整教学内容和方式，让教育更贴近学生，更符合时代潮流。

教师们还应当注重自身的终身学习和发展。教育领域的知识和技术日新月异，只有不断学习，不断提高自身的知识储备和教学能力，才能更好地应对教育创新的挑战。因此，教师们需要保持学习的热情，积极参加各类培训和学术交流活动，不断完善自己，为教育创新贡献力量。

教师队伍的专业素养提升对教育创新至关重要。只有教师们不断提升自身的能力和素养，才能更好地推动教育的创新与发展，为培养更多优秀的学生作出更大的贡献。希望广大教师们能够牢记教育使命，勇于创新，不断提升自我，为教育事业的发展贡献自己的力量。

当前高校思想政治教育的现状分析表明，存在着诸多问题和挑战。高校思想政治教育的传统模式逐渐显现出滞后和僵化的特点，无法完全适应当代大学生的需求和社会发展的变化。因此，急需对高校思想政治教育进行创新，提升其针对性和实效性，更好地引导大学生树立正确的世界观、人生观和价值观。

为适应全球化的高等教育形势，高校思想政治教育的发展导向也需作出相应调整。在全球化语境下，高校思想政治教育需更加注重开放性、多元化和包容性，吸收和借鉴国际先进教育理念和经验，积极融入国际教育体系，加强国际交流与合作，为培养具有全球视野和国际竞争力的高素质人才提供坚实的思想政治基础。

全球化背景下，高校思想政治教育的发展导向亟须强调创新和变革。创新是推动高校思想政治教育与时俱进、拓展教育新领域的关键。只有通过不断探索和实践，不断引入新理念、新方法、新技术，才能使高校思想政治教育始终具有生命力和活力，更好地适应社会发展的需要，更好地引导大学生的思想和行为。

当前高校思想政治教育面临发展压力和挑战，迫切需要进行创新和改革。在全球化背景下，高校思想政治教育应积极应对挑战，努力探索符合时代特点和发展趋势的新模式，不断提升教育质量和水平，为培养德智体美劳全面发展的社会主义建设者和接班人作出积极贡献。

在全球化背景下，高校思想政治教育的发展导向需要更加注重学生的全面发展和个性特点，引导学生树立正确的世界观、人生观和价值观。教育工作者应该关注学生的心理健康和情感体验，建立起更加开放包容的教育环境，激发学生的创新潜能和探索精神。

同时，高校思想政治教育的发展导向也需要更多地与国际接轨，加强国际交流与合作，引入国际先进教育理念和资源，培养具有国际视野和跨文化交流能力的优秀人才。高校应该积极组织学生参与国际学术交流和实践活动，让他们亲身感受不同文化背景下的思想碰撞和价值冲突，培养他们的国际竞争力和综合素质。

进一步而言，高校思想政治教育的发展导向还需要与时俱进，结合当今社会的现实需求和发展趋势，注重培养学生的社会责任感和创新精神，引导他们积极投身社会实践和公益事业。只有这样，高校思想政治教育才能真正发挥作用，为构建和谐稳定的社会环境、促进国家繁荣发展作出更大的贡献。

三、高校思想政治教育创新的路径探讨

在当前高校思想政治教育现状分析中，我们深刻认识到了教育工作中存在的挑战和不足。因此，探讨高校思想政治教育的创新路径是至关重要的。通过利用现代技术手段，我们可以更有效地加强思想政治教育，提升教育质量和效果。现代技术为教育提供了丰富的资源和平台，可以为学生提供更多样化的学习方式和体验，增强他们的兴趣和参与度，提高教育效果。同时，现代技术还可以帮助教师更好地掌握学生的学习情况，精准地制订教学计划和策略，个性化地指导学生的学习，实现精准教学，提高教育质量。通过结合现代技术和思想政治教育，我们可以打破传统教育的束缚，创新教学模式，激发学生的学习热情和创造力，推动高校思想政治教育的全面发展。

在当今社会，现代技术的发展日新月异，已经深深地渗透到了我们的生活和教育中。对于高校思想政治教育来说，利用现代技术手段加强教育工作的重要性不言而喻。现代技术为教育提供了无限可能，如虚拟现实、人工智能、大数据技术等，将带来前所未有的教学革新和教育改革。通过利用这些现代技术手段，我们可以更好地开展思想政治教育，提升教育水平和教学效果。

在利用现代技术手段加强思想政治教育的过程中，我们可以通过建设在线教育平台，推动教学资源的共享和开放，让学生随时随地都能获取到最新的学习资料和课程信息；利用人工智能技术，根据学生的学习情况和兴趣特点，个性化地制订教学方案和课程安排，实现精准教学，提升教学效果；利用大数据技术，分析学生的学习行为和学习数据，帮助教师更好地了解学生的学习状况，及时调整教学策略，提高教学质量。

除了以上提到的技术手段，还可以通过开展网络与思想政治教育相结合的活动和课程，使用虚拟现实技术进行思想政治实践教育，让学生身临其境，深刻体会思想政治教育的重要性和现实意义。总的来说，利用现代技术手段加强思想政治教育是为了更全面、更深入地提升教育质量，为学生的思想政治素质培养提供更好的保障和支持。随着科技的不断进步，我们有信心通过不懈的探索和努力，使思想政治教育更加符合时代要求，为培养德智体美劳全面发展的社会主义建设者和接班人作出更大的贡献。

高校思想政治教育是高等教育中的重要组成部分，其发展关乎着学生的全面素质和思想道德修养。当前，高校思想政治教育面临着新形势和新挑战，需要及时进行现状分析和探讨创新路径。在这个过程中，结合校园文化建设成为一种重要方式，可以有效促进思想政治教育的深入开展。

校园文化建设旨在打造良好的校园文化氛围，塑造积极向上的学术氛围和

价值取向。通过丰富多彩的文化活动和各类主题教育，学生能够增强对传统文化和社会主义核心价值观的了解和认同，提升思想境界和道德修养。在校园文化建设中融入思想政治教育元素，不仅可以增加学生对思想政治教育的接受度和认同感，还可以引导学生在各种文化活动中深入思考和反思，增强道德责任意识和社会责任感。

当下，高校思想政治教育正面临着信息化、全球化等多元化挑战，要想创新发展，就需要不断调整教育内容和教学方法，使之符合时代和学生的需求。在这方面，校园文化建设可以提供一个开放、包容、多元的教育环境，为思想政治教育的创新提供更多的可能性和机遇。通过校园文化建设，学生可以在参与各种文化活动和互动中体验、感悟到思想政治教育的重要性和深刻内涵，从而增强自身的思想修养和文化自信。

总的来说，结合校园文化建设促进思想政治教育，是当下高校思想政治教育发展的一个重要方向。只有不断创新、与时俱进，不断完善校园文化建设，才能更好地激发学生的思想活力和创造潜能，为培养德智体美劳全面发展的社会主义建设者和接班人作出积极贡献。相信未来，在校园文化建设的引领下，高校思想政治教育将迎来更加美好的发展前景。

校园文化建设作为促进思想政治教育的有效手段，其重要性与必要性不言而喻。在当今社会，学生群体面临着百花齐放的文化多样性，如何在这样一个开放、包容的环境中进行思想政治教育的创新，成为亟须解决的问题。校园文化建设提供了一个交流和交融的平台，让学生们能够在参与各种文化活动和互动中感受到思想政治的力量和魅力。

通过校园文化建设，学生们得以感受到思想政治教育的重要性和深远影响，从而在实践中增强了他们的思想修养和文化自信。在这样的教育环境下，学生们不仅能够培养自己的创新精神和独立思考能力，更能够拓展自己的国际视野和文化胸怀。校园文化建设不仅为学生们提供了一个展示自我、表达个性的舞台，也为他们创造了一个和谐、积极的学习氛围。

在未来的发展中，随着校园文化建设的不断完善和提升，高校思想政治教育将迎来更广阔的发展空间。这种促进思想政治教育的方式不仅可以激发学生的学习积极性，更可以促进他们全面发展，成为具备扎实思想基础和社会责任感的新时代青年。相信随着各方共同努力，校园文化建设将为高校思想政治教育的蓬勃发展提供坚实支撑，为培养更多优秀人才作出更加重要的贡献。

第二节　未来高校思想政治教育趋势展望

一、思想政治教育的内容和形式变革

　　高校思想政治教育的内容和形式变革也应该与时俱进，紧密结合学生的需求和实际情况进行设计。通过深入了解学生的思想观念、价值观念和认知水平，可以更好地制订针对性的教育内容和形式，从而提高教育效果。基于学生需求的教育内容设计是一种有针对性、个性化的教育方式，能够激发学生的学习兴趣，增强他们的学习动力，有助于培养学生的创新思维和实践能力。在内容设计上，应该注重与学生现实生活和学习实践相结合，注重培养学生的社会责任感和实践能力。同时，在形式变革上，可以采用多样化的教学方法，如案例教学、讨论课、实践教学等，激发学生的学习热情，提高他们的学习主动性和参与性。只有不断地调整和改进教育内容和形式，才能更好地适应学生需求，更好地实现高校思想政治教育的创新与发展。

　　基于学生需求的教育内容设计是一项至关重要的任务。我们需要深入了解学生的思想观念、价值观念和认知水平，以此为基础进行内容制订。个性化的教育方式能够激发学生的学习兴趣，增强他们的学习动力，培养他们的创新思维和实践能力。在教育内容的设计上，我们应该与学生的现实生活和学习实践相结合，注重培养学生的社会责任感和实践能力。

　　同时，形式的变革也是十分重要的。除了传统的讲课方式外，还可以采用多样化的教学方法，如案例教学、讨论课、实践教学等，以激发学生的学习热情，提高他们的学习主动性和参与性。只有不断地调整和改进教育内容和形式，才能更好地适应学生需求，真正实现高校思想政治教育的创新与发展。

　　因此，学校应该持续关注学生的需求和变化，及时进行内容和形式的优化和调整。只有不断地迭代更新教育方式，才能使学生在学习过程中获得更深刻的体验和收获，从而更好地应对未来的挑战。通过积极主动地与学生交流互动，我们能够更好地了解他们的需求，为他们提供更具有价值和实效性的教育内容和形式。这样才能实现教育的目的，让学生在学习中真正受益，为社会作出贡献。

　　在面向未来社会形势的教育形式探索中，高校思想政治教育需要不断创新，探索适应时代发展的新路径。当前高校思想政治教育存在着一些不足和挑战，需要积极应对。未来，高校思想政治教育将在内容和形式上进行更为深刻的变革，以适应复杂多变的社会形势。

思想政治教育的内容和形式的变革是当前高校面临的迫切需求，倡导学生思想品德教育，引导学生树立正确的人生观、世界观、价值观，是教育的根本任务。高校应当通过多种形式和方法，如课程设置、活动组织等，将思想政治教育融入学生日常学习生活之中，形成全方位的教育体系，使学生从学校到社会都受益。

在面向未来社会形势的教育形式探索中，高校思想政治教育需要更加注重学生的个性化需求和发展潜力，实施因材施教，培养学生的独立思考能力和创新精神。高校应当积极倡导学生参与社会实践和志愿活动，拓宽学生的社会视野，增强实践能力，提升社会责任感和使命感，从而更好地适应未来社会的发展需求。

面向未来社会形势的教育形式探索是高校思想政治教育创新的必然要求，为了培养德智体美全面发展的社会主义建设者和接班人，高校应积极探索符合时代潮流和社会需求的教育模式，引领学生不断探索、自我实现，为实现中华民族伟大复兴的中国梦贡献力量。

面向未来社会形势的教育形式探索中，高校还应该重视培养学生的团队合作精神和领导能力，通过开展各类团队活动和项目实践，促进学生之间的合作与交流，培养他们在团队中协调沟通、分工合作的能力，从而更好地适应未来社会的竞争与合作环境。

高校还应当加强对学生的职业规划和就业指导，通过开设职业生涯规划课程和实习实训项目，引导学生更好地认识自我、认清就业方向，提高自身就业竞争力，为未来社会的就业市场做好充分准备。

除此之外，高校还应当注重学生的心理健康教育，建立心理健康辅导中心和机构，为学生提供情绪管理、压力释放等方面的指导和服务，帮助他们建立积极健康的心态和心理素质，从而更好地适应未来社会的挑战和压力。

总的来说，面向未来社会形势的教育形式探索需要高校综合发挥教育教学、科研创新、社会服务等功能，全方位培养学生的综合素质和能力，使之在未来社会中能够胜任各种角色和挑战，为社会发展和进步作出更大的贡献。

高校思想政治教育正处于一个关键的发展阶段，需要不断进行创新和改革。为了适应时代的发展和满足学生的需求，我们需要探讨新的路径和方法来推动高校思想政治教育的发展。未来，高校思想政治教育将朝着更加开放、多元的方向发展，内容和形式也将发生更大的变革。改革教育评价体系，倡导学生独立思考和创新，将成为未来高校思想政治教育的重要趋势和发展方向。愿我们共同努力，为高校思想政治教育的创新与提升贡献自己的力量。

高校思想政治教育在当今社会中扮演着至关重要的角色，其发展与改革需要不断进行创新。随着时代的不断提升和学生需求的不断变化，我们需要寻找更加有效的路径和方法来推进高校思想政治教育的发展。在未来的道路上，我们将迎来更加开放、多元的教育环境，教育内容和形式也将发生着翻天覆地的变革。

改革教育评价体系，引导学生独立思考和创新，注重培养学生的批判思维和创造力。通过对学生的自主学习和独立研究的引导，让他们在实践中不断提升自己的思考能力和创新意识。在教育评价方面，应该注重学生的综合素质和创新能力的培养，给予他们更多的发展空间和鼓励。

未来，高校思想政治教育将致力于打造更加开放包容的学术氛围，鼓励学生从不同的角度思考问题，接纳不同的观点和思想。教育内容将更加注重学术研究和实践能力的培养，让学生在实践中不断提升自己的专业素养和创新意识。高校思想政治教育的未来发展，需要我们共同努力，为高校思想政治教育的创新与提升贡献自己的力量。希望在不久的将来，我们能够见证高校思想政治教育取得更大的进步和发展。愿我们一起携手前行，为教育事业的蓬勃发展而努力奋斗。

高校思想政治教育的全面性和系统性是当前发展的重要方向。通过不断提高教育内容的深度和广度，促进学生思想政治素养的全面提升。同时，建立系统完善的教育体系和机制，确保思想政治教育的连续性和持续性。只有这样，才能更好地培养出德智体美劳全面发展的社会主义建设者和接班人。

通过提高高校思想政治教育的全面性和系统性，可以更好地引导学生树立正确的世界观、人生观和价值观，使其具备较强的社会责任感和使命感。在教育内容的深度和广度不断提升的过程中，学生将更加深刻地理解国家发展的重要战略方向和未来发展的责任所在。建立系统完善的教育体系和机制，有助于确保学生在不同阶段接受思想政治教育，从而形成积极向上的人生态度和社会行为规范。

只有通过全面性和系统性的思想政治教育，学生才能在知识和技能的基础上，具备较高的思想政治素养和道德修养，从而能够更好地适应社会发展的需要。这样培养出的毕业生不仅在学术上有所造诣，在社会实践中也能够胜任各种不同的职业和岗位，成为推动社会进步和繁荣的中坚力量。

高校思想政治教育的全面性和系统性是当前发展的重要方向，也是为了更好地推动社会主义建设事业向前发展所必须做出的努力。只有让学生在全面发展的基础上，真正实现德智体美劳全面发展，才能够培养出具有创新精神和责任担当的社会主义建设者和接班人。

二、思政教育改革与学生思想政治素质提升

高校思想政治教育的创新要紧随时代发展的步伐，注重培养学生自主学习和批判思维能力。通过不断改革教育模式，激发学生的学习兴趣，引导他们积极探索和思考。培养学生批判思维能力，可以帮助他们辨别信息真伪，提高分析问题的能力。同时，鼓励学生参与讨论和辩论，培养他们的表达能力和辩证思维能力。这样的教育方式不仅可以提升学生的学术水平，更能够加强他们对社会现实的认识和理解。通过这样的教育模式，学生可以更好地适应社会的变化，成为具有独立思考能力和创新能力的人才。

高校思想政治教育的创新需要与时俱进，为学生提供更多元化的学习机会和思考空间。通过开设多样化的课程和活动，激发学生对知识的渴望和对未知领域的探索欲望，引导他们在思考问题时敢于挑战现有的观念和思维模式。这样的教育方式可以培养学生的自主学习精神，让他们在学习过程中主动思考、积极探索，不断提升自身的能力和素养。

在培养学生的批判思维能力方面，不仅要倡导学生审视信息的来源和真实性，还要引导他们善于对所学知识进行深入思考和分析。通过让学生参与讨论和辩论，鼓励他们表达自己的见解和观点，促使他们形成独立的思考和判断能力。通过这样的实践活动，学生可以培养辩证思维能力，培养批判性思维，不仅能够更好地理解问题的本质和内在联系，还能够在面对现实挑战时做出明智的选择和判断。

高校思想政治教育的创新应该着眼于培养学生的综合素质和人文精神，引导他们树立正确的人生观和价值观。通过注重学生的情感与情感智慧的培养，激发他们对美好生活的向往和对社会责任的担当，使他们在成长过程中不忘初心，始终怀揣着对社会的热爱和对知识的追求。这样的教育方式不仅可以提升学生的学术水平，更能够让他们成为具有独立思考和创新能力的有担当有情怀的新时代人才。

在当前高校思想政治教育的环境下，如何促进学生的社会责任感和公民素养已成为亟待解决的问题。通过对高校思政教育改革与学生思想政治素质提升的探讨，可以为未来的发展趋势提供一定的借鉴和指引。学校应该从思政教育的角度入手，通过创新的教学方式和内容，引导学生树立正确的社会价值观和公民意识，培养他们具有社会责任感和公民素养的品质。只有这样，才能真正实现高校思政教育的目标，为培养德智体美劳全面发展的社会主义建设者和接班人作出应有的贡献。

在当前高校思想政治教育的环境下，学校应该注重培养学生的社会责任感

和公民素养，这是一个亟待解决的问题。通过对高校思政教育改革的探讨，可以为未来的发展趋势提供一定的借鉴和指引。为了实现这一目标，学校可以从教学方式和内容入手，积极引导学生树立正确的社会价值观和公民意识。在课堂上，教师可以设计一些启发性的教学活动，让学生通过实际操作和体验，深刻理解社会责任的重要性。同时，学校也可以组织各种形式的社会实践活动，让学生走出校园，亲身体验社会，增强他们的社会责任感和公民素养。除此之外，学校还可以开设相关课程，如公民教育、社会实践等，帮助学生全面提升自身素质。通过这些举措，可以真正实现高校思政教育的目标，为培养德智体美劳全面发展的社会主义建设者和接班人作出积极贡献。愿我们共同努力，让每个学生都成为一个有担当、有责任感的公民。

在当前时代，随着社会的不断发展变化，高校思想政治教育也面临着新的挑战和机遇。为了提高学生的思想政治素质，重要的一项任务就是加强学生的道德情操和职业道德培养。道德情操是一个人内心深处的品质，是一个人价值观、行为准则和人格特征的统一体现；而职业道德则是指在专业领域中应当遵循的道德规范和职业操守。加强学生的道德情操和职业道德培养，既是高校教育责任的体现，也是社会对高校教育的期待。

在教育实践中，高校需要注重培养学生的道德情操，引导学生正确认识、积极培养和坚定信仰，促使他们树立正确的人生观、价值观和世界观。通过道德情操的培养，可以提升学生的道德修养和文明素养，使他们具备正确的道德品质和社会责任感，成为具备良好道德风貌的社会人才。

同时，高校也需要注重培养学生的职业道德。在专业领域中，学生需要遵守相关的职业操守和职业道德规范，保持职业的正直、诚信和责任感。通过职业道德的培养，可以提高学生的职业素养和专业技能，使他们能够胜任未来的职业工作，成为品德高尚、业务精湛的优秀人才。

加强学生的道德情操和职业道德培养是当前高校思想政治教育的重要任务。只有通过全面的教育和培养，才能使学生在道德和职业领域都具备较高的修养和素质，为未来的社会发展和个人成长奠定坚实的基础。希望高校能够在思想政治教育中加强对学生道德情操和职业道德的培养，为培养德才兼备的社会栋梁作出贡献。

加强学生的道德情操和职业道德培养是高校思想政治教育的长远目标和责任。通过道德情操的培养，学生可以树立正确的人生观、价值观和行为规范，使其在面对人生挑战和诱惑时能够保持定力和坚守初心。同时，在职业道德的引导下，学生能够明确自己在专业领域内的责任和使命，自觉遵守行业规范，维护职业操守，有效地规范自己的行为和言行。

在实施过程中，高校可以通过开展各种形式的思想政治教育活动，引导学生深入了解社会文明和道德规范，激发他们的责任感和社会担当。高校也可以通过课程设置和师生互动，注重在日常教学中渗透道德要求和职业标准，引导学生树立正确的职业观念和操守。学校还可以通过实践课程和社会实践活动，让学生在实际工作中体验职业道德的重要性，培养其良好的职业素养和精湛的专业技能。

总的来说，加强学生的道德情操和职业道德培养是高校育人工作的重要内容，也是培养德才兼备的社会栋梁的基础。只有通过持续不断的教育和引导，才能使学生在道德和职业领域都具备高尚的品质和素养，为个人成长和社会发展贡献力量。希望高校在未来的工作中能够更加注重学生的道德情操和职业道德培养，为建设和谐、文明的社会提供更多优秀人才。

三、高校思想政治教育与国家发展紧密结合

在当前高校思想政治教育现状分析中，我们必须认识到高校思想政治教育的重要性和紧迫性，需要寻找创新的路径。高校思想政治教育创新的路径探讨是一个艰巨的任务，但也是必不可少的。未来高校思想政治教育的趋势展望是值得期待的，我们需要不断适应时代潮流，与国家发展紧密结合。只有推进高校教育体系和国家制度的互动发展，才能使高校思想政治教育真正发挥作用，为社会发展作出积极贡献。

在当前社会背景下，高校思想政治教育面临着新的挑战和机遇。作为高等教育体系中不可或缺的一环，思想政治教育的创新和发展显得尤为重要。要想实现高校思想政治教育的真正意义，我们需要不断探索和尝试新的途径和方法。

高校思想政治教育需要与时俱进，适应当代大学生的需求和特点。随着社会的不断进步和发展，学生的思想观念也在不断变化，传统的思想政治教育方式已经无法完全满足他们的需求。因此，高校应该注重挖掘学生的兴趣点和需求，引导他们积极参与思想政治教育中来。

高校思想政治教育要与现实社会相结合，强化实践教育环节。只有让学生在实践中感受到思想政治教育的重要性，才能真正激发他们的积极性和创造力。高校可以通过组织社会实践、参与社区服务等方式，让学生将所学的理论知识运用到实践中去，从而更好地理解和领会思想政治教育的内涵。

高校思想政治教育还需要借助先进的科技手段，打破时空限制，扩大教育

资源的覆盖范围。通过网络教育、在线课程等途径，高校可以将思想政治教育延伸到更广泛的群体中，让更多人受益于高等思想政治教育的成果。

总的来说，推进高校教育体系和国家制度的互动发展，是高校思想政治教育创新的重要保障。只有不断寻求创新和进步，不断适应时代要求，高校思想政治教育才能真正发挥作用，为社会的进步和发展贡献自己的力量。这是一个崭新的征程，我们期待高校思想政治教育在未来的发展中取得更加显著的成就。

高校思想政治教育在当前社会发展背景下面临着很多挑战和困境，需要通过创新的路径探讨来解决。未来，高校思想政治教育将面临更多的机遇和挑战，需要做出更多的努力来适应时代的变化。高校思想政治教育与国家发展密不可分，需要与国家发展战略相结合，为国家发展贡献力量。落实国家精神文明建设与高等教育共建共享理念，是高校思想政治教育发展的关键所在，也是高校使命的体现。

在当前社会背景下，高校思想政治教育需要不断创新，以迎接更多挑战和机遇。高校作为国家培养人才的摇篮，其思想政治教育的重要性不言而喻。在未来的发展中，高校需要更加积极主动地融入国家发展战略，为国家的繁荣稳定贡献力量。

高校思想政治教育需要以时代为背景，深入挖掘中华优秀传统文化，强化学生的国家意识和社会责任感。在这个全球化竞争激烈的时代，高校思想政治教育必须紧跟时代步伐，不断引导学生树立正确的人生观、价值观和世界观。

为了实现国家精神文明建设与高等教育共建共享理念，高校需要加强师资队伍建设，培养更多具有国际视野和创新精神的优秀教师。同时，高校还应该支持和鼓励学生参与社会实践活动，培养他们的团队合作精神和创新能力。

高校的历史使命在于为国家长远发展贡献智慧和力量。因此，高校思想政治教育不仅要注重传承经典文化，更要培养学生独立思考和创新精神。只有这样，高校才能真正走在时代的前沿，助力国家繁荣昌盛。愿高校思想政治教育一路前行，与国家发展融为一体，共创美好未来。

高校思想政治教育在当前社会发展中扮演着重要的角色，对于培养学生正确的思想观念和政治立场具有重要意义。随着社会的不断发展，高校思政教育也面临着新的挑战和机遇。在未来，高校思政教育需要不断创新，与国家的发展需求紧密结合，为国家治理提供坚实的人才支持。只有不断提升高校思政教育在国家治理中的地位和作用，才能更好地适应时代的发展，促进国家的繁荣和稳定。

高校思政教育在当前社会发展中扮演着重要的角色，对于培养学生的正确思想观念和政治立场至关重要。随着时代的变迁和社会的发展，高校思政教育需要与时俱进，不断创新理念和方法，以适应新形势下的需求。在这个信息快速传播的时代，高校思政教育也需要利用新媒体和技术手段，提高教育质量和效果。

同时，高校思政教育还需要注重实践教育，让学生在实践中增长才干，培养责任感和担当精神。培养学生的创新精神和实践能力，是高校思政教育的重要任务之一。只有通过实践，学生才能更深刻地理解理论知识，形成正确的人生观和价值观。

高校思政教育还需要与国家的发展战略紧密结合，培养符合国家需求的人才，为国家的繁荣和稳定贡献力量。高校应该着力培养具有创新精神、团队合作能力、社会责任感的优秀人才，为国家建设和发展注入新的活力。

在未来的发展中，高校思政教育需要不断完善制度建设，提高教师队伍素质，创新教学方法，健全评价体系，确保高校思政教育的有效开展。只有如此，高校思政教育才能在国家治理中发挥更大的作用，对社会的进步和发展起到更加积极的推动作用。愿高校思政教育在新的时代里，不断进步，为培养社会主义建设者和接班人而努力奋斗。

四、高校思想政治教育与学科教育的结合

当前高校思想政治教育现状分析是一项重要的任务，需要探讨其创新路径。未来高校思想政治教育的趋势展望也是我们需要关注的焦点。高校思想政治教育与学科教育的结合是推动整体教育发展的关键。促进学科教学与思想政治教育的有机融合，对于提高学生的综合素质具有重要意义。通过深入研究和探讨，我们可以找到更有效的方式来促进这种融合，从而推动高等教育事业朝着更加全面发展的方向前进。

高校思想政治教育的现状分析既是一项挑战，也是一次机遇。当前，学生思想观念多元化，传统教育模式已经不再适用。因此，如何创新思想政治教育，引领学生积极树立正确的世界观、人生观、价值观，成为摆在我们面前的重要课题。未来高校思想政治教育的趋势展望是更加注重个性化、多元化，聚焦于培养学生创新精神和实践能力。

高校思想政治教育与学科教育的有机融合是提高人才培养质量的根本保证。在学科教学中，融入思想政治元素，使学生在学习过程中不仅能够获取知识，还能够增进对国家、社会的认识，形成正确的社会主义核心价值观。这种

有机融合不仅有利于学生思想道德素质的培养,还有助于提升学生的创新意识和实践能力。

促进学科教学与思想政治教育的有机融合,需要高校加强对师资队伍的建设,提高教师的思想政治素养和学科专业水平。只有深入研究和探讨,在日常教学中注重渗透思想政治教育元素,我们才能找到更有效的方式来实现这种融合,推动高等教育事业不断向前发展。

在未来的道路上,高校思想政治教育与学科教育的有机融合将继续发挥重要作用,将为培养德智体美劳全面发展的社会主义建设者和接班人提供坚实基础。这不仅是教育工作者的使命,也是国家和社会的期盼。愿我们共同努力,为高等教育事业注入更多正能量,为祖国培养更多优秀人才作出贡献。

高校思想政治教育与学科教育的结合,是当前高校教育体系中一个重要的议题。强化专业教育与思想政治素质培养的统一性,是高校论文导师们需要思考的重要问题。当前高校思想政治教育现状分析显示,学生在专业学习的同时,也需要具备扎实的思想政治素质。而高校思想政治教育创新的路径探讨,则是为了更好地结合专业教育和思想政治教育,让学生在学习专业知识的同时,也具备正确的思想政治观念。

未来高校思想政治教育趋势展望,应该是更加注重专业教育与思想政治素质培养的统一性。这意味着高校在教育教学过程中,要将专业知识和思想政治教育相互融合,使学生在学习专业知识的同时,也能够树立正确的思想政治观念。只有这样,才能真正培养出思想政治坚定、专业素养过硬的高素质人才。

强化专业教育与思想政治素质培养的统一性,不仅仅是高校的责任,也是每一位教师和学生共同的责任。只有通过共同努力,才能够实现学生的全面发展,让他们在专业领域取得成功的同时,也有正确的价值观和思想政治观念。这样的高校教育体系,才能够真正培养出符合社会需求、有担当有责任的优秀人才。

在未来高校思想政治教育的趋势中,专业教育与思想政治素质培养的统一性将成为教育的重要方向。教育者需要意识到,仅有专业知识的学习是不够的,同样重要的是培养学生正确的思想政治观念。这样的培养模式可以帮助学生建立正确的世界观、人生观和价值观,同时巩固他们的专业素养。

高校的教育体系需要更多地注重学生综合素质的培养,而非只局限于传授学术知识。教育机构应该创造更多的机会让学生实践思想政治素质,通过实践来提升他们的思想道德水平和社会责任感。只有这样,学生才能真正成为具有综合素质的优秀人才。

教师是学生成长道路上的引路人,他们需要不仅关注学生的专业学习,也要关注学生的思想政治教育。教师们应该以身作则，成为学生正确思想政治观念的榜样，并引导学生积极参与社会实践活动，增强他们的社会责任感和使命感。

学生在接受专业教育的同时，也要主动参与思想政治教育，主动担当自己的社会责任。他们应该意识到，只有在树立正确的思想政治观念的同时，努力学习专业知识，才能够成为社会需要的高素质人才。因此，学生们需要自觉地将专业学习与思想政治素质培养相结合，不断提升自己的综合素质。

未来高校思想政治教育的重点是培养具备专业素养和正确思想政治观念的高素质人才。只有通过强化专业教育与思想政治素质培养的统一性，学校才能够真正实现教育的使命，让学生成为社会的栋梁之材。

高校思想政治教育的发展趋势逐渐呈现出多元化、个性化的特点，要求教育者在传统教育理念的基础上进行创新和突破。当前，高校思想政治教育在教学内容、教学方法、教学手段等方面都呈现一定的创新趋势，但仍存在着诸多挑战和问题。为了更好地适应时代发展的需求，高校思想政治教育必须进行改革与创新，探索符合时代潮流和学生需求的教育模式。

高校思想政治教育要与学科教育相结合，打破学科壁垒，促进全面发展。过去传统的思想政治课程往往被视为独立的理论课，与学科教育的联系较少，学生对思想政治教育的认识和理解有一定局限性。因此，高校思想政治教育需要与各学科相结合，通过跨学科的教学方式，使思想政治教育真正融入学科教育中，使学生在学习过程中能够更好地理解和应用思想政治知识。

未来，随着社会的不断发展和学生群体的多样化，高校思想政治教育将会更加注重个性化教育，以满足学生多样化的需求和特点。高校思想政治教育在教育内容、教育形式和教育方法等方面将会进行更深层次的创新和优化，更好地适应时代的变化和学生的发展需求。

高校思想政治教育的创新之路仍然任重而道远，需要教育工作者及时把握时代脉搏，不断进行教育实践和探索，为高校思想政治教育的发展注入新的活力和动力。只有不断创新，不断完善，高校思想政治教育才能更好地发挥其作用，培养出更多德智体美劳全面发展的优秀人才。

在未来，高校思想政治教育将会朝着更加开放、多元的方向发展。教育者需要积极探索学科间的交叉融合，为学生提供更加立体、多样化的学习体验。通过引入跨学科的教学方式，可以激发学生对思想政治教育的兴趣，使他们在学习中更加主动、积极地去探索和思考。

同时，高校思想政治教育也需要更加注重实践与体验，促进学生的全面发展。通过组织各类社会实践活动、思想政治教育主题演讲等形式，可以使学生更加深入地了解国家政策、社会现状，培养其批判性思维和解决问题的能力。

高校思想政治教育的创新还需要加强与现实社会的联系，引导学生从课堂走向社会，将所学知识与实际工作相结合。只有这样，学生才能更好地将思想政治教育的理论知识运用到实际工作中，真正做到知行合一。

高校思想政治教育的创新不仅是对传统教育模式的突破，更是对教育本身的不断完善与提升。只有不断开拓创新，不断适应时代的变化，高校思想政治教育才能更好地为培养社会主义建设者和接班人而努力。愿我们共同努力，书写新时代高校思想政治教育的精彩篇章。

当前，高校思想政治教育正面临着新的挑战和机遇。为了更好地适应时代发展的需求，我们必须思考如何创新高校思想政治教育的路径。未来，高校思想政治教育将朝着多元化、实践化和国际化的方向发展。在这一过程中，学科教育与思想政治教育的结合将起到至关重要的作用。只有通过互相促进，两者才能共同发展，推动学生全面发展并在现代社会中更好地立足。

在推动学科教育与思想政治教育互相促进、共同发展的过程中，高校需要不断探索适合时代潮流的创新之路。一方面，学科教育应更加注重实践能力的培养，让学生能够将所学知识运用到实际工作中去，真正做到学以致用。另一方面，思想政治教育也需要与时俱进，注重国际化视野的拓展，帮助学生更好地了解世界格局和国际关系。

在多元化发展的趋势下，高校应该为学生提供更广阔的学习空间和发展平台，鼓励他们参与各种学术和社会实践活动。只有通过积极参与并实践，学生才能全面提升自身素养，并更好地适应社会发展的需要。

高校还应该加强学科教育与思想政治教育的融合，让学生在学习专业知识的同时，也能够培养良好的思想道德素养。通过思想政治教育的引导，学生将更加懂得如何正确看待世界、如何做一个有担当的公民，从而更好地为社会作出积极的贡献。

总的来说，只有推动学科教育与思想政治教育互相促进，高校才能培养出更多全面发展、具有国际竞争力的优秀人才。这不仅符合时代需求，也是高校教育的使命和责任。通过不懈努力和创新，我们相信高校教育一定能迎接挑战，把握机遇，为社会发展和进步贡献力量。

高校思想政治教育在当前社会背景下面临着新的挑战和机遇，如何创新教育方式，深化思想政治教育内涵，是当前高校教育领域亟待解决的重要问题。应当在坚持马克思主义基本原理的前提下，更加注重学生思想政治素质的培养，引导学生树立正确的世界观、人生观、价值观，逐步形成健康的人格和道德观。只有将思想政治教育与学科教育有机结合，才能更好地提升整体教育质量，推动学生全面发展，培养德智体美全面发展的社会主义建设者和接班人。

在当前社会背景下，高校思想政治教育的新挑战和机遇需要我们更加灵活应对。在加强学科教育的同时，我们应注重引导学生从根本上树立正确的人生观和价值观，培养他们积极向上的思想品质。通过开展多样化的思政教育活动，激发学生的思想潜能，引导他们探索人生意义，促使他们逐步确立正确的人生目标和追求。同时，我们还应强化学校文化建设，打造良好的教育氛围，让学生在潜移默化中接受正确的思想熏陶。

进一步深化思想政治教育内涵，需要我们注重发展学生的创新意识和批判思维能力。引导学生在学科教育中不断思考问题、质疑现象，培养他们敢于挑战权威、勇于创新的精神。只有这样，学生才能真正掌握知识，拥有独立思考的能力，成为对社会具有积极影响力的人才。

和学科教育有机结合，是提升整体教育质量的关键。通过将思想政治教育融入学科教学中，让学生在掌握专业知识的同时，树立正确的世界观和人生观。只有这样，学生才能在实践中运用所学知识，正确处理复杂的社会关系，为社会发展作出积极贡献。在全面培养学生的同时，也要注重个性发展，尊重学生的个性特点，让他们在充分发挥自己潜能的同时，认识到个体与社会的关系，树立正确的人生追求和社会责任感。这样，我们才能培养出更多德智体美全面发展的优秀社会主义建设者和接班人。

第三节　高校思想政治教育创新的实践与成效

一、高校思政教育实践的案例研究

某高校通过对思政教育改革的实践案例进行深入分析，发现在当前高校思想政治教育现状下，创新的路径探讨是至关重要的。未来高校思想政治教育的趋势展望需要更加重视思政教育与学科教育的结合，促进学生全面发展。高校思想政治教育创新的实践与成效将直接影响思政教育实践的案例研究，为高校思政教育的改革提供有益的借鉴和经验。

在某高校的思政教育改革实践案例分析中，我们可以看到，思政教育的重要性日益凸显。随着社会的不断发展和进步，高校思政教育也在不断探索和创新。通过对实践案例的深入研究，我们发现，只有不断改革和创新，才能更好地适应时代的需求和学生的成长。高校思想政治教育应当走向多元化，注重培养学生独立思考和解决问题的能力。

在未来，高校思政教育将更加注重思政教育与学科教育的结合。只有在学科教育中渗透思政教育，才能促进学生的全面发展。高校思政教育的改革需要立足于实践，不断完善教育模式，提高教学质量。只有这样，高校思政教育的创新才能真正取得成效。

高校思政教育改革的实践与成果是密不可分的。通过案例研究，我们可以找到改革的路径和方向，为高校思政教育提供宝贵的经验和借鉴。只有不断总结和反思，才能真正推动高校思政教育的进步和发展。高校思政教育的未来将更加光明，让我们共同努力，为高校思政教育的改革贡献自己的一份力量。愿思政教育在未来的道路上越走越宽广，成为学生成长道路上的重要支柱。

在高校思政教育方面，一些学校采取了创新的方式进行教育实践，取得了一定的成效。比如某高校探索将思政教育与学科教育相结合，通过开设跨学科教育课程，引导学生全面发展。一些学校加强师生互动，建立了导师制度，为学生提供个性化的思政教育指导。还有学校通过开展社会实践活动，培养学生的社会责任感和创新精神。这些典型经验的介绍为高校思政教育创新提供了有益的借鉴和参考。

在高校思政教育方面，一些学校不断探索创新，积极推动教育改革。例如，有的学校开设了以思政为主题的讲座和研讨会，邀请专家学者授课，引导学生深入思考社会现状和发展趋势。同时，一些学校还开展了以学生为主体的活动，如辩论赛、主题演讲比赛等，激发学生的热情和创造力，培养他们的思辨能力和领导才能。

一些学校注重修养学生的道德品质和社会责任感。他们在课程设置中融入了伦理道德、社会公德等内容，通过案例分析、讨论互动等形式，引导学生树立正确的人生观和价值观。同时，在校园文化建设方面，一些学校注重倡导阳光向上、积极向善的校园氛围，营造健康和谐的人际关系，培养学生积极向上的生活态度和文明礼貌的行为习惯。

更进一步的，一些学校将社会实践纳入思政教育中，组织学生参与社会公益活动、志愿者服务等，让他们深入社会，感受社会的温暖与残酷，培养学生对社会的关爱和责任感。通过这些活动，学生不仅可以将学到的理论知识应用到实践中，还可以锻炼团队合作能力、解决问题的能力，为他们未来的发展奠定坚实的基础。

总的来说，高校思政教育的创新并非止步于一时，而是持续不断地探索和实践。这些丰富多彩的教育方式和途径，为培养德智体美全面发展的社会主义建设者和接班人提供了有益的经验和启示。希望更多的高校能够借鉴这些典型经验，不断探索创新，为思政教育事业注入新的活力和动力。

二、高校思想政治教育创新成效评估

当前高校思想政治教育现状分析内容如下：高校思想政治教育正处在转型升级的关键时期，面临诸多挑战和困扰。传统的思政教育模式已经不能完全适应当代大学生的需求，需要不断创新和改进。高校思想政治教育创新的路径探讨：探索符合时代要求和学生特点的思政教育新模式，加强师生互动，注重实践教育，引导学生树立正确的人生观、价值观和世界观。未来高校思想政治教育趋势展望：随着社会的不断变革和进步，高校思想政治教育将继续向多元化、个性化、全面发展的方向发展，努力培养德智体美劳全面发展的社会主义建设者和接班人。高校思想政治教育与学科教育的结合：思政教育与学科教育相互渗透、相互促进，才能达到最佳效果。高校思想政治教育创新的实践与成效：不断实践和探索新的教育方式和方法，推动思政教育取得更好的成效。高校思想政治教育创新成效评估：及时对思政教育的成果和效果进行评估，为下一步改进和发展提供依据。思政教育改革对学生成长成才的影响评价：思政教育的改革对学生成长成才具有重要的推动作用，可以帮助他们明确自己的人生目标和方向，提升综合素质和能力，为将来的工作和生活打下坚实的基础。

高校思想政治教育的改革与创新是为了更好地促进学生成长成才，让他们在不断变革和进步的社会中能够把握自己的未来，实现自身的人生目标。思政教育的多元化和个性化发展可以帮助学生更好地了解自己，明确自己的发展方向，激发他们内在的潜能，培养出全面发展的社会主义建设者和接班人。思政教育与学科教育相互渗透、相互促进，给学生提供了更丰富和全面的学习资源，有利于他们综合素质和能力的提升。高校思想政治教育的创新实践不断推动教育方式和方法的探索，为学生成长成才提供了更多的可能性和机遇。对思政教育的成果和效果进行及时的评估，可以为下一步的改进和发展提供重要依据，确保思政教育不断朝着更好的方向发展。思政教育改革对学生成长成才的影响评价是一个动态的过程，在这个过程中，学生们可以更好地认识自己、发展自己，在成长的道路上不断突破自我，实现自身的人生目标。高校思想政治教育的改革不仅仅是对学生个体的影响，更是对整个社会的影响，可以为社会主义建设和发展培养更多更优秀的接班人。

当前，高校思想政治教育面临诸多挑战和机遇。在新时代背景下，高校思想政治教育必须与时俱进，不断进行创新改革。通过探讨创新的路径，可以为未来高校思想政治教育的发展提供新的思路和方法。

未来，高校思想政治教育将面临更多复杂的挑战和机遇。只有不断创新，才能适应时代的发展需求，提高教育质量和水平。同时，高校思想政治教育需要与学科教育相结合，促进学生全面发展，培养德智体美劳全面发展的社会主义建设者和接班人。

在实践中，高校思想政治教育的创新必须注重实效性和成效评估。只有不断总结经验，评估成效，才能更好地提升教育质量，推动高校综合实力的提升。

综合实力的提升与思想政治教育创新息息相关。只有不断探究二者之间的关系，才能更好地促进高校的综合实力提升，实现高等教育事业的全面发展。高校思想政治教育创新是高校综合实力提升的重要路径和手段，值得深入探讨和研究。

因此，高校思想政治教育创新与高校综合实力提升的关系是一个值得关注和研究的课题，只有深入探讨，才能更好地推动高校思想政治教育的发展，提高高校的综合实力，为社会主义现代化建设提供有力支撑。

高校思想政治教育创新与高校综合实力提升的关系是一个紧密相连的议题，对于高等教育的发展至关重要。思想政治教育创新是推动高校综合实力提升的重要途径之一，它不仅是培养学生全面发展的社会主义建设者和接班人的关键，更是高校教育质量不断提升的动力源泉。

在当下社会背景下，思想政治教育创新已成为高校发展的迫切需求。探究思想政治教育与高校综合实力提升的关系，需要不断探索新的教育理念和方法，促进学生的全面发展。高校应当充分发挥教育资源，积极开展多元化的教学活动，激发学生的学习兴趣和创造力，培养他们的创新精神和实践能力。

随着时代的进步和社会需求的不断变化，高校的综合实力提升已成为高等教育发展的迫切要求。只有通过思想政治教育创新，不断促进学生的综合素质提升，才能更好地适应社会的发展需求，为国家和民族的发展作出更大的贡献。

因此，高校思想政治教育创新与高校综合实力提升的关系不仅是一个重要的研究课题，更是高等教育事业持续发展的关键。只有不断探索创新，不断完善教育体系，才能更好地培养出适应时代发展需求的优秀人才，为建设社会主义现代化国家贡献力量。

三、高校思想政治教育成效的维护和持续发展

在当前高校思想政治教育现状分析中，我们发现了一些问题和挑战。为了应对这些挑战，我们需要探讨高校思想政治教育的创新路径。在这个过程中，我们需要将思想政治教育与学科教育结合起来，实践新的教育方法和内容，并

评估其成效。未来，我们预计高校思想政治教育将朝着更加多元化和开放化的方向发展，同时也需要持续维护和提高教育的针对性，以确保其持续发展。通过持续改进教育内容和方法，我们可以更好地满足学生的需求，提高高校思想政治教育的影响力和有效性。

当前高校思想政治教育正面临着多样化需求和挑战。针对这些问题，需要思考创新的教育路径。在这个进程中，将思想政治教育与学科教育结合是至关重要的。我们需要尝试新的教学方法和内容，以及对其效果进行评估。未来，高校思想政治教育将朝着更多元化和开放化的方向发展。同时，我们也需要不断提升教育的针对性，以确保教育工作的持续发展。通过持续改进教育内容和方法，可以更好地满足学生的需求，提升高校思想政治教育的影响力和有效性。这将有助于培养具有社会责任感和国家使命感的优秀人才，推动高校人才培养工作的持续发展和进步。在这一过程中，高校教育工作者将发挥重要作用，共同努力推动高校思想政治教育事业不断前行。

在当前高校思想政治教育的现状中，加强师资队伍建设是至关重要的一环。只有拥有高素质的师资队伍，才能够有效地开展思想政治教育工作，引领学生健康成长。因此，高校应该注重招聘培养优秀的思政教育专家，提升教师的综合素养和专业水平。只有如此，教育质量才能够得到持续提升，学生的思想政治素养才能够得到有效提升。

加强师资队伍建设不仅仅是为了保证教育质量的稳步提升，更是为了推动高校思想政治教育的创新与发展。优秀的师资队伍不仅能够为学生提供高质量的教学，还能够在教育教学的过程中不断探索创新，为思政教育注入新的活力。只有不断提升师资队伍的整体素质，高校思想政治教育才能够顺利迈向未来，与时俱进。

加强师资队伍建设也是为了确保高校思想政治教育成效的维护和持续发展。优秀的师资队伍能够更好地帮助学生树立正确的世界观、人生观和价值观，引导他们树立正确的政治立场和正确的社会观。只有师资队伍建设得当，高校思想政治教育才能够真正发挥应有的作用，为社会培养更多具有担当和责任感的优秀人才。

加强师资队伍建设是当前高校思想政治教育的当务之急，只有通过不懈努力，确保教育质量的稳步提升，高校思想政治教育才能够迎来更加美好的未来。希望高校和社会各界共同努力，共同关注思政教育，共同推动师资队伍建设工作更上一层楼，为培养更多优秀人才贡献力量。

师资队伍建设是高校思想政治教育的中坚力量，他们是培养学生全面发展的引路人和榜样。高素质的师资队伍能够潜移默化地影响学生，促使他们自觉践行社会主义核心价值观，健康成长。只有师资队伍在道德、学识、教学能力等方面得到进一步提升，高校思想政治教育才能够更好地发挥作用。

在加强师资队伍建设的过程中，需要高校和社会的大力支持和投入。高校要建立健全的激励机制，吸引更多高水平师资加入教育队伍，不断提升教师的专业水平和思想政治素养。在培养过程中，高校还应加强对师资队伍的培训和交流，不断拓展教师的视野，提升他们的教学水平和教育质量。

同时，社会各界也应积极参与到高校师资队伍建设中，为教师提供更多的资源支持和发展机会，共同推动思政教育事业向更高水平发展。唯有如此，教育质量才能持续提升，高校思想政治教育才能够真正做到与时俱进，为培养更多具有社会责任感和创新精神的人才打下坚实基础。愿我们共同努力，共同为高校思想政治教育事业的蓬勃发展贡献一份力量。

第四节　高校思想政治教育的未来发展策略

一、加强高校思想政治教育制度建设

高校思想政治教育的组织领导体系是确保思想政治工作有效开展和高校教育健康发展的重要保障。加强组织领导体系建设，需要建立健全科学合理的机制，明确各级领导的职责和权利。同时，要注重制度建设，完善各项规章制度，确保思想政治教育工作的有序进行。加强沟通协调，促进各部门之间的密切配合，形成合力，共同推动高校思想政治教育的深化和升级。在组织领导体系方面，还应加强队伍建设，培养造就一支专业化、高素质的思想政治教育队伍，为高校思想政治教育的发展提供有力的人才保障。最终，健全组织领导体系将有助于高校思想政治教育事业的蓬勃发展，为高校培养德智体美劳全面发展的社会主义建设者和接班人作出贡献。

高校思想政治教育的组织领导体系的健全对于高校思想政治工作的开展和高校教育的健康发展至关重要。建立科学合理的机制，明确各级领导的职责和权利，是保障思想政治教育工作有效进行的关键。同时，细化各项规章制度，确保思想政治教育工作的有序推进。强化沟通协调，促进各部门之间的密切配合，形成合力，共同推动高校思想政治教育的深化和升级。加强队伍建设，培养一支专业化、高素质的思想政治教育队伍，为高校思想政治教育的蓬勃发展提供有力的人才支持。通过健全组织领导体系，高校思想政治教育事业将迎来新的发展机遇，为培养德智体美劳全面发展的社会主义建设者和接班人作出更

大的贡献。只有在组织领导体系得到充分加强和完善的情况下，高校思想政治教育事业才能不断迈向更高水平，为国家和社会培养更多优秀的人才，推动社会主义事业不断向前发展。

高校思想政治教育的政策法规体系是高校思想政治教育工作的重要指导和保障。只有建立健全的政策法规体系，才能确保高校思想政治教育工作顺利开展。当前，我国高校思想政治教育的政策法规体系还存在一些不足之处，需要进一步完善和强化。未来，我们应当加强对高校思想政治教育政策法规的研究，及时修订和更新相关规定，确保其适应时代发展的需求。同时，还需加强对高校思想政治教育政策法规的宣传和培训，使广大教师和学生能够深入理解和遵守相关规定，推动高校思想政治教育事业不断向前发展。

建立完善的高校思想政治教育的政策法规体系是高校管理和教育工作的重要基础。只有严格遵守相关规定，才能够确保高校思想政治教育工作的稳定性和有效性。目前，我国高校思想政治教育的政策法规体系虽然已经初步建立，但仍然存在不少问题亟待解决。在未来的工作中，需要进一步加强对这些政策法规的深入研究和完善，以适应不断变化的时代需求。

随着社会的发展和变革，高校思想政治教育的内容和形式也在不断更新和变化。因此，我们应该及时修订和完善相关规定，确保其紧密结合时代潮流和教育实践。对于广大教师和学生来说，他们需要更多的宣传和培训，使他们能够深入理解和贯彻执行这些政策法规。只有让每一个参与高校思想政治教育工作的人员都能够清晰明了地遵守规定，才能够推动整个教育事业不断向前发展。

在未来的工作中，我们还需要加强高校思想政治教育政策法规的监督和检查，确保相关规定能够得到严格执行。同时，也需要加强与各方面的沟通和合作，促进高校思想政治教育政策法规的落实。只有通过全社会的共同努力，才能够使高校思想政治教育工作更加科学、规范和有效，为培养德智体美劳全面发展的社会主义建设者和接班人作出积极贡献。

高校思政教育的制度执行力和监督机制的加强，是当前高校思想政治教育改革创新的关键一环。只有通过规范清晰的制度保障，才能有效推动高校思政教育的落地实施。在加强制度执行力方面，应当建立健全相应的管理体系，明确责任分工，强化管理监督，确保政策措施的有效贯彻执行。同时，要严格遵循政策法规，坚决执行决策部署，确保高校思政教育工作有效开展。在监督机制方面，应当建立多层次、多方位的监督机制，注重教育对象、教育者和管理者的相互监督，形成合力，共同推动高校思政教育的全面发展。还应注重舆论监督和社会监督，建立信息公开制度，提高思政教育的透明度和公正性，有效推动高校思政教育改革的落实。

在当前形势下，加强高校思政教育的制度建设，是提升高校思政教育水平的必然要求。只有建立健全的制度体系，才能更好地引领高校思政教育的创新发展。通过加强制度执行力和监督机制，可以有效规范思政教育工作，确保其有序进行，提升教育质量和效果。同时，也能够促进高校思政教育与学科教育的深度融合，推动学生成长成才。加强高校思政教育的制度建设，不仅是当前的迫切需要，更是未来高校思想政治教育实现可持续发展的基础和保障。通过不懈努力，高校思政教育将迎来更加美好的明天。

在当前社会背景下，高校思政教育的重要性愈发凸显。为了全面提升高校思政教育水平，我们必须不断加强制度建设，构建更加科学完善的管理机制。只有这样，思政教育才能真正发挥其应有的作用，引领学生树立正确的人生观和价值观。同时，我们也需要重视舆论监督和社会监督的作用，确保思政教育的公正性和透明度，避免受到一些不良因素的干扰。

在推动高校思政教育改革的过程中，还需要注重培养高素质的思政教育师资队伍，提高他们的专业水平和教育素养。只有具备扎实的理论功底和丰富的实践经验，才能更好地指导学生进行思想政治工作，引导他们树立正确的世界观和人生观。同时，也要充分利用先进的教育技术手段，拓展思政教育的传播途径，使之更加贴近学生的实际需求，激发他们的学习兴趣和潜能。

除此之外，高校思政教育应该与国家的政策导向和时代潮流相互契合，不断更新教育内容和形式，使之更具针对性和前瞻性。同时，还要积极探索符合时代特点的思政教育模式，促进学生全面发展，为国家建设人才强国作出更大的贡献。只有不断完善高校思政教育制度和机制，才能真正实现高校思政教育的全面发展，为培养社会主义建设者和接班作做出更大的贡献。

在当前高校思想政治教育的现状分析中，我们需要深入思考如何创新这一教育领域。通过探讨思想政治教育的创新路径，我们可以更好地适应时代的发展和需求。未来，高校思想政治教育将会朝着更加开放、多元的方向发展，与学科教育的结合是创新的关键。高校思想政治教育的创新实践是必不可少的，只有通过实践，我们才能实现教育的有效成果。

在维护和持续发展高校思想政治教育成效方面，需要加强制度建设，确保教育体系的顺畅运行。同时，也要制订未来发展策略，为高校思想政治教育的长远发展提供指导和支持。探索可持续发展路径，可以让我们更好地把握教育的发展方向，确保高校思想政治教育在未来得到持续的发展。在这一过程中，需要不断反思，不断实践，才能探索出适合高校思想政治教育的可持续发展的路径。

在探索高校思想政治教育的可持续发展路径中，关键在于不断推动思想政治教育的创新。创新是推动社会进步的动力，也是高校思想政治教育持续发展的必由之路。在这个不断变革的时代，高校思想政治教育需要与时俱进，不断适应社会的需求和发展的趋势。

为了实现高校思想政治教育的可持续发展，除了加强制度建设和制订发展策略外，还需要注重实践，不断探索适合高校环境的教育模式和方法。高校应当积极推动思想政治教育与学科教育的融合，使学生在学习知识的同时，也能够接受高质量的思想政治教育。除此之外，高校还应当注重培养学生的创新精神和批判思维，使他们在面对现实问题时能够做出正确的判断和选择。

高校思想政治教育的可持续发展也需要学校领导、教师和学生的共同努力。学校领导应当重视思想政治教育工作，为教师和学生提供良好的教育环境和条件。教师应当不断提升自身的教育水平和教育能力，为学生们提供更加优质的教育服务。而学生则应当珍惜接受教育的机会，积极参与思想政治教育中来，不断提升自身的思想修养和政治素养。

在探索高校思想政治教育的可持续发展路径上，每一个参与者都起着至关重要的作用。只有共同努力，才能够实现高校思想政治教育的不断发展，以及为社会培养出更多有思想、有理想、有担当的人才。愿我们共同努力，为高校思想政治教育的可持续发展添砖加瓦。

二、拓展高校思想政治教育的发展渠道

在高校思想政治教育的发展中，强化高校与社会资源的合作与整合具有重要意义。通过与社会资源的合作与整合，可以为高校提供更丰富的教育资源和支持，促进思想政治教育的全面发展。同时，社会资源的参与也有助于增强学生的实践能力和社会责任感，提升教育质量和效果。因此，加强高校与社会资源的合作与整合，将是未来高校思想政治教育发展的重要方向之一。

同时，高校应该积极主动地与社会各界建立合作关系，开展多种形式的合作交流，促进资源共享和互补，推动教育教学水平和实效提升。通过与社会资源的深度合作，高校可以借助社会的力量开展思想政治教育活动，为学生提供更广阔的舞台和更多的实践机会，从而全面提升学生的思想素质和综合素养。

高校还应加强与社会资源的整合，实现资源的优化配置和利用效率的最大化。通过整合多方资源，高校可以更好地满足教育的需求，提高教育教学水平，并推动高校思想政治教育的不断创新和发展。因此，高校需要建立健全的

合作机制和资源整合平台，加强高校与社会资源的对接和合作，实现资源的有机整合和共享，共同推动高校思想政治教育事业的蓬勃发展。

在当前高校教育体系中，强化高校与社会资源的合作与整合显得尤为重要。高校应主动与社会各界建立广泛的联系，积极寻求合作机会，并充分利用社会资源来促进教育教学水平的提升。通过与社会资源的深度合作，高校可以引入更多实践性项目，为学生创造更多展示自我的机会，以培养学生的实践能力和创新精神。同时，高校还可以借助社会资源的支持，提供更多的奖学金和实习机会，激发学生学习的积极性。

高校还应当不断加强与社会资源的整合工作，实现资源的最优配置和利用效率的提升。通过整合多方资源，高校可以更好地满足不同学科领域的需要，提高学科建设水平，并推动高校教育教学工作的不断创新。因此，高校需要建立健全的资源整合机制，加强高校与社会资源之间的战略合作，实现资源的有机整合和共享，以推动高校教育事业的全面发展。

在今天快速发展的社会环境下，高校要适应时代潮流，积极开拓合作资源和整合资源的新途径，不断拓展合作领域，不断完善资源整合机制，为提高高校教育教学水平和实效提供坚实的基础。只有通过与社会资源的充分合作和整合，高校才能更好地适应社会需求，助力高等教育事业更上一个新的台阶。

在推进高校与企业、社会组织的深度合作方面，我们可以看到一些积极的进展。高校与企业、社会组织之间的合作关系日益密切，双方共同开展各种形式的合作项目，促进了双方资源的互补与共享。通过与企业和社会组织的合作，高校可以更好地将理论知识与实践经验相结合，提升学生的实践能力和解决问题的能力。

同时，高校与企业、社会组织的深度合作也为学生提供了更多的实习和就业机会。通过与企业合作开展实践项目，学生可以更好地了解行业需求，锻炼专业技能，并在实践中不断提升自己。这种合作模式也为学生建立更广泛的职业人脉，为他们未来的就业和发展打下良好基础。

高校与企业、社会组织的深度合作也有助于促进科研成果的转化和产业化。通过与企业合作，高校可以更好地将科研成果转化为实际产品和服务，推动科技创新和产业发展。这种合作模式有助于高校加强产学研合作，促进科研项目的实施，提升科研水平和成果转化效率。

总的来说，推进高校与企业、社会组织的深度合作是当前高校思想政治教育创新的重要路径之一。只有通过深化合作关系，高校才能更好地发挥自身优势，促进教育教学质量的提升，推动高校思想政治教育的创新与发展。希望未来高校与企业、社会组织能够进一步加强合作，共同推动高校思想政治教育事业取得更大成就。

推进高校与企业、社会组织的深度合作不仅有助于学生建立更广泛的职业人脉，为他们未来的就业和发展打下良好基础，同时也可以促进科研成果的转化和产业化。高校与企业、社会组织合作的模式多样，可以是共同开展科研项目，也可以是联合举办实践活动或合作办学。这种深度合作为高校师生提供了更多参与社会实践的机会，拓宽了学生的视野，增强了他们的实践能力和创新意识。同时，这种合作还可以有效整合校内外资源，提高教学科研水平。

通过与企业、社会组织的深度合作，高校可以更好地了解社会需求，调整教学内容和方法，使教学更贴近实际需求，培养更符合社会发展需要的人才。学生参与实践活动的同时，也可以学到企业管理、市场运作等实践技能，为他们的未来职业发展打下更加坚实的基础。在这种合作模式下，高校师生还能结合实际情况开展更有针对性的科研工作，将科研成果更快更好地转化为实际生产力，推动科技创新和产业升级。

高校与企业、社会组织的深度合作不仅是一种合作形式，更是一种教育理念的创新。通过这种合作，高校思想政治教育能够更好地与社会实践相结合，为学生提供更加丰富多样的学习体验和机会。希望未来高校能够进一步加强合作，共同推动高校思想政治教育事业取得更大成就，为培养更多优秀人才作出更大的贡献。

拓展高校思想政治教育的国际视野和影响力，有助于提升学生的国际视野和文化适应能力，促进思想政治教育与国际接轨。同时，通过国际合作交流，吸收先进经验，提高高校思想政治教育的水平和质量。同时，加强与国际组织和机构的合作，拓展思想政治教育的国际影响力，使中国高校在国际舞台上发挥更大的作用。

在拓展高校思想政治教育的国际视野和影响力的过程中，需要注重跨文化交流与对话，促进不同文化间的相互理解与尊重，构建开放包容的国际学术环境。同时，还需要加强对国际思想政治教育前沿理论和实践经验的研究借鉴，使中国的思想政治教育更加符合国际标准和潮流。

值得注意的是，拓展高校思想政治教育的国际视野和影响力，需要高校加强师资队伍建设，培养具有国际视野的优秀教师和学者，推动高校思政教育走向国际化、专业化发展的道路。同时，要加强国际交流平台的建设，促进学生和教师的国际化学习和交流，推动高校思想政治教育真正走向世界、融入世界。

在构建开放包容的国际学术环境的同时，高校还应不断拓展国际合作渠道，积极参与国际学术交流和合作项目，提升高校在国际上的影响力和知名度。要注重加强国际合作伙伴关系的建立与维护，促进互利共赢，共同推动思想政治教育的国际化发展。

除此之外，高校还需加强对国际教育政策和法规的研究，充分了解国际教育领域的最新动态和趋势，不断优化思政教育体系和教学方法，以适应全球化背景下教育的需求和挑战。同时，高校还应着力提升教师和学生的跨文化沟通能力和国际竞争力，培养具有国际视野和全球胸怀的优秀人才，为中国高校在国际舞台上发挥更大作用打下坚实基础。

总的来说，拓展高校思想政治教育的国际视野和影响力是一项长期而艰巨的任务，需要高校各方共同努力，不断创新，积极融入全球化潮流，以推动中国高校思政教育向着更加国际化、现代化的方向发展。只有如此，才能使中国高校在世界舞台上展现出更加独特的价值和影响力。

三、推动高校思想政治教育与现代科技融合

在当前信息技术飞速发展的时代背景下，高校思想政治教育也应该顺应时代潮流，积极利用信息技术来推动现代化发展。信息技术的应用为高校思政教育提供了全新的可能性，可以让教育更加生动、有趣、有效。通过利用信息技术，可以实现教育资源的共享和互动，扩大教育的覆盖范围，同时也帮助学生更好地理解和掌握思政教育内容。

信息技术的广泛应用也可以提升教育教学的效率和质量，通过互联网和电子设备，教师可以随时随地为学生提供指导和辅导，学生也可以随时获取学习资料和资源。信息技术的便捷性和交互性使得思政教育更具有个性化和针对性，可以更好地满足不同学生的需求和特点。

同时，信息技术的引入也为高校思政教育提供了更加丰富多样的教学形式和内容，如网络课程、虚拟实验室、在线讨论等，这些新形式不仅可以激发学生的学习兴趣，也可以培养学生的自主学习能力和团队合作精神。信息技术的应用不仅可以让思政教育更具现代化特色，也可以帮助学生更好地适应未来社会的发展需求。

总的来说，利用信息技术促进高校思政教育的现代化是一个值得重视和探索的方向。只有紧跟时代步伐，不断创新，才能更好地适应和引领社会发展的潮流，为培养德智体美全面发展的社会主义建设者和接班人作出积极贡献。愿信息技术与思政教育的融合之路越走越宽广，为高校思政教育的现代化发展注入新的活力和动力。

信息技术的应用不仅为高校思政教育带来了全新的教学模式和内容，更重要的是，在这个数字化时代，学生们的学习方式和需求也在不断地发生变化。他们更倾向于通过网络课程和在线讨论等方式进行学习，这种个性化的学习方式能够更好地满足不同学生的需求和特点。

同时，信息技术的引入还能够将思政教育与实践相结合，提升学生的综合素质和创新能力。通过虚拟实验室的建设，学生可以在模拟环境中进行实际操作，培养他们的动手能力和实践能力。而在线讨论则可以促进学生的思想交流和合作能力，培养他们的团队合作精神和沟通能力。

因此，借助信息技术促进高校思政教育的现代化已经成为当今教育改革的重要方向之一。只有不断地融合创新，跟上时代的步伐，才能更好地满足学生的学习需求，培养他们成为德智体美全面发展的社会主义建设者和接班人。相信随着信息技术与思政教育的深度融合，高校思政教育的现代化发展将迎来更加广阔的发展空间，为社会培养更多优秀的人才，贡献更大的力量。

高校思想政治教育在当今社会背景下面临着新的挑战和机遇，为了适应现代社会发展的需要，高校思想政治教育必须与时俱进，不断探索创新的路径。未来，高校思想政治教育趋势将更加注重个性化、多元化和现代化的教育方式，注重引导学生树立正确的世界观、人生观和价值观。

高校思想政治教育与学科教育的结合是推动高校思想政治教育的重要途径之一，通过将思想政治教育融入学科教育中，可以使学生更好地理解学科知识与思想政治理论相结合的重要性，提高教育教学的有效性。同时，高校思想政治教育创新的实践与成效需要不断总结和提升，通过实践不断探索新的教育方法和手段，以达到更好的教育效果。

为了维护和持续发展高校思想政治教育成效，高校需要明确思想政治教育的重要性和紧迫性，加强师资队伍建设，提高教师教育水平和专业素养，为学生提供更加全面的思想政治教育，实现学校和学生共同发展。同时，高校思想政治教育的未来发展策略需要注重发展目标的明确性和可操作性，制订长期规划和年度计划，为高校思想政治教育的发展提供有效的保障。

推动高校思想政治教育与现代科技融合，可以借助现代科技手段提高教育教学的效率和水平，推动高校思想政治教育的创新。智慧教育在这一过程中起到关键作用，通过智慧教育平台和技术工具，可以实现高效的在线教学、个性化的教学内容设计和实时互动式的教学方式，为高校思想政治教育的发展注入新的活力和动力。

推动智慧教育对高校思想政治教育的创新需要高校不断加强师资队伍建设，提高教师的教育理论水平和教学技能，培养具有创新意识和实践能力的高素质教师。同时，高校还应该积极引进国内外先进的智慧教育技术和理念，不断完善智慧教育平台，为学生提供更加便捷、高效的学习环境。

高校还需要加强学生参与的主体地位，激发学生主动学习的热情和积极性，通过建立多样化的参与形式，引导学生自主思考、自主学习，培养学生的创新意识和批判思维能力。高校还应该不断优化课程设置，注重思想政治教育与学科教学的有机结合，构建立体化、多维度的教育体系，促进学生全面发展。

在未来的发展中，高校还应该不断拓展智慧教育的应用领域，将智慧教育与学生实际需求和社会发展需求相结合，探索建立适合高校思想政治教育的智慧教育体系和模式。通过不断创新，高校思想政治教育才能真正实现与时俱进，为学生的综合素质提升和社会和谐稳定作出更加积极的贡献。

在当前社会快速发展的背景下，高校思想政治教育面临着诸多挑战和机遇。为了适应新时代的需求，创新思政教育模式已成为迫切任务。未来，高校思想政治教育将更加注重个性化、专业化的培养，与学科教育的结合将是必然趋势。思政教育创新的路径探讨需与现代科技融合，引入前沿科技促进思政教育与时代同步发展。只有不断实践创新，保持成效，才能维护高校思想政治教育的稳定发展。有鉴于此，高校思想政治教育的未来发展策略应多元化、前瞻性，以更好地适应时代需求，培养更加符合现代社会要求的人才。

在当前社会快速发展的背景下，高校思想政治教育的发展方向必须与时俱进。引入前沿科技是实现这一目标的重要途径之一。随着科技的不断进步，数字化、智能化、虚拟现实等技术已经深入到人们的生活中，也为思政教育的创新提供了新的可能性。通过引入前沿科技，可以打破传统思政教育的单一性，实现个性化、差异化的教学方式。比如利用人工智能技术来实现个性化智能辅导，通过大数据分析学生的心理特点和学习习惯，制订更加符合个体需求的教育方案，让学生成长更加高效、顺利。

虚拟现实技术也可以为思政教育带来革命性的变革。通过虚拟现实技术，学生可以身临其境地感受历史事件、社会现实，深刻体会到理论知识的实践意义，激发学生的学习兴趣和思辨能力。同时，数字化技术也能辅助学生进行自主学习和自我评价，提高思政教育的针对性和实效性。

在引入前沿科技的同时，高校还应不断加强师资队伍建设，培养适应数字化时代的思政教育教师，提高他们的科技应用能力和课程开发能力。高校还可以与科技企业合作，在思政教育中引入更多前沿科技产品和服务，共同推动思政教育与时代的融合发展。

综合来看，引入前沿科技促进思政教育与时代同步发展是高校思想政治教育发展的必然趋势。只有不断创新，与时俱进，才能更好地适应社会的变革和发展，培养更加符合时代需求的人才，为国家和社会的发展贡献力量。

高校智慧校园建设与思政教育创新是当前高校教育领域的关键课题之一。随着信息技术的不断发展和智能化设备的普及，高校智慧化建设日益受到重视。在这一背景下，如何将思想政治教育与智慧校园建设进行有机结合，成为共识。通过借助现代科技手段，高校思政教育可以更好地适应时代发展的需求，提升教育教学效果。

高校智慧校园建设与思政教育创新密不可分，二者相互促进、相互融合。智慧校园建设不仅仅是技术设备的更新换代，更在于如何将这些技术有效运用到思政教育中，提升学生的思想道德素质。只有在智慧校园的支持下，思政教育才能更好地实现其教育目标，引领学生成为德智体美劳全面发展的社会主义建设者和接班人。

高校智慧校园建设和思政教育的融合不仅需要技术支撑，更需要教师的积极参与和指导。教师在智慧校园中扮演着重要角色，他们不仅仅是知识的传授者，更是学生道德品质的引领者。通过教师的引领和指导，学生才能更好地领悟思政教育的内涵，增强爱国主义、社会主义的正确情感倾向，促进道德素质的提升。

总的来说，高校智慧校园建设与思政教育创新的融合对于提升高校教育教学水平，培养德智体美劳全面发展的社会主义建设者和接班人具有重要意义。只有不断探索创新，不断完善教育教学模式，才能更好地适应时代发展的要求，推动高校教育事业不断迈上新的台阶。

高校智慧校园建设与思政教育创新的融合，必将为培养学生成为德智体美劳全面发展的社会主义建设者和接班人奠定坚实基础。在这个融合中，学生将在智慧校园的浸润下得以更好地培养创新精神和实践能力，不断提升自身综合素质。同时，在思政教育的指导下，学生将建立正确的人生观、价值观和世界观，坚定理想信念，增强文化自信。

教师作为智慧校园建设和思政教育的关键人物，将在这一融合中承担更为重要的使命。他们将不仅仅是知识的传授者，更是学生的道德榜样和精神导师。通过激发学生的学习兴趣，潜移默化地引导他们树立正确的人生目标和追求，培养学生的责任感和使命感。只有这样，学生才能真正成为具有社会责任感和创新精神的优秀人才。

在智慧校园建设与思政教育创新的推动下，高校将不断迈向现代化教育的新高度。通过转变教育理念、优化教育模式，高校将更好地适应社会发展的需要，为国家培养更多具有综合素质和创新能力的人才。这种融合不仅是高校教育的必然选择,也是构建社会主义现代化教育体系的重要保障。相信在这一融合中,高校教育事业将不断迎来新的发展机遇,为建设社会主义现代化强国贡献更多人才和智慧。

四、构建高校思想政治教育的治理体系

在建立高校思政教育的规划管理体系方面,我们需要重视制订明确的教育目标和发展方向,明确教育的主要内容和方法,并结合学生的实际情况制订个性化的教育计划。同时,需要建立健全的评估机制,及时了解教育成效和存在的问题,为进一步改进和提高教育质量提供依据。建立规范的管理流程和组织架构,明确各部门的职责和任务,确保教育教学工作有序进行。同时,要充分发挥教师和教育工作者的作用,激发他们的热情和创造力,提高教育质量和效果。需要加强与社会各界的沟通和合作,形成多方共同参与的教育管理格局,共同推动高校思政教育工作取得更大的成效。

在建立高校思政教育的规划管理体系方面,我们需要注重培养学生的创新思维和实践能力,引导他们积极参与社会实践和志愿服务活动。同时,应该加强师生之间的互动沟通,营造和谐的教育氛围,促进教育教学工作的顺利开展。应该加强学生自我管理和自我教育能力的培养,引导他们树立正确的人生观和价值观,为他们未来的发展提供坚实的基础。

除此之外,还应该加强高校思政教育与国家发展战略的结合,不断优化教育资源配置,推动高校思政教育工作与社会主义核心价值观的融合发展。要注重在思政教育中融入新时代的精神文明建设,引领学生树立正确的政治信仰和价值取向,培养他们热爱祖国、担当社会责任的意识。同时,要积极引导学生关注社会热点、关注国家大事,增强他们的社会责任感和使命感,激发他们为实现中华民族伟大复兴而努力奋斗的信心和决心。

还应加强高校思政教育与学科教育的有机结合,促进学生综合素质的提高。要开展多样化形式的教学活动,如讲座、论坛、演讲比赛等,激发学生的学习热情和创新精神。同时,要重视学生的实际需求,加强个性化指导和服务,帮助每个学生实现自身的人生价值和发展目标。

在建立高校思政教育的规划管理体系方面,需要多方共同努力,充分发挥各方面的积极作用,共同推动高校思政教育工作取得更加显著的成效,为培养德智体美劳全面发展的社会主义建设者和接班人作出积极贡献。

当前高校思想政治教育在不断发展变化的大背景下,急需加强监督评估机制,以确保教育质量和效果的持续提升。只有通过严格的监督评估,才能及时

发现问题并进行及时的整改和改进。同时，监督评估机制也能够促进学校内部的自我调整和自我完善，提高教育管理的效率和水平。

为了有效加强高校思政教育的监督评估机制，需要建立科学合理的评估指标和方法，既要注重传统的定性评估，也要结合现代科技手段，开展数据化、量化的评估工作。监督评估机制还应该注重定期的进度评估和结果评估，将评估结果及时反馈给相关部门和个人，形成正向激励机制，激发教育工作者的积极性和创造性。

加强监督评估机制也需要优化学校内部的管理体制和工作机制，明确责任和权利，切实推动教育改革和发展。要建立健全教育质量监督委员会或者专门机构，加强对思政教育活动的日常监督和定期评估，确保教育工作的顺利进行和有效实施。

加强高校思政教育的监督评估机制是当前亟须解决的问题，只有建立科学合理的评估体系，才能够推动思政教育事业的健康发展，为培养德智体美劳全面发展的社会主义建设者和接班人打下坚实基础。

加强高校思政教育的监督评估机制是当前高校教育体系中的一项关键工作。在加强监督评估机制的过程中，需要充分利用现代科技手段，确保评估工作的数据化和量化。同时，定期的进度评估和结果评估是至关重要的，只有及时反馈评估结果，形成正向激励机制，才能够激发教育工作者的积极性和创造性。

为了优化学校内部的管理体制和工作机制，必须明确责任和权利，推动教育改革和发展。建立健全的教育质量监督委员会或者专门机构，加强日常监督和定期评估，是确保教育工作顺利进行和有效实施的重要途径。

高校思政教育是塑造学生思想道德素质的关键一环，只有建立科学合理的评估体系，才能够推动思政教育事业的健康发展。通过完善监督评估机制，可以为培养德智体美劳全面发展的社会主义建设者和接班人打下坚实的基础。因此，高校要持续加强思政教育的监督评估机制，不断提升教育质量，为学生的综合发展和社会的繁荣稳定作出更大的贡献。

高校思想政治教育的质量保障体系是确保学生全面发展的重要保障。只有建立科学合理的质量保障体系，才能有效提升思想政治教育的水平和效果。目前，高校思政教育质量保障体系主要包括教师队伍建设、课程设置、教学方法和手段、评估考核体系等方面。要健全高校思政教育的质量保障体系，需要不断完善这些方面的制度，确保教育教学质量稳步提升。

教师队伍建设是高校思政教育质量保障的关键。优秀的教师团队是保证教学质量的基础，高校应该加大对思政教育师资力量的投入，提升教师的教学水平和业务能力，增强他们的思想政治素质和党性修养。同时，加强对教师队伍的管理和考核，激励教师积极投身教育教学工作。

课程设置是质量保障的重要环节。高校需要根据思政教育的实际需求和学生的特点，科学设置课程内容和教学目标，注重培养学生的思想境界和道德情操，引导学生树立正确的世界观、人生观和价值观。通过有针对性的课程设置，提高学生的综合素质和思想修养。

同时，教学方法和手段的创新也是优化思政教育的重要途径。高校应该积极探索符合学生特点和时代需求的教学模式，采用多样化的教学手段，激发学生的学习兴趣，增强他们的思想认同和情感投入。要注重培养学生的创新精神和批判思维，引导他们主动参与学习，形成健康的人格品质和良好的行为习惯。

评估考核体系是高校思政教育质量的重要保障。高校应该建立科学合理的绩效评价制度，对教师和学生的思政教育工作进行全面评估。通过评估考核，及时发现问题，及时调整教育教学方向，不断提高思政教育的质量和效果。

健全高校思政教育的质量保障体系，需要全面协调各方面的工作，不断探索创新，确保教育教学工作的良性发展，为培养德智体美劳全面发展的社会主义建设者和接班人打下坚实的基础。

高校思政教育的质量保障体系不仅仅是一个理论性的概念，更需要得到实际的落实和严谨的执行。在建立科学合理的绩效评价制度的基础上，高校还应该注重提升教师团队的整体素质和业务水平。只有不断提高教师的教学能力和教育水平，才能更好地引导学生，激发他们的学习兴趣，塑造他们的人格品质。

高校还应该加强社会资源的整合和利用，与社会各界建立紧密的联系和合作关系。通过与社会各界的互动交流，可以将社会的最新信息和观念引入到思政教育中，为学生提供更加广阔的视野和更加多元化的学习体验。只有通过与社会的深度融合，高校思政教育的质量才能得到更好的提升。

同时，高校还应该注重学生的个性化发展和全面素质培养，关注每个学生的成长路径和需求特点。通过为学生提供个性化的教育服务和关怀，可以更好地激发他们的潜能，引导他们健康成长。只有将每个学生视为一个独特的个体，才能真正做到教育的全面发展和全面提升。

健全高校思政教育的质量保障体系是一项长期而艰巨的任务，需要高校全体师生的共同努力和持续探索。只有不断完善教育教学体系，提升教育教学质量，才能为社会主义建设者和接班人的培养工作打下坚实的基础，为我国的发展壮大贡献力量。

当前高校思想政治教育面临着新形势和挑战，需要统筹协调各方力量，确保教育目标的顺利实现。在教育部门的领导下，高校应该加强协调，建立统一的思想政治教育体系，确保政治思想教育工作的连续性和稳定性。只有通过强化各方沟通协调，形成合力，才能更好地推动思想政治教育的发展，为学生提供更加全面的教育服务。

构建高校思想政治教育的治理体系是当前高校教育改革的重要方向。要构建规范的管理制度，建立健全的管理体系，确保高校思想政治教育的有效开展。通过明确职责分工，建立健全的考核评估机制，提高管理效能，实现高校思想政治教育的有效管理与监督。

高校思想政治教育的统筹协调要求各相关部门之间加强沟通交流，形成思想政治教育协同发展的良好局面。只有在各方共同努力下，思想政治教育工作才能更好地服务于学生，更好地适应社会发展的需求，助推高校思想政治教育事业的蓬勃发展。

高校思想政治教育的统筹协调需要各个部门之间的密切合作和有效协调。只有在各方通力合作、形成合力的情况下，高校思想政治教育才能实现有效管理和监督。建立健全的教育管理制度，明确教育主体的职责分工并建立相应的考核评估机制，是保证高校思想政治教育有效开展的基础。

除了加强内部管理，加强与社会各方的沟通与联系也至关重要。高校应加强与地方政府、企业和社会组织的合作，共同为学生提供更全面的思想政治教育服务。通过加强与社会各方的合作，不仅可以更好地将现实社会的需求融入思想政治教育中，还可以为学生提供更多元化的学习资源和实践机会。

同时，高校还应注重加强师生之间的沟通和互动。教师应当不断提升自身的教育水平和教育理念，与学生建立起良好的师生关系，引导学生积极参与思想政治教育活动，激发他们的学习兴趣和自主学习能力。只有师生间充分沟通互动，高校思想政治教育才能真正落到实处，取得实质性成效。

加强高校思想政治教育的统筹协调需要各方共同努力，内部管理与外部合作同样重要。只有形成协同发展的良好局面，高校思想政治教育才能真正做到有效管理、服务学生、适应社会发展的需要，为高校教育事业的蓬勃发展奠定坚实基础。

在当前社会背景下，高校思想政治教育不仅是学生全面发展的重要组成部分，也是培养社会主义建设者和接班人的重要途径。为了更好地适应时代发展的需求，高校思想政治教育必须不断创新，找到适合当今时代的发展路径。通过与学科教育相结合，可以更好地引导学生树立正确的思想观念，提升他们的综合素质。

高校思想政治教育的创新实践需要不断探索和总结经验，才能取得实效。只有不断改进教育内容和方法，结合学生的实际情况，才能更好地促进学生的思想政治素质的提升，为其成为有担当的社会主义建设者打下坚实的基础。同时，应该重视教育成效的维护和持续发展，建立有效的评估体系，不断提高教育的针对性和实效性。

未来高校思想政治教育发展的策略应该更加注重建立完善的治理体系，加强对教育工作的规范化管理，确保教育目标的实现。同时，要推动高校思想政治教育的整体发展和提升，需要加强师资队伍建设，培养一支政治素养高、教育水平优的思想政治教育队伍，为学生提供更好的教育环境和条件。

在面临日益复杂多变的社会环境下，高校思想政治教育的重要性不言而喻。只有不断探索创新，坚持不懈地推进教育工作，才能更好地适应时代发展的需求，更好地培养符合时代要求的人才，为建设社会主义现代化国家贡献力量。

在当前社会背景下，高校思想政治教育的发展已经成为当务之急。随着时代的快速发展和社会变革的加速推进，高校要积极应对挑战，不断加强对学生的思想政治引导，促进其全面发展。为此，高校需要注重培养学生的爱国主义精神和社会责任感，引导他们树立正确的世界观、人生观和价值观。

在推进高校思想政治教育的整体发展和提升过程中，高校应该重视学生个体的差异性，采取多样化的教育方式和方法，激发他们的学习兴趣和创造力。同时，要注重教育过程中的实践性和体验性，使学生能够在实践中不断提高自己的思想境界和社会责任感。

在推动高校思想政治教育的整体发展和提升中，高校还应该加强与社会的互动与交流，积极引入社会资源，为学生提供更广阔的学习空间和更多元化的教育资源。通过与社会各界的合作，高校可以更好地了解社会需求，为学生提供更贴近实际的教育内容和培养方案，真正做到教育目标与社会发展需求的有机结合。

推进高校思想政治教育的整体发展和提升是一项长期而艰巨的任务，需要高校、教师和学生共同努力。只有不断改进教育方式和方法，加强教育内容的更新和充实，才能真正为有担当的社会主义建设者培养出更多优秀人才，为国家的繁荣稳定作出更大的贡献。

五、强化高校思想政治教育的社会责任和使命

高校思政教育与社会主义核心价值观的引领是当前高校教育改革的重要方向。通过对学生进行深入的思想教育，引导他们树立正确的世界观、人生观和价值观，帮助他们树立正确的政治立场和观点，使他们成为具有高度社会责任感和使命感的新时代青年。高校思政教育的目标是培养德智体美劳全面发展的社会主义建设者和接班人，推动社会主义核心价值观的深入人心。

在当前高等教育体系中，高校思政教育已经成为学校教育的重要组成部分。以社会主义核心价值观为引领，高校积极探索新的教育模式，不断提升教育质量和水平。思政教育不仅包括传统的政治理论教育，还注重培养学生的思维能力、创新意识和实践能力，使他们能够在复杂多变的社会环境中做出正确的选择。

高校思政教育不断探索与学科教育的深度融合，努力将思想政治课程与专业课程相结合，使学生既能获取专业知识，又能传承和发扬传统文化，树立正确的人生观和世界观。通过创新教学方法和手段，高校不断提升教育教学质量，培养学生的创新精神和实践能力，为学生成长成才提供更广阔的空间和更多的机遇。

高校思政教育的未来发展策略应当围绕着社会主义核心价值观展开，加强对学生的思想引领和教育培养。要强化高校思政教育的社会责任和使命，深入推进学生思想政治教育改革，不断提升教育教学水平和质量。只有通过不懈努力，高校才能培养出更多德智体美劳全面发展的社会主义建设者和接班人，为建设现代化强国贡献力量。

高校思政教育与社会主义核心价值观的引领是当今时代的重要使命。只有通过深入思想政治教育，引导学生树立正确的世界观和人生观，才能在复杂多变的社会环境中做出正确的选择。高校应当注重培养学生的社会责任感和使命感，引导他们积极投身国家建设和发展中，为实现中国梦贡献自己的力量。

在这个过程中，高校需要不断创新教育教学模式，提升教师队伍的专业水平，确保思政课程能够真正起到引领学生的作用。同时，高校还应积极开展学生的社会实践活动，让他们亲身感受到社会的残酷和美好，增强他们的社会责任感和使命感。

高校还应当注重校园文化的建设，营造健康积极向上的校园氛围。通过举办各种文化活动和思想讨论，激发学生的创新思维和探索精神，让他们在校园中充分展现自己的潜能和才华。

高校思政教育与社会主义核心价值观的引领是高校教育的重要任务，只有

通过不断努力，才能培养出德智体美劳全面发展的新时代人才，为建设现代化强国贡献力量。愿高校能够积极应对挑战，不断完善思政教育体系，为实现中国梦而努力奋斗。

高校思想政治教育的健康教化和心灵浇灌，在当今社会中具有重要意义。作为培养社会主义建设者和接班人的主要阵地，高校的思想政治教育必须始终保持其健康教化的使命。在这个多元化、开放的时代，高校思想政治教育需要结合现代科技、社会文化因素，积极探索适合当代大学生的教育方法和手段。

随着社会的发展和进步，高校思想政治教育创新的重要性日益显现。只有通过不断探讨创新的路径，不断完善教育内容和形式，才能更好地引导学生树立正确的世界观、人生观、价值观。未来，高校思想政治教育应该更加注重个性化、多元化的教学模式，在传统教育的基础上引入更多前沿知识和创新理念。

高校思想政治教育与学科教育的结合，是提升教育质量的重要途径。只有将思想政治教育融入学科教育中，才能真正实现知识的全面普及和深入学习。同时，高校思想政治教育的创新实践和成效，也需要不断加强评估和监督，确保教育效果的持续发展。

为了更好地维护高校思想政治教育的成效和持续发展，需要进一步制订未来的发展策略。通过强化高校的社会责任和使命，将思想政治教育纳入学校的发展规划中，营造良好的教育环境和氛围。最终，高校思想政治教育的健康教化和心灵浇灌的目标，将在全体师生的共同努力下得以实现。

在当今快速变化的社会环境下，高校思想政治教育的重要性愈发凸显。高校应该积极探索更为灵活多样的教学方式，不仅要注重传授传统知识，更要引领学生融合当代前沿理念和创新思维。借助学科教育平台，将思想政治教育融入其中，使学生成为真正懂得思考、勇于创新的现代人才。

同时，高校思想政治教育的变革与创新需要不断地进行评估和监督。只有不断加强对教育成果的评估，在发现问题的同时及时调整教育思路，才能确保教育质量的持续提升。高校应该坚持对教育效果的不懈追求，推动教育目标的不断实现。

为了确保高校思想政治教育的健康发展，未来的发展策略应当更加注重学校的社会责任和教育使命。学校领导层应当制订明确的发展规划，将思想政治教育纳入学校的核心建设，为师生提供一个良好的教育环境和氛围。只有在全体师生共同努力下，才能实现高校思想政治教育的目标，为学生的健康成长和社会发展作出更为积极的贡献。

高校思政教育的人才培养导向和社会责任感强化非常重要，必须注重培养学生的社会责任感和使命感，引导他们树立正确的世界观、人生观、价值观。在人才培养方面，高校应该注重学生的全面发展，不仅培养他们的专业技能，更要注重培养他们的思想品德和社会责任感，使其成为德智体美全面发展的社会主义建设者和接班人。

高校思政教育的人才培养导向应当注重培养学生的独立思考能力和创新意识，引导他们勇于探索未知领域，不断进取。同时，高校还应该注重培养学生的团队合作精神和社会责任感，使他们能够在团队中协作共赢，为社会进步作出贡献。

高校思政教育的社会责任感强化也非常重要。高校应该积极引导学生关注国家大事，参与社会实践活动，深入了解国家政策和民生状况，培养他们的爱国情怀和社会责任感。只有这样，学生才能在今后的工作和生活中，积极投身社会建设，为国家和民族的发展贡献自己的力量。

高校思政教育的人才培养导向和社会责任感强化是当前高校教育的重要任务之一。只有注重培养学生的思想品德和社会责任感，才能真正培养出德智体美全面发展的社会主义建设者和接班人。希望高校在未来的发展中能够更加重视思政教育工作，培养出更多优秀的人才，为国家和社会的繁荣稳定作出更大的贡献。

高校思政教育的人才培养导向和社会责任感强化，是为了培养学生成为具有高度社会责任感和使命感的栋梁之材。在这个信息爆炸、竞争激烈的时代，高校应该引导学生关注社会热点问题，激发他们参与公益事业的热情，培养他们的社会责任感和团队协作精神。

通过开设志愿服务、社会实践等课程，让学生近距离接触社会弱势群体，了解他们的困境和需求，从而激发学生的同情心和帮助他人的意愿。高校还可以组织学生参加各种社会实践活动，让他们在实践中学会合作、沟通和解决问题的能力，培养他们的团队协作精神和责任担当意识。

除了培养学生的个人品质和社会责任感外，高校还应该注重培养学生的创新能力和实践能力，让他们学会将所学知识运用于实际工作中，为社会进步和科技创新作出贡献。通过在专业课程中增加实践环节、创新项目等方式，激发学生的创新潜能，培养他们的实践能力和问题解决能力。

总的来说，高校思政教育的人才培养导向和社会责任感强化是为了培养德智体美全面发展的社会主义建设者，让他们成为具有使命感和责任感的青年才俊。希望高校在未来的教育工作中能够更加重视思政教育，为培养更多有担当、有责任心的优秀人才做出更大的努力。

第五节　思想政治教育创新的实践意义与社会价值

一、高校思想政治教育的现实意义和作用

高校思想政治教育是培养学生政治素养和思想道德修养的重要途径，当前的高校思想政治教育处于社会变革和发展的复杂背景之中。因此，我们需要深入分析和挖掘创新的路径，通过与学科教育相结合，推动高校思想政治教育的发展。仅有对现状进行分析是不够的，更重要的是对未来的趋势进行展望，探讨高校思想政治教育的创新之路及其实践与成效。

高校思想政治教育需要与学科教育相结合，使学生在专业知识学习的同时，也能够不断提升自己的政治素养和思想道德修养。通过创新，促进高校思想政治教育的实践成效，维护和持续发展其成效，并制订未来的发展策略，强化高校思想政治教育的社会责任和使命。

思想政治教育的创新实践具有重要的意义和社会价值，对于推动学生成长发展，促进社会和谐进步起到关键性作用。高校思想政治教育的现实意义和作用不容忽视，应当在实践中不断完善，以适应时代和社会的发展需求，促进学生成为德智体全面发展的栋梁之材，为建设社会主义现代化强国贡献力量。

高校思想政治教育的创新之路，需要不断探索和实践。学校可以通过开展形式多样的思想政治教育活动，引导学生树立正确的世界观、人生观和价值观。同时，高校可以加强师生之间的交流互动，建立起良好的师生关系，激发学生的学习激情和思考能力。高校还应加强社会实践教育，让学生走出校园，深入社会，感受社会的多样性与复杂性，培养学生的社会责任感和使命感。

高校思想政治教育的创新之路还包括教育管理体制的改革。学校可以建立健全的思想政治教育工作机制，强化教育教学管理，加强对教师队伍的培训和引导，提升教师的教育教学水平和思想政治素养。同时，高校可以加强与社会各界的合作与交流，借鉴国际先进教育理念和经验，推动高校思想政治教育的现代化和国际化发展。

在未来的发展中，高校思想政治教育需积极适应时代和社会的发展需求，不断更新教育内容和方式方法，推动教育教学的创新与发展。只有不断创新和实践，高校思想政治教育才能更好地发挥引导学生成长发展，促进社会和谐进步的作用，为培养社会主义建设者和接班人作出更大的贡献。

在当前高校思想政治教育的现状分析中,我们需要认识到高校思想政治教育仍然存在一些问题和挑战。因此,需要探讨高校思想政治教育创新的路径,以适应当今社会的需求和学生的特点。同时,对未来高校思想政治教育的趋势进行展望,注重提升教育质量和效果,促进学生全面发展。高校思想政治教育与学科教育的结合是关键,需要加强课程建设和教学方法的创新,使思想政治教育更加贴合学科教育的需求。

高校思想政治教育创新的实践和成效至关重要,需要注重培养学生的思想道德素养和社会责任感,引导他们树立正确的世界观、人生观和价值观。同时,要维护并持续发展高校思想政治教育的成效,不断完善教育体系和机制,确保教育目标的实现。在未来高校思想政治教育的发展策略中,需要强化高校思想政治教育的社会责任和使命,将培养社会主义建设者和接班人作为重要途径,为实现中国特色社会主义伟大复兴提供人才保障。

思想政治教育创新的实践意义与社会价值在于引领学生积极参与社会实践,增强他们的社会责任感和使命感,培养出更多具有全面发展和创新能力的优秀人才。因此,高校思想政治教育的现实意义和作用不容忽视,它是提升国家整体素质和建设社会主义现代化的必然要求。通过培养社会主义建设者和接班人的重要途径,高校思想政治教育将继续发挥重要作用,为推动社会长久稳定发展贡献力量。

在未来高校思想政治教育的发展策略中,还需要重视学生的个性化需求和发展特点,促进他们全面成长。高校应该加强学生的思想政治引领,帮助他们树立正确的世界观、人生观和价值观,引导他们积极参与社会实践,锤炼意志品质。同时,高校要深入挖掘学生潜能,提供优质的教育资源和丰富的教学环境,鼓励学生自主学习、自主思考,培养他们自主创新和解决问题的能力。

在高校思想政治教育中,还应注重传承和弘扬中华优秀传统文化,激发学生的爱国情怀和文化自信。通过深入开展爱国主义教育、革命传统教育等活动,引导学生不忘初心、牢记使命,传承红色基因,弘扬中华民族的优秀文化传统。只有让学生在学习中汲取中华文化的养分,注入中华民族的血脉,才能更好地肩负起培养社会主义建设者和接班人的重要使命。

高校还要注重国际化视野的拓展,开设涵盖世界各国文化、历史、经济等方面的专业课程,培养学生的国际意识和跨文化交流能力。通过开展国际交流与合作项目,组织学生参加国际学术研讨会、文化交流活动等,拓宽学生的视野,增强他们的国际竞争力和综合素质。

高校思想政治教育的发展需要结合学生的个性化需求,传承中华优秀传统文化,拓展国际化视野,以培养社会主义建设者和接班人为己任。只有这样,高校思想政治教育才能更好地发挥作用，为实现中国特色社会主义伟大复兴贡献力量。

高校思想政治教育在当今社会中扮演着重要的角色。随着社会的不断发展和变化，大学生面临着更加复杂多变的社会环境和挑战，因此，培育具有民族情怀和时代担当的新时代大学生显得尤为重要。这种思想政治教育不仅仅是传承优良传统文化和价值观念，更重要的是要让大学生在接受教育的同时，树立正确的世界观、人生观和价值观，增强国家意识和民族自豪感。

随着时代的发展，新时代大学生需要具备更加全面的素质和能力。他们不仅需要有扎实的专业知识和技能，更需要具备宽广的国际视野、博大的胸怀和高尚的品德。因此，思想政治教育要与学科教育有机结合，通过跨学科的教学模式和课程设置，培养学生综合素质。而在实践中，高校应不断探索与时俱进的教育模式和方法，引导学生全面发展，提高社会责任感和担当精神。

未来，高校思想政治教育应当朝着多样化、个性化的方向发展。每个学生都是独一无二的，他们会有不同的成长环境和背景，因此，教育要因材施教，注重个性化培养，激发学生的潜能和创造力。同时，高校要密切关注社会发展变化，及时调整教育内容和方式，使之符合时代特点和学生需求，保持思想政治教育的时代感和吸引力。

高校思想政治教育的使命是引导学生树立正确的人生观、价值观和世界观，在知识的海洋中启迪他们的智慧，激发他们的创新精神。在新时代，大学生要具备与时俱进的意识和全球化的视野，要有扎实的学识和宽广的眼界，要敢于面对挑战，肩负起时代的责任。高校应该为学生提供可以展现自我的平台和机会，让他们在实践中锻炼自己、发展自己，从而培养他们具备领袖气质和社会责任感。

为了实现这一目标，高校思想政治教育应当注重学生的全面发展，不仅要注重学生的知识水平提升，更要关注他们的思想道德素养和社会实践能力。教育要重视学生的情感教育，引导他们树立正确的情感态度和处理问题的方式，培养他们热爱祖国、关爱他人的情怀，树立正确的人生目标和价值追求。只有这样，才能真正培养出具有民族情怀和时代担当的新时代大学生，为建设社会主义现代化强国贡献自己的力量。高校思想政治教育有着重要的意义和使命，必须不断创新方法，提高工作质量，为学生的成长成才提供更好的支持和保障。愿每一位新时代大学生都能在高校教育的熏陶下茁壮成长，成为社会的栋梁之材，为国家的繁荣富强作出积极贡献。

加强国家核心价值观的引领和传承，是当前高校思想政治教育的重要任务之一。通过加强对国家核心价值观的教育，可以增强学生的爱国主义情感、集体主义精神和社会责任感，培养他们担当时代使命、为国家和人民贡献力量的意识和行动。这种引领和传承不仅是高校思想政治教育的必然要求，也是培养社会主义建设者和接班人的关键环节。

国家核心价值观是社会主义核心价值体系的重要组成部分，是社会主义核心价值观的具体表现和实践指南。在当今社会发展的大背景下，加强国家核心价值观的引领和传承，有助于提升全社会的思想道德素质，增强社会凝聚力和向心力。而高校作为国家培养人才和传播知识的重要阵地，应当充分发挥自身优势，加强对国家核心价值观的教育和引领，引导学生树立正确的世界观、人生观和价值观，增强对社会主义核心价值观的认同和践行。

加强国家核心价值观的引领和传承，不仅需要高校加大对核心价值观的宣传力度，还需要将核心价值观融入到教学、科研和管理等方方面面，使之贯穿于教育教学的全过程。只有通过全方位、多层次的教育引导，才能真正做到使学生树立正确的人生观和价值观，形成积极向上的精神风貌，为社会主义建设和发展贡献力量。

因此，高校思想政治教育在加强国家核心价值观的引领和传承中，要结合学科教育，注重创新教育模式和方法，不断提升教育质量和效果。同时，高校要不断完善教育体系和机制，建立健全激励机制，激发师生的学习热情和参与度，推动思想政治教育工作取得更好的成效，为培养德智体美全面发展的社会主义建设者和接班人做出更大的贡献。

高校思想政治教育不仅是传授知识，更是引导学生树立正确的人生观和价值观。在加强国家核心价值观的引领和传承中，高校应该积极探索符合时代潮流和学生需求的教育路径，引导学生树立正确的世界观和人生观。除了课堂教学，高校还应该注重学生的实践教育，通过各种形式的实践活动，让学生深入了解国家核心价值观的内涵，并将其内化为自己的行为准则。

高校还可以通过开展各种形式的活动，如讲座、讨论、读书会等，营造浓厚的校园文化氛围，使学生在潜移默化中接受国家核心价值观的熏陶。同时，高校还应该加强师生之间的沟通和交流，建立起师生互动、相互尊重的教育氛围，让学生在与老师和同学的交流中不断完善自己的人生观和道德观。

加强国家核心价值观的引领和传承是高校思想政治教育工作的重要任务之一。高校应该充分认识到这一使命的重要性，不断探索适合自身特点和学生需求的教育模式和方法，努力培养德智体美全面发展的社会主义建设者和接班人。只有如此，才能真正做到让国家核心价值观在高校教育中发扬光大，为社会主义建设和发展贡献更多的力量。

二、思政教育创新的社会价值和影响

高校思想政治教育一直是我国高等教育中的重要组成部分,当前,在社会发展变革的背景下,高校思想政治教育正面临着新的挑战和机遇。为适应时代发展需求,我们需要不断探索创新思政教育的路径,拓展思政教育的内涵和形式,提升思政教育的质量和效果。通过对当前高校思想政治教育现状的分析,可以更好地把握思政教育改革的方向和重点,推动思政教育工作朝着更高水平迈进。

未来高校思想政治教育的趋势展望是多元化和全面发展。随着社会的不断进步和科技的不断发展,高校思想政治教育需要与时俱进,及时调整教育理念和方法,注重培养学生的思想品德、道德修养和社会责任感。同时,高校思想政治教育也需要与学科教育相结合,促进学生全面发展,培养德智体美劳全面发展的社会主义建设者和接班人。

高校思想政治教育的创新路径探讨是思政教育改革的关键。我们需要紧跟时代发展潮流,积极引入前沿理念和先进技术,优化思政教育体系和教育内容,提升教育教学质量和效果。同时,需要加强对思政教育成效的维护和持续发展,建立健全的评价体系和监督机制,确保思政教育目标的达成和效果的实现。

强化高校思想政治教育的社会责任和使命,是提高国家软实力,促进社会和谐稳定的重要举措。高校思政教育不仅仅是为了培养国家需要的人才,更是为了培养社会需要的优秀公民,弘扬社会主义核心价值观,传承中华优秀传统文化,促进社会的文明和谐发展。思政教育创新的实践意义和社会价值将在未来得到更加广泛的认可和重视,为国家建设和民族复兴贡献更多力量和智慧。

高校思政教育的重要性不言而喻,它承担着培养未来社会栋梁的责任。在当今社会,青年学生是国家的未来,他们的思想政治素质和道德修养关系到整个社会的和谐稳定。因此,高校思政教育的使命是如此之重要。高校应该加强对学生的思想政治教育,引导他们正确看待世界、国家和社会,培养他们热爱祖国、积极参与社会事务的意识和能力。

同时,高校思政教育还要注重传承和发扬中华优秀传统文化,弘扬社会主义核心价值观。只有让学生了解和珍视这些传统文化价值观,才能使他们具有扎实的文化底蕴和道德情操。这样的教育既能够培养学生的文化自信和民族自豪感,也能促进社会的文明和谐发展。

高校思政教育也应该与时俱进,紧跟社会发展的脚步,注重引入前沿理念和先进技术。通过不断创新教育内容和方法,提升教育教学质量和效果,使学生能够更好地适应社会的发展和变革。只有在这样的教育模式下，学生才能真正成为德才兼备、有社会责任感和使命感的人才，为国家的建设和发展贡献自己的力量。

高校思政教育在促进社会和谐稳定、提高国家软实力方面有着不可替代的作用和重要性。只有通过不断创新和完善思政教育体系，不断加强对学生的思想政治教育，才能真正实现国家和社会的长治久安，为民族复兴谱写出更加美好辉煌的篇章。

高校思想政治教育与学科教育的结合，是目前高等教育领域探索的重要方向。通过深化思政教育与学科教育的融合，可以促进学生全面发展，提高他们的综合素质和创新能力。同时，高校思想政治教育创新的实践与成效也将成为高等教育质量提升的关键。只有不断探索创新，将思政教育融入学科教育中，才能更好地引领学生走向独立思考和自主学习的道路。

强化高校思想政治教育的社会责任和使命，是高等教育系统的重要任务之一。高校作为全社会的重要组成部分，肩负着培养未来社会建设者和领导者的使命。只有加强对学生的思想政治教育，引导他们拥有正确的人生观、价值观和政治立场，才能保障国家长治久安和社会和谐稳定。

思政教育创新的实践意义与社会价值，将在未来的高等教育发展中发挥重要作用。通过创新思政教育模式和方法，培养学生具备扎实的思想基础和高尚的政治品格，不仅能提升学生的综合素质，也能为社会培养更多有担当、有责任心的优秀人才，为国家和民族的发展贡献力量。

思政教育创新的社会价值和影响，也将在整个社会中得到体现。通过思政教育的不断改革和创新，可以在学生中树立正确的世界观、人生观和价值观，推动社会主义核心价值观的传播和弘扬，促进社会全面进步和发展。

推动高等教育质量和影响力的有效提升，是当前高校思想政治教育的关键课题之一。只有不断创新，不断完善思政教育体系，才能真正提高高等教育的水平和影响力，为国家建设人才强国、教育强国贡献力量。

在当前高等教育体系中，推动高等教育质量和影响力的有效提升显得尤为重要。思政教育创新不仅仅是为了提升学生的综合素质，更是为了为社会培养更多具备高尚政治品格和责任心的优秀人才。这种创新思政教育模式和方法，将为国家和民族的发展注入新的活力和动力。

通过不断改革和创新思政教育，可以在学生中树立正确的人生观、世界观和价值观，促进社会主义核心价值观的传播和弘扬。这种影响力将在整个社会中得到体现，推动社会全面进步和发展。唯有如此，高等教育才能真正发挥其应有的作用，为国家建设人才强国、教育强国贡献自己的力量。

高等教育质量的提升不仅仅局限于学术水平的提高，更是要培养学生具备全面发展的能力和品质。通过思政教育的创新，可以培养学生具备创新精神、团队合作和社会责任感，为他们未来的发展奠定坚实的基础。这将使高等教育真正成为培养优秀人才的摇篮，为社会的不断进步和发展注入源源不断的动力和活力。

在当前高校思想政治教育的现状分析中，我们不得不看到一些存在的问题和挑战。针对这些问题，高校思想政治教育创新的路径必须探讨。未来高校思想政治教育的趋势展望也需要我们认真思考和规划。同时，高校思想政治教育与学科教育的结合是当前的重要任务之一。在创新教育的过程中，实践与成效必须并重，高校思想政治教育的成效维护与持续发展更是至关重要。为了更好地应对未来的挑战，我们需要制订高校思想政治教育的未来发展策略，同时强化高校思想政治教育的社会责任和使命。思想政治教育创新的实践意义和社会价值不容忽视，而思政教育创新的社会价值和影响也需要我们深入思考。最终的目标是培养具有国际竞争力和创新意识的新型人才，这是高校思想政治教育发展的根本意义所在。

在当前的时代背景下，高校思想政治教育的重要性日益凸显。面对全球化的挑战和竞争，培养具有国际竞争力和创新意识的新型人才成为高校思想政治教育的根本任务之一。为实现这一目标，高校需要不断探索创新，不断完善教育教学内容和方法，引导学生树立正确的世界观、人生观、价值观。高校思想政治教育要与时俱进，紧跟时代潮流，积极融入国际化的教育理念和实践，培养具有全球胸怀和视野的新型人才。

在实践与成效并重的原则下，高校思想政治教育需要注重学生的全面发展，不仅要培养他们的学术能力，更要培养其创新意识和实践能力。高校可以通过拓宽学科边界，开设跨学科课程，促进学科交叉融合，培养学生的综合素质和创新能力。同时，高校在进行思政教育创新的过程中，也需要与社会各界密切合作，充分发挥社会教育资源的作用，为学生提供更广阔的发展平台和实践机会。

高校思想政治教育的未来发展策略应当立足于社会需求和时代发展要求，强调以人为本，关注学生成长的全过程，注重个性化教育，提倡创新思维和实践能力的培养。高校思想政治教育的社会责任和使命也逐渐凸显出来，需要高校教师和管理者牢记初心，做好思政教育工作，引领学生积极投身社会建设，为建设社会主义现代化国家贡献力量。

在面对未来的挑战和机遇时，高校思想政治教育要不断创新，积极探索教育改革之路，推动高校人才培养模式的转变，努力培养具有国际竞争力和创新意识的新型人才，为我国的现代化建设和国际影响力的提升作出应有的贡献。

服务国家建设和发展大局，实现社会共同繁荣。高校思想政治教育作为大学教育的重要组成部分，当前正面临着新的挑战和机遇。在当前形势下，高校思想政治教育需不断创新，积极探索适合时代发展的路径。通过与学科教育的深度结合，可以使思政教育更加具有实践性和针对性，提高学生的思想素质和道德水平。同时，高校思想政治教育创新的实践与成效需要得到持续的维护和发展，这需要高校在制订未来发展策略时更加注重社会责任和使命。

思政教育创新的实践意义与社会价值重大，不仅可以影响学生个体的价值观和行为方式，也为整个社会的发展提供了强大的精神支撑和道德底线。强化高校思想政治教育的社会责任和使命，可以倡导全社会关注和支持思政教育工作，使其更加深入人心。思政教育创新的社会价值和影响也将为国家的建设和发展大局提供有力保障，实现社会共同繁荣的目标。在未来的发展中，高校思想政治教育需要不断调整策略，适应时代发展的需求，推动社会共同繁荣的实现。

高校思想政治教育创新的实践与成效需要得到持续的维护和发展，这是高校社会责任和使命的体现。高校应加强师生之间的沟通和互动，建立起良好的思想交流平台。同时，高校还应注重教育内容的更新和适时性，提高教育质量和效果。通过开展多样化的思政教育活动，激发学生的学习热情和参与意识，培养他们的创新精神和责任意识。

高校还应积极探索面向未来的发展策略，结合科技进步和社会需求，持续推动思政教育工作的创新和发展。高校可以加强与社会各界的合作，共同探讨和解决重大社会问题，培养学生的社会责任感和使命感。通过引入更多实践性教学内容，培养学生的实际能力和创新意识，为国家的建设和发展大局提供有力的人才支撑。

高校思想政治教育的创新工作还需要注重跨学科合作和综合素质培养，培养学生的综合素养和创造力。高校可以通过组织学生参与公益活动、社会实践等形式，引导他们树立正确的人生观和价值观，不断提升综合素质。同时，高校还应加强对学生思想动态的监测和引导，及时发现和解决问题，为实现社会共同繁荣目标提供坚实的思想基础和道德支持。

高校思想政治教育创新的实践与成效对于服务国家建设和发展大局，实现社会共同繁荣具有重要意义。高校应该把握时代发展的脉搏，不断调整策略，不断完善机制，为培养德智体美劳全面发展的社会主义建设者和接班人而努力奋斗。

三、思政教育创新的实践意义和启示

高校思想政治教育伴随着时代的潮流不断发展与变革。当前,高校思想政治教育正面临许多挑战和机遇,需要不断完善和提升。在思政教育创新的路径探讨中,结合学科教育,可以更好地培养学生的全面素质和思想品德,促进学生成长和发展。未来,高校思想政治教育将朝着更加开放、多元、实用的方向发展,为学生提供更为广阔的学习领域和更为丰富的思想内涵。

为了真正实现高校思想政治教育创新的目标,需要重点关注创新的实践与成效。只有通过实践验证,才能检验思政教育创新的有效性与可行性。同时,也需要不断维护和持续发展高校思想政治教育成效,确保其长远的影响力和持久的教育效果。

在构建现代化高校治理体系的过程中,强化高校思想政治教育的社会责任和使命至关重要。高校作为培养未来社会栋梁的摇篮,应当积极承担起促进社会和谐稳定、传承民族优秀文化传统的责任。思政教育创新的实践意义与社会价值将成为高校教育发展的重要标志,引领着高等教育的新方向与新思路。

在面对日益激烈的竞争和挑战时,高校需要不断更新教育理念,推动高校治理体系现代化建设。只有把握住教育创新的机遇,才能真正实现高校思想政治教育的跨越式发展,为社会培养更多具有使命感和担当精神的优秀人才。愿高校思想政治教育能够与时俱进,不断焕发出新的活力和魅力,成为推动社会进步与发展的重要力量。

在构建现代化高校治理体系的过程中,创新教育理念是至关重要的。高校作为社会培养未来领袖的重要阵地,必须致力于打造具有前瞻性和影响力的思政教育体系。在这个过程中,重视学生的个性发展与创新能力培养,引领他们积极参与社会实践和创新创业活动,以确保其长远的影响力和持久的教育效果。

为了构建现代化高校治理体系,我们需要深化教育教学改革,促进师生之间的密切互动和合作。高校应当建立起一套科学的管理制度和激励机制,鼓励教师不断探索创新教学方法,激发学生的学习潜能。同时,高校也需要加强对学生的个性化指导和培养,帮助他们树立正确的人生观和价值观,引导他们勇敢追求梦想,成为社会的栋梁之材。

在推动"创新教育理念,构建现代化高校治理体系"的过程中,高校还应当注重与社会各界的深度合作与交流。借鉴国内外教育先进经验,拓展国际视野,吸纳各方智慧与资源,共同助力高校治理体系的现代化建设。只有这样,才能实现高校教育的新跨越，为培养更多有社会责任感和创新能力的人才作出更大的贡献，并为建设和谐社会、繁荣发展的中国梦贡献力量。

当前高校思想政治教育面临着诸多挑战和机遇。教育制度创新和理论研究是提升教育品质的关键，需要加强教育的系统性和科学性。高校思想政治教育应当注重培养学生的理论素养和综合能力，使其具备批判思维和创新精神。同时，高校思政教育也需要与社会实践结合，让学生在实践中加深对理论的理解和运用。

高校思想政治教育的创新路径探讨，需要深入研究当前学生的思想特点和需求。只有了解学生的心理和认知习惯，才能更好地设计教育内容和方式。未来高校思想政治教育的趋势展望，可能是向数字化、个性化发展，通过信息技术和个性化教学，满足不同学生的需求，提高教学效果。

高校思想政治教育与学科教育的结合，是促进学生成长的重要途径。学科教育是培养学生专业知识和能力的基础，而思政教育则是培养学生的思想品德和社会责任感。两者相辅相成，共同促进学生成为全面发展的人才。

高校思想政治教育创新的实践与成效，需要不断总结和评估。只有在实践中发现问题、改进方法，才能真正提升教育品质。同时，高校思想政治教育成效的维护和持续发展，需要全校师生的共同努力和关注。

高校思想政治教育的未来发展策略，可能是强调人才培养的个性化和多元化。每个学生都有不同的优势和特点，需要不同的培养方式和课程设置。强化高校思想政治教育的社会责任和使命，将有助于学生更好地融入社会、作出贡献。思政教育创新的实践意义与社会价值正在日益凸显，加强教育制度创新和理论研究，必将提升整个教育体系的品质和水平。

高校思想政治教育作为培养德智体美劳全面发展的社会主义建设者和接班人的重要一环，对于提高学生的思想道德素质和全面发展至关重要。当前，高校思想政治教育面临着新形势和新挑战，需要不断探索创新的路径。未来，高校思想政治教育的趋势将会朝着更加深入人心、更加普及化、更加实用性和先进性的方向发展，与学科教育的结合将会更加紧密，高校思想政治教育创新的实践和成效将会不断提升。

为了维护高校思想政治教育成效的持续发展，需要制订未来高校思想政治教育的发展策略，强化高校思想政治教育的社会责任和使命。思想政治教育创新的实践意义和社会价值不容忽视，它对于培养学生的正确世界观、人生观、价值观具有不可替代的作用。思政教育创新的实践意义和启示将会为高校教育的改革和发展提供重要的借鉴和经验。

推动高校思想政治教育的全面提升和变革，需要不断探索适合时代发展的新路径，不断完善教育体制和机制。只有不断创新，不断提高教育质量，才能更好地适应社会发展的需要，更好地培养担当民族复兴大任的时代新人。这是当前高校思想政治教育面临的紧迫任务和使命，也是高校教育工作者义不容辞的责任。

高校思想政治教育的提升和变革是一项长期而艰巨的任务。为了实现这一目标，我们需要注重教育教学内容的更新和优化，注重教师队伍的建设和培养，注重思想政治教育的深化与拓展。只有不断探索适合时代背景的教育理念和方法，才能更好地引导学生树立正确的人生观和价值观。高校思想政治教育应该贴近学生的实际需求，关注他们的心理健康和成长成才。

推动思政教育的提升还需要强化学校与社会的联系和互动。学校应该积极开展各种形式的社会实践活动，让学生在实践中增长见识、培养自信。同时，学校也需要发挥社会资源的作用，引入各类专家学者参与思政教育的规划和实施，使教育更具专业性和前瞻性。

最重要的是，高校思想政治教育的提升和变革需要全校师生的共同努力。学生应该珍惜这来之不易的学习机会，自觉接受教育的熏陶和启迪；教师也应该不断提升自身的教育教学水平，关爱学生成长为人、为社会做出应有的贡献。

总而言之，推动高校思想政治教育的全面提升和变革是一项系统性的工程，需要各方共同努力，密切配合，才能实现教育教学的目标，为国家的繁荣昌盛、人民的幸福生活贡献力量。希望在不久的将来，高校思想政治教育能够焕发出更加绚烂的光芒，为社会培养更多具有担当精神和社会责任感的优秀人才。

共建共享高校思想政治教育的新生态，是当前高校教育领域亟须关注和探讨的重要议题。在当前高校思想政治教育现状分析中，我们可以看到一些现象令人担忧，教育方式陈旧，教学内容单一，教育效果不佳。因此，高校思想政治教育创新的路径探讨变得尤为迫切，仅有创新才能推动高校思想政治教育事业的蓬勃发展。

未来高校思想政治教育趋势展望，着眼于推进高校思想政治教育与学科教育的深度融合，努力打破学科壁垒，提升教育的整体素质。高校思想政治教育创新的实践与成效，则是实现教育目标的重要保障，必须结合实际，不断完善教育方法和手段，以确保教育成果的最大化。

高校思想政治教育成效的维护和持续发展，需要制订科学的发展战略，从制度建设、教师队伍建设、学生管理等多方面入手，保障教育质量和效果。强化高校思想政治教育的社会责任和使命，是高校使命担当的具体体现，也是教育事业的社会责任。

思想政治教育创新的实践意义与社会价值，体现在培养学生全面发展、德智体美劳全面提升的过程中，为社会培养更多有理想、有担当、有责任心的优秀人才。思政教育创新的实践意义和启示，不仅在于为学生提供更广阔的发展空间和更深刻的思想引领，也在于为社会发展提供更为坚实的人才支撑。

共建共享高校思想政治教育的新生态，需要各方共同努力，形成教育共同体，以共建共享的理念推动高校思想政治教育的发展，为教育事业注入新的活力和动力。愿我们携手并进，共同开创高校思想政治教育的美好未来。

在推动高校思想政治教育的共建共享新生态的过程中，我们需要紧密围绕学生的需求和成长，不断开展创新实践，持续完善教育体系。这需要各方共同参与，包括学校领导、教师团队、学生群体以及社会各界的支持和参与。共同努力可以促进高校思想政治教育的深入发展，为学生提供更丰富的教育资源和更广阔的发展空间。

同时，我们也应该关注思想政治教育创新的实践意义和社会价值，努力培养有理想、有担当、有责任心的优秀人才。在这个过程中，高校的社会责任和使命得到了具体体现，教育事业也因此更加充满活力和动力。共同打造高校思想政治教育的新生态，不仅可以为学生提供更好的发展平台，也可以为社会的进步和发展贡献更多优秀人才。

通过共建共享的方式推动高校思想政治教育的发展，不仅可以促进教育体制的改革和完善，还可以为高校教育事业的可持续发展奠定更加坚实的基础。愿我们共同努力，共同开创高校思想政治教育的美好未来，让每个学生都能在学习中获得真正的成长和价值，为社会的繁荣和进步贡献力量。

四、思政教育创新的未来发展和展望

在当前社会快速变革和教育挑战的背景下，高校思想政治教育显得尤为重要和紧迫。面对多元化的社会需求和学生群体，深化教育教学改革、探索新的教育路径和方法成为当前高校思想政治教育的当务之急。高校思想政治教育需要紧跟时代潮流，与学科教育相结合，培养具有创新精神和实践能力的人才。而思政教育的创新实践，不仅仅是为了应对当前的社会挑战，更是为了未来的社会发展做好思想政治教育的积极准备。

高校思想政治教育的创新路径探讨是当前重要的课题之一。通过教师的积极引导和学生的参与，探索出符合学生特点和社会需求的新型思政教育教学模式。在这一过程中,高校需要加强对教师队伍的建设,提高教育教学水平,注重实践教学和能力培养。只有不断创新,才能使高校思想政治教育教学更加贴合实际和有效果。

未来高校思想政治教育的趋势展望也备受关注。随着社会的不断进步和发展,高校思想政治教育将更加注重实践,推动学生综合素质的提升。同时,高校思政教育与学科教育的结合将更加紧密,通过多元化的教学手段和方式,促使学生全面发展。未来,高校思想政治教育将更加注重学生的自主发展和个性培养,为社会培养更多具有创新意识和责任担当的人才。

在积极应对社会变革和教育挑战的过程中,高校思想政治教育创新的实践意义和社会价值将逐渐显现。通过不断探索和实践,高校思政教育将走在教育前沿,为社会发展和进步贡献自己的力量。只有紧跟时代步伐,不断创新,高校思想政治教育才能迎接更大的挑战,实现更大的发展。

在面对社会变革和教育挑战的时代背景下,高校思想政治教育需要不断寻求创新,不断适应社会的发展需求。教师们应该积极调整教学内容和方式,结合学生的实际情况,激发学生的学习兴趣和潜能。同时,高校还应该加强与社会各界的联系,引入社会资源,为学生提供更广阔的学习平台和实践机会。

未来的高校思想政治教育将更加注重个性化培养和全面发展。学校应该倡导多元化的教学观念,重视学生的个性差异,注重培养学生的创新能力和团队协作精神。高校还应该开设更多与现实社会紧密相关的课程,让学生在学习中能够更好地理解社会现实,并能够积极参与社会活动。

高校思想政治教育还应该更加关注学生的身心健康和全面发展。学校应该为学生提供更多的心理健康辅导和个人成长指导,引导学生正确树立正确的人生观、价值观,增强自信心和抗压能力。只有通过积极应对社会变革和教育挑战,才能为教育事业注入新的活力,为社会培养更多具有担当和责任心的栋梁之材。

高校思想政治教育是高校教育中的重要任务,是培养社会主义建设者和接班人的关键环节。当前,高校思想政治教育正不断进行创新与改革,在融入学科教育的同时,更加注重培养学生的综合素质和人文精神。高校思想政治教育必须跟紧时代步伐,深入理解社会需求,不断调整和更新教育内容和方式。同时,在实践中检验成果,保障教育效果的持续发展。

在高校内部,要加强教师队伍建设,提升师德师风,注重教师的思政教育理念,提高教育能力和水平。培养具有爱国主义、集体主义精神的高素质人才,让学生在学习中感受到思政教育的温暖和力量。高校还应该注重学生的思想引导和个性发展,激发学生的创新潜能和社会责任感。

在未来的发展中，高校思想政治教育需要更加深入地融入学校管理和学科教育中，形成全方位、多层次的立体教育模式。高校也需要与社会紧密合作，拓宽学生的视野，培养学生的实践能力，让学生能够更好地适应社会发展的需求。强化高校思想政治教育的社会责任和使命感，为国家和社会培养更多具有创新精神和社会担当的优秀人才。

高校思想政治教育创新的实践意义和社会价值是不可估量的，它关系到国家的未来和民族的命运。我们要坚持立德树人的根本任务，推动高校教育改革，为建设社会主义现代化国家贡献力量。思政教育创新的未来发展是需要持续探索和努力的，我们应该与时俱进，不断完善教育体系，为学生提供更好的成长环境和培养机会。通过不懈努力，我们相信高校思想政治教育一定会取得更加辉煌的成就，为祖国的繁荣富强贡献力量。

在当今社会，高校思想政治教育扮演着至关重要的角色。随着社会的不断发展和变化，高校思想政治教育也在不断探索创新的路径。未来，高校思想政治教育将会呈现更加多元化和个性化的趋势，这也意味着高校思想政治教育需要更好地与学科教育相结合，以达到更好的效果。

高校思想政治教育的创新路径是多方面的，需要引入前沿的教育理念和技术手段，不断探索教育教学的新模式。同时，高校思想政治教育的实践与成效也需要得到更好的保障和持续发展。只有不断提高高校思想政治教育的质量和深度，才能更好地强化其社会责任和使命。

思政教育创新的实践意义和社会价值是无法忽视的。高校思想政治教育的未来发展和展望将直接关系到整个社会的进步和发展。因此，以优质高等教育引领国家未来发展方向，需要高校思想政治教育在不断创新中不断提升，成为推动国家良性发展的重要力量。

高等教育的未来，需要高校思想政治教育的持续深化和改革创新。随着社会的不断发展和进步，高校思想政治教育也需要与时俱进，更好地适应和引领当今时代的发展。高校思想政治教育应该注重培养学生的思想品德，引导他们独立思考，树立正确的世界观、人生观和价值观。

高校思想政治教育的重要性不言而喻，它不仅关系到学生个人成长，更关系到整个社会的和谐发展。因此，高校应该着重加强对学生的思想政治教育，使他们在接受专业知识的同时，也能够兼顾道德修养和社会责任感。只有这样，学生才能真正成为具有高素质、有担当的优秀人才，为国家的未来发展贡献自己的力量。

高校思想政治教育的未来将会充满挑战和机遇，在不断前行的道路上，教育工作者需要持续探索创新、不断提高自身的素质和能力。只有通过不懈的努力和探索，高校思想政治教育才能更好地适应时代的需求，为国家的未来发展注入强大的正能量。愿高等教育真正成为引领国家未来发展方向的重要引擎，为建设富强民主文明和谐的社会主义现代化国家而不懈努力。

高校思想政治教育的中长期战略目标是实现培养德智体美劳全面发展的社会主义建设者和接班人。为了实现这一目标，高校需要深化思想政治教育改革，加强师资队伍建设，不断优化教育教学资源配置，促进学生全面发展和自主成长。同时，高校还应加强与社会各界的交流合作，积极拓展国际交流与合作，推动学校内外环境的改善，全面提升教育教学质量和水平。通过这些努力，高校思想政治教育将更好地适应社会发展需求，为培养担当民族复兴大任的时代新人作出积极贡献。

高校思想政治教育是培养学生成为德智体美劳全面发展的社会主义建设者和接班人的重要途径。为了实现这一目标，高校需要持续深化思想政治教育改革，引导学生树立正确的世界观、人生观和价值观。同时，高校还应加强师资队伍建设，培养一支政治坚定、业务精湛的教师团队，为学生提供专业化、精神化的教育指导。

教育资源的优化配置也是高校思想政治教育创新的关键。高校应注重提升教育教学手段和方法，注重实践教学，引导学生在实践中增长才干、培养品德。同时，还需要加强校园文化建设，营造浓厚的思想政治教育氛围，激发学生的学习热情和创新潜力。

与社会各界的广泛交流合作对于高校思想政治教育的发展至关重要。高校应积极倡导校企合作、校社合作，将社会资源融入教育教学中，实现教育教学与社会需求的有机融合。同时，高校还应加强国际交流与合作，开阔学生的国际视野，提升他们的综合素质和竞争力。

在推动学校内外环境的改善过程中，高校需要全面提升教育教学质量和水平。建设现代化的教学设施，优化教学资源配置，为学生提供更加优质的学习环境和条件。同时，高校还应不断创新教学内容和方式，激发学生的学习兴趣，培养他们的自主学习能力和创新意识。

通过这些努力，高校思想政治教育将更好地适应社会发展需求，为培养担当民族复兴大任的时代新人作出积极贡献，助力我国教育事业的蓬勃发展。

在当前高校思想政治教育的背景下，探讨创新路径，展望未来的趋势是至关重要的。高校思想政治教育与学科教育的结合，创新实践和成效的维护与继续发展，是推动思政教育走向全面深化和高质量发展的关键所在。强化高校思想政治教育的社会责任和使命，实践意义与社会价值不可忽视。在思政教育创新的未来发展和展望中，需要制订符合时代发展需求的发展策略，为高校思想政治教育的未来提供有效保障。只有全面深化思政教育，才能推动高校思想政治教育向着更高质量的方向迈进，为祖国培养更多德才兼备的高素质人才作出应有的贡献。

随着时代的不断变迁和社会的快速发展，高校思想政治教育也面临着新的挑战和机遇。为了更好地适应当下年轻一代学生的特点和需求，我们需要不断创新教育理念和方法，引导学生树立正确的人生观、价值观和世界观。同时，高校思想政治教育也应与时俱进，紧跟社会发展的步伐，注重培养学生的创新精神和实践能力，使他们成为具有远见和社会责任感的新时代人才。

高校思想政治教育还需要与国家发展战略相结合，将党的教育方针贯彻教育实践中去，推动高校思想政治教育实现更高水平、更全面的发展。只有在国家政策的指引下，高校思想政治教育才能真正服务于国家和社会的建设，实现人才培养的根本目标。思政教育的深化和高质量发展，不仅要求高校教师和管理者的共同努力，更需要社会各界的支持与理解。唯有如此，高校思想政治教育才能不断创新、不断进步，为培养优秀人才贡献自己的力量。

第五章 结论：高校思想政治教育创新的重要性与必要性

第一节 现阶段高校思想政治教育存在的问题

一、学生对思想政治教育的认识不够深入

高校思想政治教育的重要性和必要性是毋庸置疑的。然而，在现阶段，我们不得不面对一个现实，那就是学生对于思想政治教育的认识并不够深入，甚至存在着一定程度的漠视和怠慢。这种现象的存在，不仅反映出了学生们对于思想政治教育的不重视，更彰显出了学校对于思想政治教育的重视不够，乃至存在一定的疏忽。

学生们对思想政治教育的认识不够深入，这正是当前高校思想政治教育面临的一个严峻挑战。学生们对思想政治教育的了解仅限于表面知识，缺乏深入思考和认识。而正是由于这种认识上的不深入，使得他们对思想政治教育的重要性和必要性缺乏真正的认识和体会。

缺乏对思想政治教育的重视，也是当前高校思想政治教育面临的一个突出问题。在学校管理和教学中，思想政治教育往往被边缘化或者轻视。学校更加注重学术研究和实践技能的培养，而在思想政治教育方面的投入和关注不够。这种现象直接导致了学生对思想政治教育的轻视和漠视，进而影响了学生们的思想道德素养和社会责任感的培养。

在这样的背景下，我们亟须深刻反思学校思想政治教育的现状和问题所在。只有正确认识思想政治教育的重要性，才能够真正推动高校思想政治教育的创新与改革。希望各位教育工作者、学校管理者和学生们共同努力，共同关注思想政治教育，共同推动高校思想政治教育的创新，为培养德智体美劳全面发展的社会主义建设者和接班人作出应有的贡献。

在当前的高校教育中，思想政治教育的缺失成为一个亟待解决的问题。学校应当重视思想政治教育的重要性，将其纳入教学管理的核心议程之中。只有通过全面深入的教育，才能够培养学生的思想道德素养和社会责任感，使他们成为德智体美劳全面发展的社会主义建设者和接班人。高校教育工作者、学校管理者和学生们都需要共同努力，全力投入思想政治教育的改革和创新中。唯有如此，才能够为建设美好的社会主义未来作出有效的贡献。愿我们共同努力，使思想政治教育焕发新的活力，为培养全面发展的人才作出贡献。

在当前高校思想政治教育中，学生对思想政治教育的认识不够深入，思想观念僵化现象比较突出。这种现象表现在学生缺乏对历史、政治、社会等方面的实际了解和认识，思维方式较为固化，缺乏独立思考的能力。在课堂上，学生往往只是被 passively 接受教师灌输的知识，缺乏主动探求的意识。这种情况导致了学生的思想观念相对僵化，缺乏创新精神和自主思考能力。同时，由于信息时代的迅速发展，学生接触到的信息量庞大，信息的真实与虚假交织，容易受到误导，进一步加剧了思想观念的僵化现象。

为了解决这一问题，高校需要通过创新思想政治教育的方式和方法，启发学生的思维，引导他们进行多视角的思考，培养独立分析问题和解决问题的能力。通过引入更多互动式教学、案例分析和实践活动等措施，让学生在参与中学习，在实践中思考，在互动中成长。只有通过这种方式，才能有效地打破学生思想观念的僵化，促进学生全面发展，为他们未来的成长和发展奠定坚实的基础。

学生思想观念的僵化问题一直是高校教育中的一大难题，需要我们采取更多有效的措施。可以通过开展多样化的主题教育活动，激发学生的兴趣和热情，让他们在实践中感受到知识的魅力。高校可以加强对学生的引导和指导，帮助他们建立正确的人生观、价值观，树立正确的世界观。高校还可以注重学生综合素质的培养，提高学生的综合能力和创新能力，使他能够适应社会的发展和变化。只有通过高校的不断努力和改革，才能真正解决学生思想观念的僵化问题，为他们的成长和未来发展提供更好的保障。

高校思想政治教育面临着许多问题，其中一个主要问题是学生对思想政治教育的认识不够深入。这种表面化的认知往往导致学生对相关知识的理解和接受可能存在偏差，影响了他们对社会主义核心价值观和中国特色社会主义理论体系的正确把握。一些学生存在不同程度的自我封闭倾向，他们对新思想、新观念的接受能力不足，不愿接触和了解不同于自身观念的观点，导致了思想上的闭塞和僵化。这些问题的存在不仅影响了学生的综合素质和思想觉悟，也对高校的思想政治教育工作提出了更高的要求和挑战。为此，我们需要深入分析存在的问题，积极探索创新的教育方式和途径，引导学生树立正确的世界观、人生观和价值观，促进高校思想政治教育的发展与进步。

存在不同程度的自我封闭倾向是一种思想上的局限和障碍，它阻碍了学生对新思想、新观念的接受和理解。这种自我封闭往往源于固有的观念和偏见，使得个体对外部世界的多样性和复杂性缺乏应有的认知和包容。这种思维的封闭会限制人们的思想和视野，导致认识的狭窄和僵化，最终影响到个体的成长和发展。

面对存在的问题，高校思想政治教育需要寻找切实有效的策略和方法来引导学生打开心扉，拓展思维，增强对多元文化和观念的包容性和理解力。教育者应该通过引导学生接触不同领域的知识和思想，开展多层次、多元化的教学活动，打破学生的思维定式，激发学生的探索和创新意识。同时，高校应该积极鼓励学生参与社会实践和交流活动，让他们亲身体验和感受到多元文化的魅力和价值，从而加深对世界的认知和理解。

在思想教育的过程中，教育者应该注重培养学生的批判思维和辩证能力，引导他们审视自身的观念和偏见，敢于接受挑战和异议。只有打破思维定式，摒弃自我封闭的心态，学生才能真正从思想政治教育中获益，提升自身的综合素质和创新能力。高校思想政治教育的目标不仅是传授知识，更是培养学生拥有开放包容的心态和积极进取的精神，促进其健康全面的发展。

当前，高校思想政治教育面临着诸多挑战。学生对思想政治教育的认识不够深入，往往只停留在表面理解阶段，缺乏深刻的思考和认识。一些学生存在较为严重的消极情绪和不良行为，如懈怠、抵触等现象较为普遍。这些问题严重影响了思想政治教育的效果和效益，也制约了高校培养合格人才的目标和使命。

在当前社会环境中，高校思想政治教育的不足已成为一种普遍现象。学生在接受思想政治教育的过程中，没有形成正确的思想认识和行为规范，而是出现了消极情绪和不良行为。这种现象反映了高校思想政治教育体系的短板和滞后，需要引起高度重视和深入探讨。

对于这些问题，高校论文导师应当认真分析原因，积极寻求解决之道。只有深入挖掘问题背后的深层次原因，才能找到切实可行的改进措施。高校思想政治教育创新探究，不仅是一种需要，更是一种迫切的呼吁。只有加强对学生思想政治教育的引导和教育，才能有效提升学生的思想道德素质，培养出更加符合时代要求的高素质人才。

在当前高校的思想政治教育中，存在较为严重的消极情绪和不良行为问题，这给高校培养合格人才的目标和使命带来了一定影响。为了有效应对这一问题，高校可以通过加强对学生的思想政治教育，提升教育质量和效果。高校可以通过开展多样化的思想政治教育活动，激发学生的爱国主义情感和社会责任感，引导学生形成正确的世界观、人生观和价值观。同时，高校还可以积极建设思想政治教育平台，推动学生参与社会实践和志愿服务，让他们在实践中感悟社会发展的现实问题，增强责任感和使命感。高校还可以加强思想政治教育队伍建设，提高教师的业务水平和专业素养，确保思想政治教育的有效开展。通过以上努力，高校可以更好地引导学生树立正确的人生观和价值观，培养出德智体美全面发展的优秀人才，为社会的进步和发展作出积极贡献。

二、高校思想政治教育方式滞后

高校思想政治教育方式滞后，传统教学方式无法满足现代学生特点的需求。随着时代的不断发展，学生的认知水平、接受信息的方式以及对知识的需求都发生了巨大的变化。然而，现阶段许多高校仍停留在传统的思想政治教育模式中，侧重于传授理论知识，忽略了培养学生的实践能力、创新能力以及综合素质的重要性。传统的教学方式往往是一种单向的灌输模式，学生 passively 接受知识，缺乏互动性和灵活性，无法激发学生的学习兴趣和潜力。现代学生更注重实践性、体验性和个性化的学习方式，而传统的教学模式无法满足他们多样化的需求，使得高校思想政治教育与时代脱节，导致效果不佳。为此，迫切需要对高校思想政治教育进行创新，借鉴先进的教育理念和方法，积极探索适合现代学生需求的教学模式，提升思想政治教育的实效性和有效性。

现代学生的认知水平和接受信息的方式与以往大相径庭，他们更注重实践性、体验性和个性化的学习方式。然而，仍有许多高校仍然停留在传统的教学模式中，未能及时跟上时代的步伐。这种单向灌输的教学方式，使得学生们 passively 接受知识，缺乏互动性和灵活性，无法有效激发学生的学习兴趣和潜力。传统教学方式所忽略的实践能力、创新能力以及综合素质，正是现代学生最需要的。因此，急需对高校思想政治教育进行创新，以适应现代学生的需求。只有借鉴先进的教育理念和方法，积极探索适合现代学生的教学模式，才能提高思想政治教育的实效性和有效性。只有如此，才能使高校思想政治教育与时代接轨，为学生们提供更为有效的教育环境，促进他们全面发展，更好地适应社会的需求和挑战。

当前高校思想政治教育存在的问题主要表现在两个方面：一是高校思想政治教育方式滞后，二是缺乏针对性和实效性。高校思想政治教育方式滞后，主要体现在教育内容、教育方法等方面与时代发展脱节,无法满足学生多样化的学习需求。高校思想政治教育缺乏针对性和实效性,教育内容普遍抽象而晦涩,缺乏与学生实际生活联系紧密的内容,导致学生对思想政治教育的兴趣不高,效果不明显。因此,高校思想政治教育需要进行创新和改革,以适应时代发展的需求,提升教育的针对性和实效性。

当前高校思想政治教育缺乏针对性和实效性的问题已经成为亟待解决的难题。对于这一问题,我们需要深刻认识到,学生所处的时代背景和社会环境已经发生了翻天覆地的变化,传统的教育方式已经无法满足他们的需求。因此,高校的思想政治教育必须与时俱进,紧密贴合学生的实际需求和兴趣,才能取得良好的效果。

我们应该意识到,学生们对于思想政治教育内容的需求已经发生了很大的变化。他们更加关心的是如何将所学的理论知识应用到实际生活中去,而不仅仅是停留在抽象的理论层面。因此,高校思想政治教育需要更加注重实践性,引导学生深入思考并解决现实生活中的问题。

教育方法也需要与时俱进。传统的灌输式教育已经难以引起学生的兴趣,我们需要创新教学手段,增加互动性和参与性,让学生在参与中感受到思想政治教育的魅力。通过开展讨论、实践、案例分析等形式,激发学生的学习兴趣,使教育更有针对性和实效性。

高校思想政治教育的改革不能只停留在表面,更需要深入到制度和政策层面。只有通过政策的支持和制度的保障,才能真正实现高校思想政治教育的全面提升。我们需要建立健全的评估体系,激励教师们在教育教学中进行创新,同时也要加强对学生的引导和监督,确保高校思想政治教育的针对性和实效性。

总的来说,高校思想政治教育需要通过不断的改革和创新来适应时代的变化,提升教育的针对性和实效性,让学生在实践中感受到思想政治教育的力量,从而更好地发展自己的人生和未来。

高校思想政治教育在当前社会发展和时代进步的背景下,面临着前所未有的挑战。其存在的问题主要体现在教育方式与手段的滞后,缺乏与时俱进的思想政治教育手段。随着社会信息化和科技发展的加速,传统的思想政治教育方式已经难以适应当下学生的知识接受和思维习惯。学生们更喜欢通过网络、社交媒体等新兴平台获取信息和交流思想,而传统的课堂教学方式已逐渐失去吸引力。在这种情况下,如果高校的思想政治教育手段依然停留在传统的教学形式和手段上,就会导致学生对思想政治教育产生越来越大的抵触情绪。因此,高校思想政治教育迫切需要创新，引领时代潮流，积极探索符合时代要求的教育方式和手段。

高校思想政治教育在当前社会发展和时代进步的背景下，确实面临着前所未有的挑战。传统的思想政治教育方式已经逐渐变得陈旧过时，无法吸引学生的兴趣。学生们更喜欢用虚拟世界来表达自己的思想和观点，他们需要一个更开放、更多样化的交流平台。因此，高校思想政治教育需要更灵活、更多样的教学方式。

一种可能的创新方式是通过利用现代科技手段，例如，将在线教育资源融入思想政治教育课程中，或者通过虚拟现实技术创建沉浸式的教学体验。高校可以打造社交媒体平台，让学生们在其中分享自己的思想观点，进行讨论和交流。还可以组织思想政治教育主题的线上论坛，邀请专家学者和学生们一起参与讨论，促进更深层次的思想碰撞和交流。

除了技术手段的创新，高校思想政治教育也需要更加注重个性化教学。每个学生都有自己的思想特点和成长背景，教育者需要根据学生的个体差异来设计针对性的思想政治教育方案。通过了解每个学生的需求和兴趣，可以更好地引导他们开展思想政治教育学习，激发他们的学习兴趣和思考能力。

总的来说，高校思想政治教育需要与时俱进，创新教学方式和手段，为学生提供更广阔的思想交流平台，促进学生的思想独立和创新能力的培养。只有如此，高校思想政治教育才能真正发挥应有的作用，引领学生在日益复杂多变的社会环境中立足和成长。

高校思想政治教育方式滞后，主要体现在思想政治教育内容单一、缺乏多样性。思想政治教育内容单一，缺乏多样性的问题，已经成为高校思想政治教育的一个普遍现象。这种状况导致学生们在接受思想政治教育的过程中往往感到乏味和无趣。他们对教育内容的吸收和理解程度不高，无法真正领会到思想政治教育所要传达的核心意义。由于思想政治教育内容单一，缺乏多样性，学生们的思维和认知能力得不到有效的锻炼和提升，影响了他们全面发展的能力。

针对这一问题，高校教师们需要加强对思想政治教育内容的更新和深化，丰富教育内容，增加多样性，使学生们在接受思想政治教育的同时能够获得更多的启发和收获。同时，高校还需要不断探索和创新思想政治教育的方式，利用现代化的教学手段和技术，为学生们提供更加生动、形象和富有吸引力的教育内容，激发他们的学习兴趣，提高教育效果。通过对思想政治教育内容的丰富多样以及教育方式的创新，可以更好地促进学生的思维发展和全面素质的提升，有助于培养德智体美劳全面发展的社会主义建设者和接班人。

在当今社会，思想政治教育的重要性不言而喻。然而，随着社会的不断进步和发展，传统的思想政治教育方式已经不能完全满足学生的需求。为了更好地提升学生的思维和认知能力，教师们亟须加强对教育内容的更新和深化，以及探索创新的教育方式。

教育内容的多样性是培养学生全面发展能力的关键。通过引入不同领域、不同层次的内容，可以激发学生的求知欲和学习热情，使他们在思想政治教育中获得更多的启发和收获。同时，教育内容的丰富多样也能够满足不同学生的需求，让每个学生都能够找到适合自己的学习路径，发挥出自己的潜能。

除了教育内容的多样性，教育方式的创新也至关重要。现代化的教学手段和技术可以为思想政治教育注入新的活力，使教育更加形象生动、生动有趣。通过利用多媒体、互动教学等现代化手段，可以让学生参与其中，增强他们的学习体验，同时提高教育效果。

总的来说，思想政治教育内容的丰富多样和教育方式的创新，是提升学生全面发展能力的有效途径。只有不断更新教育内容，不断探索创新教育方式，才能更好地促进学生的思维发展和全面素质的提升，为培养德智体美劳全面发展的社会主义建设者和接班人打下坚实基础。教师们应该意识到这一重要性，积极投入思想政治教育的改革和创新中，为学生的成长和发展贡献自己的力量。

高校思想政治教育存在的问题之一是缺乏与社会实践相结合的教育方式。在传统的思想政治教育中，往往只注重理论知识的传授，忽略了对学生实际需求和社会发展的深入理解。这种教育方式无法有效激发学生的学习兴趣和积极性，使得学生们对思想政治教育持有抵触情绪。

与社会实践相结合的教育方式可以帮助学生将理论知识与实际情况相结合，使得学习内容更加贴近生活，更容易被学生所接受和理解。通过参与社会实践活动，学生们可以从中获得更为直观、实用的知识和技能，培养实践能力和解决问题的能力。这种教育方式不仅可以提升学生的学习效果，还可以增强他们的社会责任感和使命感，培养出更多具有创新精神和社会担当的优秀人才。

因此，高校思想政治教育亟须转变传统的教育方式，将理论知识与社会实践相结合起来，为学生提供更加全面、实用的教育内容。只有这样，才能更好地满足学生的学习需求，培养出更多具有社会责任感和创新精神的优秀人才，推动高校思想政治教育走向创新与发展的道路。

缺乏与社会实践相结合的教育方式往往导致学生只停留在书本知识的理论层面，缺乏实际操作的能力。这种教育方式容易使学生产生对学习的排斥情绪，觉得学习的知识与实际生活没有直接联系，缺乏动力和兴趣去深入学习。而当学生通过参与社会实践活动，将理论知识应用到实际中去，才能真正体会到知识的价值和重要性。在这个过程中，他们不仅可以提升自身技能，还能够塑造出更加积极向上的学习态度。

社会实践活动也可以让学生更好地了解社会的多样性和复杂性，培养出对社会现象的敏感性和思考能力。通过参与实践，学生们能够更深入地了解自己所学的知识对社会的影响和意义，从而激发出对于知识的热爱和探索欲望。同时，社会实践活动还能够锻炼学生的团队合作能力和沟通能力，培养出学生们面对问题时勇于尝试和解决的勇气。

因此，高校教育应该注重将理论知识与实践相结合，为学生提供更加全面和多元化的学习方式。只有通过实践，学生们才能更好地理解所学内容，更好地应用知识解决问题，不断提升自身的综合素质和竞争力。希望高校能够更加重视社会实践教育，为学生们提供更加丰富多彩的学习体验，培养出更多具有创新意识和社会责任感的优秀人才。

第二节　高校思想政治教育创新的重要性

一、推动高校教学模式的变革

高校思想政治教育存在问题，主要体现在高校思想政治教育方式滞后。解决这一问题的关键在于推动高校教学模式的变革，培养学生的创新能力和实践能力。高校思想政治教育创新是非常重要的，因为只有通过创新，才能更好地适应社会发展的需要，更好地培养学生的实践能力和创新能力。通过创新的思想政治教育方式，可以更好地激发学生的学习兴趣，提高他们的学习效果，培养他们的思辨能力和实践能力。这样，才能更好地适应社会的需要，更好地为社会发展作出贡献。

高校思想政治教育的创新不仅仅是一种追求，更是一种必然趋势。在当今社会快速变革的大背景下，高校教学模式的变革不仅仅是为了适应社会发展的需要，更是为了培养学生更全面的能力。培养学生的创新能力和实践能力不仅仅是为了让他们在学术上更具竞争力，更是为了让他们在未来的社会生活中更好地适应和发展。

高校思想政治教育的创新需要不断尝试和实践。教师们需要不断探索符合现代学生需求的教学方法，激发学生的学习热情，引导他们自主思考、勇于实践。只有这样，学生才能在实践中不断总结经验，不断提升自己的创新能力和实践能力。

更重要的是，高校思想政治教育创新需要各方的共同努力。除了教师的不断探索，学生们也需要积极参与其中，主动思考和实践，从而锻炼自己的创新与实践能力。而学校管理者更要推动教育体制的变革，为创新教学方式提供更广阔的空间和更多的支持。

高校思想政治教育的创新是一个系统工程，需要各方共同努力，齐心协力。只有在社会、学校、教师和学生共同努力下，高校思想政治教育才能真正做到与时俱进，培养出更多具有创新能力和实践能力的优秀人才，为社会的发展和进步贡献自己的力量。愿我们共同努力，让高校思想政治教育的创新之路越走越宽广、越走越远。

高校思想政治教育的现阶段问题主要体现在教育方式滞后的状况下，没有跟上时代发展的步伐。因此，必须重视高校思想政治教育创新的重要性，通过改革和创新的方式来推动高校教学模式的变革。只有这样，才能提升学生的综合素质与竞争力，帮助他们更好地适应社会发展的需求。高校思想政治教育的创新是非常必要的，只有不断探究、完善教育方法，才能更好地培养出各行各业需要的人才。在当今社会，提升学生的综合素质与竞争力已经变得尤为重要，只有通过教育的创新，才能更好地实现这一目标。

随着社会的快速发展和变革，高校学生面临着更加激烈的竞争和挑战。为了使他们能够胜任未来不断变化的社会环境，高校思想政治教育需要不断创新和改进。这种创新包括教学内容的更新、教学方法的改进，以及师资队伍的提升。只有这样，学生才能获得全面发展，不仅具备专业知识和技能，还能具备创新思维、团队合作能力和领导才能。

教育的创新也需要与时俱进，紧跟社会发展的步伐。高校可以借鉴新颖的教学理念和方法，引入先进的教学技术和工具，为学生提供更加丰富多彩的学习体验。同时，高校还应该加强与社会各界的合作，开展实践教学与实习实训，使学生能够在真实的社会环境中学习和成长。

提升学生的综合素质与竞争力，不仅需要高校的思想政治教育创新，也需要社会的全力支持和配合。只有社会各界共同努力，共同为学生的发展搭建更宽广的平台，才能真正实现学生的综合素质与竞争力的提升。高校思想政治教育的创新是一项长期而艰巨的任务，希望在未来的日子里，我们能够共同努力，让教育更好地造福每一位学生，培养出更多优秀的人才，为社会的发展作出更大的贡献。

二、增强学生的爱国主义情感和社会责任感

在当前高校思想政治教育的实践中，存在着一些问题和挑战。高校思想政治教育的方式相对滞后，无法有效引导学生树立正确的思想观念和核心价值观。因此，高校思想政治教育创新显得尤为重要和必要。通过创新思想政治教育的方式和方法，可以更好地增强学生的爱国主义情感和社会责任感，培养学生的爱国主义情怀和社会担当，使他们在未来的发展中能更好地承担起国家和社会的责任和义务。

在当前高校思想政治教育的实践中，我们必须正视存在的问题和挑战。传统的教育方式已经无法满足时代的需求，我们需要更加创新和前瞻的思维来引领学生树立正确的思想观念和核心价值观。只有通过不断的创新思想政治教育的方式和方法，才能更好地激发学生的爱国主义情感和社会责任感。

在这个过程中，我们需要关注的不仅仅是知识的传授，更重要的是如何激发学生内心对国家和社会的热爱与责任感。通过开展各种形式丰富多彩的活动，让学生亲身感受国家的强大与荣耀，让他们意识到爱国主义不仅仅是口号，更是实实在在的行动。

同时，在培养学生的社会担当方面，我们也要注重实践与理论相结合。通过引导学生参与社会实践活动，让他们亲身体验社会的不公与困难，从而更加珍惜现在的幸福生活，更加珍惜国家的繁荣稳定。只有让学生在实践中感受到责任的重大性，才能真正培养他们肩负起国家和社会责任的能力和意识。

高校思想政治教育的改革与创新是一项长期而艰巨的任务。但只要我们有决心和勇气，相信通过我们的努力，一定能够引领学生走向更加光明的未来，让他们成为国家和社会的栋梁之材。愿我们共同努力，为高校思想政治教育事业添砖加瓦，为培养具有爱国主义情怀和社会担当的新时代青年而努力奋斗。

高校思想政治教育在当今社会中扮演着举足轻重的角色，然而目前存在的问题也是不容忽视的。高校思想政治教育方式滞后，已经成为制约学生全面发展的主要因素之一。因此，高校思想政治教育创新显得尤为重要。创新思想政治教育可以增强学生的爱国主义情感和社会责任感，从而培养出更多具有奉献精神和社会责任感的人才。高校应该着力强化学生的社会责任感和奉献精神，只有这样才能更好地满足社会对高素质人才的需求，推动中国社会的进步和发展。

高校思想政治教育的重要性无法被轻视，它是培养学生社会责任感和奉献精神的关键途径。在当今社会，学生需要具备更多的爱国主义情感和社会责任感，以应对各种挑战和机遇。因此，高校应当不断探索创新思想政治教育的方

式和方法，使其更符合时代需求，更能够激发学生内在的爱国情感和责任意识。

强化学生的社会责任感和奉献精神，不仅有助于培养学生的团队合作能力和社会交往能力，更可以引导他们从个人利益出发，转变为关注他人、关爱社会的拥有责任感和奉献精神的优秀人才。这样的人才不仅能够为社会繁荣贡献自己的力量，更能够带动他人，形成良好的社会风气。

高校在强化学生社会责任感和奉献精神的过程中，可以通过开展各种形式的社会实践活动、志愿服务活动等来引导学生认识社会的复杂性和多样性，激发他们积极参与社会实践的热情。同时，高校还可以借助思想政治教育的渠道，传播爱国主义精神、社会责任理念和奉献精神，引导学生形成正确的人生观价值观，培养他们心怀感恩、奉献社会、追求卓越的品质。

总的来说，强化学生的社会责任感和奉献精神是高校思想政治教育的根本任务之一。只有通过不断创新教育方式和方法，引导学生树立正确的人生观和社会责任观，才能培养出更多具有奉献精神和社会责任感的人才，为社会的进步和发展作出更大的贡献。

三、提升学生的政治认知水平和思想觉悟

要提升学生的政治认知水平和思想觉悟，增强学生的政治思想觉悟和历史使命感，就必须进行高校思想政治教育创新。现阶段高校思想政治教育存在的问题在于教育方式滞后，不能有效引导学生深入思考国家大事、社会变革和个人价值观。因此，创新教学方法和内容，提升教育质量和效果，是提高学生政治认知水平和思想觉悟的关键。

高校思想政治教育创新的重要性体现在于能够激发学生对社会现象和历史事件的主动思考，引导他们明辨是非、树立正确的价值观。通过引入前沿理论和实践案例，开展讨论和互动活动，学生可以更加深入地理解和反思政治思想，增强批判性思维和判断能力。只有通过思想政治教育创新，才能真正激发学生的政治思想觉悟和历史使命感，让他们成为具有使命感和责任感的时代新人。

在当今社会快速发展的背景下，高校思想政治教育创新显得尤为重要和必要。只有不断完善和创新思想政治教育方式，才能更好地培养学生的政治素养和思想品质，推动社会进步和成长。通过提升学生的政治认知水平和思想觉悟，增强他们的政治思想觉悟和历史使命感，可以培养一代又一代有理想、有担当的年轻人，为国家和民族的未来发展贡献力量。

在这个信息爆炸的时代，学生面对各种观点和信息，如何正确对待和理解现象与历史事件变得尤为重要。高校思想政治教育需要引导学生通过前沿理论和实践案例，进行深入思考和讨论，培养他们的独立思考能力和批判性思维。只有这样，学生才能真正树立正确的价值观，提升自身的判断能力。

开展互动活动也是非常必要的。通过分组讨论、政治辩论等形式，激发学生的学习兴趣和积极性，促进他们更深入地理解和反思政治思想。在这个过程中，学生不仅能够从他人的观点中学习，也可以通过交流和碰撞，逐渐形成独立的政治思想。

思想政治教育的创新要贯穿于教育教学全过程。教师需要注重培养学生的独立思考能力，引导他们积极参与社会实践和公益活动，让他们在实践中感受到自身的责任和担当。只有这样，学生才能真正成为具有历史使命感和责任感的时代新人，为建设美好的社会和国家贡献力量。

在未来的教育中，思想政治教育将继续发挥重要作用。高校应该不断创新教育方式和方法，使思想政治教育更加贴近学生的实际需求和成长环境。只有这样，才能真正激发学生的政治思想觉悟和历史使命感，培养出一代代有担当、有责任的时代新人。

高校思想政治教育的方式滞后，已经不能满足当代大学生的需求。而高校思想政治教育创新的重要性，不仅在于可以提升学生的政治认知水平和思想觉悟，更在于可以帮助他们培养正确的世界观和方法论。这对于学生的综合素质提升具有重要意义。

正确的世界观和方法论是一个人行为举止的指导原则，涉及每一个人的思维方式和生活态度。高校应该通过思想政治教育，引导学生正确理解世界的本质、现象存在的原因及解决问题的方法，并使他们自觉树立正确的人生观、价值观和世界观。只有拥有正确的世界观和方法论，学生才能自觉遵守国家法律法规，维护社会和谐稳定，以积极健康的态度对待自己的学习和工作。

在当今社会，信息爆炸、价值观多元的情况下，学生容易受到外部诱惑，产生思想上的摇摆和认识上的模糊。如果他们缺乏正确的世界观和方法论，可能会在人生道路中迷失方向，走向偏差。因此，高校思想政治教育创新，需要将正确的世界观和方法论融入教育教学中，引导学生正确看待世界、理解问题、处理问题。

在这个过程中，高校论文导师的角色至关重要。导师不仅要在学术上指导学生，更要在思想政治教育上引领学生，帮助他们建立正确的人生观和价值观。只有通过导师的努力，高校思想政治教育创新才能深入学生心灵，真正实现人才培养目标。希望未来，在高校思想政治教育创新的道路上，论文导师能够发挥更大的作用，为培养具有正确世界观和方法论的学生而努力奋斗。

在高校学习的道路上，学生们需要面对各种各样的挑战和诱惑。社会的多元化和信息的爆炸给他们带来了更多的选择和可能性，同时也增加了思想上的摇摆和认识上的困惑。在这样的环境下，学生们很容易迷失自我，走向偏离正道的方向。

在这一过程中，论文导师的角色显得尤为重要。导师不仅仅是指导学生进行学术研究，更是引领他们建立正确的人生观和价值观的关键人物。通过与导师的交流和互动，学生们可以更好地理解世界、认识自我，从而更好地处理人生中遇到的问题和挑战。

导师的责任不仅仅是传授知识，更是引导学生进行自我思考和反思。通过与学生的深入沟通和交流，导师可以帮助他们树立正确的世界观和方法论，使他们能够在复杂多变的社会环境中保持清醒的头脑和正确的判断力。

高校思想政治教育的创新需要导师们花费更多的心思和精力，让学生们在学术研究的同时，也能够明确自己的人生目标和生活态度。只有在导师的悉心引导下，学生才能真正领悟到正确的世界观和方法论的重要性，进而在人生道路上稳步前行。

希望未来，导师们能够继续发挥重要的作用，潜心为学生们的成长和发展付出努力，为高校思想政治教育的不断创新贡献自己的智慧和力量。通过双方的共同努力，我们可以培养出更多具有正确世界观和方法论的优秀人才，为社会的发展和进步贡献自己的力量。

第三节　高校思想政治教育创新的路径探索

一、加强师资队伍建设

高校思想政治教育在现阶段存在着许多问题，其中一个重要问题就是教育方式滞后。为了应对现代社会的挑战和需求，高校思想政治教育需要不断创新。提升学生的政治认知水平和思想觉悟是高校思想政治教育创新的重要目标之一。为了实现这一目标，加强师资队伍建设是必不可少的措施。只有通过提高教师的思想政治素养和教学水平，才能有效地推动高校思想政治教育的创新。为了探索高校思想政治教育创新的路径，我们需要关注教师队伍建设这一重要方面，努力推动高校思想政治教育向更高水平迈进。

在提高教师的思想政治素养和教学水平方面，高校需要重视教师的培训和发展。通过开展各种形式的专业培训和学习活动，提升教师的政治认知水平和思想觉悟，使他们能够更好地传授这些知识给学生。同时，高校还应该注重选拔和引进具有高素质的思想政治教育人才，打造一支高水平的师资队伍。高校可以通过开展教学研讨、学术交流等活动，帮助教师提升教学水平，不断更新教育理念和教学方法。在这个过程中，高校还应该给予教师更多的支持和鼓励，激励他们在思想政治教育创新中发挥积极作用。只有不断加强教师队伍建设，提高他们的专业水平和教学能力，高校思想政治教育才能朝着更加健康和积极的方向发展。为了确保高校思想政治教育持续创新，我们需要重视教师队伍建设这一重要方面，为高校思想政治教育的进步奠定坚实的基础。

高校思想政治教育存在的问题，主要表现在教育方式滞后，导致学生的政治认知水平和思想觉悟水平有待提升。因此，高校思想政治教育创新显得尤为必要，这不仅可以促进学生的综合素质提升，更能够引导学生树立正确的世界观、人生观和价值观。在这一过程中，加强师资队伍建设是至关重要的一环，因为教师是高校思想政治教育的重要实施者和推动者，他们的专业发展培训直接影响着教育的质量和效果。因此，应当积极强化教师的专业发展培训，为他们提供更多的学习机会和成长空间，不断提升他们的教育水平和教学能力。只有如此，才能更好地推动高校思想政治教育的创新，实现教育目标和使命。

高校思想政治教育的创新不仅要求教师在专业发展方面得到强化，还需要学校和相关部门提供更多的支持和资源。学校可以加强教育教学管理，建立健全的评估和激励机制，鼓励教师积极参与教育创新和教学改革。同时，相关部门应关注教育政策的调整和完善，为高校思想政治教育的创新提供政策支持和法律保障。

除此之外，学校还应重视教师的思想政治教育理念和教育理念，培养教师的思想政治水平和教育教学能力，提升他们的综合素质和专业水平。同时，学校还可以通过组织教师走出校园，参与社会实践活动，增强他们的社会责任感和创新意识，激发他们对教育事业的热情和使命感。

在强化教师的专业发展培训的同时，学校还应关注教师的心理健康和工作环境，创造良好的教育氛围和团队合作氛围，激励教师持续投入到思想政治教育的创新中。只有通过多方位的支持和努力，才能实现高校思想政治教育的创新目标，为培养德智体美劳全面发展的社会主义建设者和接班人作出应有的贡献。

在当前高校思想政治教育存在的问题中，学校的教育方式相较于社会的变革步伐显得滞后。因此，高校思想政治教育创新显得尤为重要。这种创新不仅可以促进学生政治认知水平的提升，更可以引导学生提高自身的思想觉悟。为此，探索高校思想政治教育创新的路径显得尤为重要。在此过程中，加强师资队伍建设，为教师提供更多的专业培训和教学资源支持，促使教师积极参与教育教学改革，将会起到积极的推动作用。

在当前高校思想政治教育的发展中，教师的积极参与至关重要。教师作为教育教学改革中的重要力量，他们的作用不可忽视。通过加强师资队伍建设，为教师提供更多的专业培训和教学资源支持，可以激发教师参与教育教学改革的激情和动力。教师的参与不仅能够为教育教学改革注入新的思维和理念，更可以为学生提供更加优质的思想政治教育服务。

教师在教育教学改革中的积极参与，可以带来一系列积极的变化。教师的专业素养得到提升，教学水平逐渐提高，能够更好地传授思想政治理论知识。教师的教育教学方法得到创新，能够更好地激发学生的学习兴趣和思考能力。通过与学生的互动和交流，教师可以更好地了解学生的需求和困惑，有针对性地进行指导和帮助，提升学生的政治认知水平和思想觉悟。

教师积极参与教育教学改革还可以加强学校的团队凝聚力和教育教学质量。通过教师间的交流和合作，可以分享教学经验，互相借鉴和学习，形成良好的教学氛围，提高整体教育教学质量。同时，教师们的共同努力也能够促进学校团队的凝聚力，形成教育教学改革的合力，向着更高更远的目标不断迈进。

教师的积极参与对于高校思想政治教育改革至关重要。通过加强师资队伍建设，为教师提供更多支持和引导，可以激发教师的创新意识和责任感，推动高校思想政治教育不断向前发展，为培养德智体美劳全面发展的社会主义建设者和接班人做出应有的贡献。

高校思想政治教育存在的问题主要体现在教育方式的滞后上。为了提升学生的政治认知水平和思想觉悟，必须进行教育创新探索。加强师资队伍建设是重中之重，建立教师多维度评价机制则是必不可少的措施之一。通过这些探索和改进，可以更好地推动高校思想政治教育朝着更加科学、规范、有效的方向发展。

高校思想政治教育的改革与创新迫在眉睫。除了加强师资队伍建设和建立教师多维度评价机制之外，还需要进一步完善课程设置，提高教学质量。同时，应该积极引入新的教学手段和教育技术，以激发学生的学习兴趣和思考能力。建立学生参与管理和评价的机制，培养学生的自主学习和自我管理能力也是十分重要的。在教育教学的过程中，要注重因材施教，全面关注学生的成长和发展，引导他们树立正确的世界观、人生观和价值观。只有通过各种探索和改进，才能让高校思想政治教育更加符合时代潮流，更好地服务于学生和社会的发展。让思想政治教育成为学生成长的助推器，引领他们朝着积极向上的方向发展。愿我们能在不断前行的道路上，书写出更加美好的未来。

支持教师进行学术研究和探索是高校思想政治教育创新的重要一环。作为高校的学术骨干和教育引领者，教师在校园思想政治教育中发挥着举足轻重的作用。只有不断深化教师自身的学术研究与探索，才能更好地引领学生思想政治教育的改革步伐。

加强师资队伍建设是支持教师进行学术研究和探索的首要任务。高校应该重视教师的学术成果，鼓励教师积极参与学术研讨会和学科研究，提升教师们的学术研究水平。通过不断提升师资队伍的整体素质，才能够为高校思想政治教育的创新提供坚实的学术支撑。

支持教师进行学术研究和探索也有助于激发教师的工作热情和创作激情。仅有对学术研究的认真探索，才能够在教学工作中体现出更高的热情和专业精神。同时，教师的学术成果也将为学生展示出更广阔的学术前景和更丰富的学术资源，激发学生对学术研究的兴趣和探索欲望。

支持教师进行学术研究和探索是高校思想政治教育创新的一项重要措施。通过不断深化师资队伍的学术研究，引领教师重视学术探索，才能够推动高校思想政治教育的改革步伐，提升教育质量，培养更加具有思想觉悟和政治认知水平的优秀学生。

支持教师进行学术研究和探索不仅可以提升教师们的学术水平，还可以促进教师与学生之间更加融洽和紧密的互动关系。教师通过深入的学术研究和探索，不仅拓宽了自己的学术视野，也为学生提供了更加丰富多彩的学习机会。在教学过程中，教师将学到的知识和经验进行传授和分享，激发学生的求知欲望和学术兴趣。

支持教师进行学术研究和探索还可以为高校提供更多的学术成果和创新思维，促进学术研究与实践的结合。通过教师们的学术探索，高校可以不断推陈出新，引领学术风潮，为学校的学术声誉和学术地位提供坚实保障。同时，教师们的学术成果也可以推动学术界的交流与合作，促进学术资源的共享与互通。

最重要的是，支持教师进行学术研究和探索是对教师们的一种尊重和肯定，也是对他们学术梦想的一种鼓励和支持。只有通过持续不断的学术探索和研究，教师们才能够在学术领域中不断精进和成长，为学校的发展和进步贡献自己的力量。支持教师进行学术研究和探索，不仅是为了提升教育质量，更是为了打造一支学术过硬、师德高尚的教师队伍，为高等教育事业的蓬勃发展贡献自己的力量。

第四节 高校思想政治教育创新的实践案例分析

一、利用新媒体提升思想政治教育效果

在当前高校思想政治教育存在诸多问题的背景下,高校思想政治教育方式滞后的现状显而易见。因此,高校思想政治教育创新显得尤为重要。通过创新教育方式,可以更好地提升学生的政治认知水平和思想觉悟,使他们更加深刻地理解社会主义核心价值观和国家政策方针,增强他们的民族自豪感和爱国情怀。

在探索高校思想政治教育创新的路径时,加强师资队伍建设是至关重要的一环。只有具备优秀的教师团队,才能够有效地传授思想政治教育知识,引导学生树立正确的世界观、人生观和价值观。同时,通过实践案例分析,我们可以看到,利用新媒体也是提升思想政治教育效果的重要手段之一。建立新媒体平台开展思想政治教育宣传,将更好地符合时代发展的需要,让学生通过互联网等新媒体平台获取丰富的信息资源,更好地理解国家政策和发展方向,增强社会责任感和使命感。

高校思想政治教育创新具有重要性和必要性。只有不断调整教育方式,加强师资队伍建设,利用新媒体平台开展教育宣传,才能更好地满足学生的思想政治教育需求,培养更多有担当、有责任、有远见的社会主义建设者和接班人。

在高校思想政治教育创新中,师资队伍建设的重要性不言而喻。优秀的教师团队是确保教育质量的基础,他们承担着培养学生正确思想观念的重要任务。新媒体平台作为现代社会信息传播的主要渠道,为思想政治教育的开展提供了全新的可能性。通过新媒体平台的运用,学生可以更加便捷地获取到各种相关信息,增强自己的认知水平和社会责任感。

针对高校思想政治教育的实际需求,我们可以进一步探讨如何在新媒体平台上开展思想政治教育宣传。要注重内容的质量和深度,结合国家政策和发展方向,在新媒体平台上发布具有针对性和引导性的教育内容,引导学生正确理解社会现实和历史背景。同时,可以借助新媒体平台的互动特点,开展讨论和互动活动,引导学生积极参与,深入思考和交流,从而达到更好的教育效果。

与此同时,高校还可以加强与新媒体平台的合作,充分利用其资源和影响力,扩大思想政治教育的影响范围。可以邀请专家学者、行业领军人物等开展在线讲座、讨论等活动,为学生提供更加丰富多样的学习机会。通过多方合

作，共同推动高校思想政治教育的创新，培养更多积极向上、有社会责任感的优秀学生，为国家的未来发展作出更大的贡献。

高校思想政治教育创新既需要重视师资队伍建设，又需要充分利用新媒体平台的优势。只有不断探索创新，与时俱进，才能更好地适应时代的要求，为培养具有国际竞争力的人才作出贡献。愿我们共同努力，为高校思想政治教育的发展贡献自己的一份力量。

高校思想政治教育长期以来存在的问题已经引起了广泛的关注，其中最突出的一个问题就是教育方式滞后。为了解决这一问题，创新思想政治教育已成为当务之急。提升学生的政治认知水平和思想觉悟，是高校思想政治教育创新的一个重要目标。在这种背景下，探索高校思想政治教育创新的路径显得尤为迫切，加强师资队伍建设是其中一项关键举措。通过实践案例分析，发现利用新媒体提升思想政治教育的效果显著，尤其是利用网络直播等形式能够增强学生的参与性，使教育更加生动有趣。这些举措不仅有助于提高教育质量，更有助于培养学生的综合素质，促进校园文化建设，推动高校思想政治教育不断向前发展。

在当今数字化时代，利用网络直播等形式增强学生的参与性已经成为高校思想政治教育的重要手段。通过网络直播，教师可以实时与学生互动，引导学生参与讨论，促进学生思想的碰撞和交流。这种形式不仅可以提升学生的学习积极性，还可以加强学生对思想政治教育内容的理解和记忆。

除了网络直播，利用新媒体平台如微博、微信等也可以为思想政治教育的创新提供更多可能。教师可以在这些平台上发布教育内容、展示教学资源，激发学生的学习兴趣和好奇心。同时，学生也可以在这些平台上展示自己的观点和想法，实现与教师的双向互动，使思想政治教育更具个性化和针对性。

而且，利用网络直播等形式增强学生参与性还可以拓展教学领域，丰富教育形式。比如，可以邀请专家学者进行线上讲座，组织线上思辨比赛，开展线上主题讨论等活动，让学生在虚拟空间中体验不同的学习方式，培养他们的实践能力和团队合作意识。

总而言之，利用网络直播等形式增强学生的参与性不仅是高校思想政治教育创新的一种有效途径，更是推动高校思想政治教育不断向前发展的重要推动力量。随着科技不断进步和社会不断变迁，我们有必要不断探索和尝试新的教育模式，为学生的综合素质和未来发展提供更多可能性。愿我们的教育之路越走越宽广，让每一个学生都能在思想政治教育中获得启迪和成长。

高校思想政治教育目前存在的问题主要体现在教育方式的滞后，传统的教学方法已经不能满足学生的需求。因此，创新思想政治教育成为当前亟待解决的问题。通过创新思想政治教育，可以提升学生的政治认知水平和思想觉悟，使他们更好地理解和把握党的理论知识，培养党性、爱国情感和社会责任感。要实现这一目标，就需要探索符合高校教育特点和学生需求的创新思想政治教育的路径。

其中，加强师资队伍建设是创新思想政治教育的重要一环。优质的师资队伍是推动教育创新的重要力量，他们不仅需要具备扎实的专业知识和教学技能，更要具备开放包容、富有创新精神的品质，以引导学生进行全面深入的思想政治学习。实践案例分析也是推动高校思想政治教育创新的关键环节之一。通过对实践案例的深入研究和分析，可以总结出成功的经验和教训，为今后的教育实践提供借鉴。

在创新思想政治教育的过程中，利用新媒体提升思想政治教育效果具有重要意义。新媒体的广泛运用为教育传播提供了便利条件，不仅可以增加学生的学习兴趣，还可以扩大教育覆盖面，使更多学生受益。同时，创新思想政治教育内容表达方式也至关重要，通过多元化、生动化的表达方式，可以提高学生的注意力和学习积极性，促进思想政治教育的有效传达和接受。

高校思想政治教育创新的路径探索是当前亟待解决的问题，只有通过加强师资队伍建设、实践案例分析、利用新媒体和创新思想政治教育内容表达方式等多方面的努力，才能更好地促进学生的思想政治教育水平提升，从而更好地培养合格的社会主义建设者和接班人。

在当前高校思想政治教育改革中，探索创新的路径至关重要。除了加强师资队伍建设和利用新媒体，还应注重实践案例分析，通过实际案例的呈现和分析，引导学生深入思考和理解思想政治教育的重要性。同时，创新思想政治教育内容的表达方式也需注重多元化，引入生动有趣的形式，例如，教学互动、实地考察、讨论分享等。这样能够更好地激发学生的学习积极性，提升他们的思想政治素养。

高校还应该注重培养学生的创新精神和批判思维能力，引导他们通过多角度的思考和分析来认识和解决问题。同时，加强学生的社会实践锻炼，让他们在实践中感受到思想政治教育的实际意义，从而更好地将理论知识转化为实际行动。通过以上种种努力，高校思想政治教育将更加符合时代需求和学生特点，推动学生成长成才，为社会主义建设贡献更多优秀人才。

加强新媒体互动交流，是当前高校思想政治教育创新的重要路径之一。通过利用新媒体平台，可以更好地促进学生对政治理论知识的学习和传播，提升他们的政治认知水平和思想觉悟。新媒体的快速发展为高校思想政治教育提供了更广阔的空间和机遇,使得教育工作者可以更灵活地开展教学活动,增强学生的参与感和学习兴趣。

在实践中,一些高校已经开始尝试利用微博、微信公众号、在线课程等新媒体工具开展思想政治教育,取得了一定的成效。例如,学校可以通过建立专门的政治教育微信公众号,定期推送与政治热点相关的资讯和观点,引导学生深入思考和讨论。同时,借助在线直播平台,可以开展政治课堂直播教学,让学生在家也能参与课堂互动中来,增强教学的实效性和趣味性。

然而,要实现新媒体在思想政治教育中的最大效益,还需要高校在师资队伍建设方面加强投入。培养一支具有优质教学水平和新媒体运用能力的师资队伍至关重要,他们不仅要具备政治理论知识和教学技能,还需要具备新媒体传播和互动运营的能力,能够深入挖掘新媒体在教育中的潜力,为学生提供更加丰富多彩的学习体验。

总的来说,加强新媒体互动交流是高校思想政治教育创新的重要举措之一。只有不断拓展新媒体应用领域,加大对师资队伍和技术设施的投入,才能更好地提升思想政治教育的质量和效果,培养更多具有社会责任感和创新精神的优秀学生。

新媒体的发展为高校思想政治教育带来了新的机遇和挑战。在加强新媒体互动交流的同时,高校还应积极探索多种途径,如开展线上思想政治教育课程、建设在线学习社区等,为学生提供更加便捷和个性化的学习方式。同时,高校也应着力培养学生对新媒体的正确使用意识,引导他们积极参与互动交流,理性表达自己的观点和看法。

除此之外,高校还可以充分利用新媒体平台开展思想政治主题的讨论、展示和调研活动,促进学生思想的碰撞和交流,培养他们的批判性思维和创新能力。同时,高校还应注重新媒体技术的不断更新和应用,结合大数据分析和人工智能等技术手段,为思想政治教育提供更加科学、精准的指导和支持。

在加强新媒体互动交流的过程中,高校还需关注学生的信息素养和网络安全意识,引导他们理性使用新媒体资源,防范不良信息的影响。同时,高校也要注重师生之间的互动交流,搭建良好的沟通平台,促进师生之间的互相理解与信任,共同推动思想政治教育工作取得更好的成效。

加强新媒体互动交流是高校思想政治教育创新的关键路径之一,只有不断拓展应用领域,不断提升教师和学生的新媒体素养,才能更好地实现思想政治教育的目标,培养社会主义建设者和接班人。愿我们共同努力,为高校思想政治教育事业的发展贡献自己的力量。

二、结合社会实践促进学生思想政治教育

在高校思想政治教育方面，存在着一些问题，其中一个主要问题是高校思想政治教育方式滞后。要解决这一问题，就必须重视高校思想政治教育创新的重要性。高校思想政治教育创新能够有效提升学生的政治认知水平和思想觉悟，帮助他们更好地理解和关注社会、国家的发展变化，增强他们的责任感和使命感。为了探索高校思想政治教育创新的路径，加强师资队伍建设显得尤为重要。只有不断提升导师的专业水平和教育能力，才能更好地引导学生，推动高校思想政治教育不断发展。在实践中，结合社会实践可以有效促进学生的思想政治教育，让他们在实际的学习和生活中更好地理解和应用所学的知识。设计社会实践课程开展思想政治教育，是一种新的尝试和探索，有助于学生成为有社会责任感和创新精神的优秀人才。

在当今社会，高校思想政治教育的重要性愈发凸显。作为培养社会主义建设者和接班人的摇篮，高校承载着培养学生政治觉悟和社会责任感的使命。因此，如何创新高校思想政治教育成为摆在我们面前的一项迫切任务。

在这个过程中，加强师资队伍建设尤为关键。作为学生的引路人，导师的专业水平和教育能力对于高校思想政治教育起着举足轻重的作用。只有不断提升导师的教育水平，才能更好地引导学生，促进高校思想政治教育的创新和发展。

结合社会实践也是一个行之有效的方法。通过让学生参与社会实践活动，让他们亲身感受社会发展的脉搏，从而更好地理解和应用所学的知识。设计社会实践课程开展思想政治教育，可以培养学生成为有社会责任感和创新精神的优秀人才，为国家和社会的发展贡献自己的力量。

总的来说，高校思想政治教育创新是一个系统工程，需要全社会共同努力。只有不断探索适合当代学生的教育方式，不断加强师资队伍建设，不断推动高校思想政治教育与社会实践的结合，才能培养出更多具有社会责任感和创新精神的优秀人才，为祖国的繁荣昌盛贡献自己的一份力量。愿我们共同努力，让高校思想政治教育在新时代焕发出新的光彩。

在现阶段高校中，我们面临着思想政治教育方式滞后的问题。因此，高校思想政治教育创新显得尤为重要。这种创新不仅可以提升学生的政治认知水平和思想觉悟，更可以探索新的路径，加强师资队伍建设，为高校思想政治教育的发展带来新的动力。通过实践案例分析，我们可以看到，结合社会实践可以促进学生思想政治教育，搭建社会实践平台也有助于提升学生的社会认知能

力。因此，我们必须认识到高校思想政治教育创新的重要性，并积极探索新的途径和方法，以适应当今社会的发展需求。

在当今社会，高校思想政治教育的重要性显而易见。而为了应对当前面临的挑战，我们需要不断创新教育方式，以激发学生的热情和潜力。搭建社会实践平台提升学生社会认知，不仅可以帮助他们更好地理解和适应社会，还可以培养他们的批判性思维和解决问题的能力。通过将理论与实践相结合，我们可以让学生在实际操作中学会运用所学知识，培养他们的创新意识和实践能力。

在高校思想政治教育中，师资队伍的建设也是至关重要的一环。教师们需要不断学习和更新知识，以适应社会变革的需求。只有具备较高的专业素养和教学技能，才能更好地引导学生，激发他们的学习兴趣，提升他们的综合素质。

同时，高校还需要注重学生的个性发展，尊重他们的多样化需求。每个学生都是独一无二的个体，有不同的兴趣爱好和潜能。因此，高校思想政治教育应该注重因材施教，为每个学生提供个性化的培养方案，激发他们的内在动力，引导他们积极参与社会实践活动，提升他们的综合素质。

总的来说，搭建社会实践平台是提升学生社会认知的有效途径之一，但只有在思想政治教育创新的大背景下，才能更好地实现这一目标。高校应该不断探索适合自身发展的方法和路径，为学生提供更加全面、协调、动态的教育环境，培养造就更多符合社会需求的优秀人才。

三、引入跨学科内容丰富思想政治教育

目前，高校思想政治教育存在的问题主要体现在教育方式滞后，无法有效提升学生的政治认知水平和思想觉悟。因此，有必要开展思想政治教育创新，探索新的路径。在这一过程中，加强师资队伍建设尤为关键，只有具备高水平的教师团队，才能有效推动思想政治教育的创新与发展。同时，我们也需要关注实践案例分析，引入跨学科内容，丰富思想政治教育的内涵和形式。开设跨学科思想政治教育课程是非常有意义的，可以为学生提供更加多元化、丰富化的学习体验，从而推动思想政治教育向更高层次发展。通过以上措施，可以有效提升高校思想政治教育的质量和水平，同时培养更加符合时代要求的高素质人才。

在当今社会，高校思想政治教育的重要性不言而喻。然而，传统的教育方式已经无法满足时代的需求。为了更好地引导学生树立正确的政治观念和思想意识，我们需要不断创新教育手段和内容。跨学科思想政治教育课程的开设，

可以为学生提供更加立体、多元的知识体系，让他们从不同角度去理解和认识世界。这种课程不仅能够拓展学生的视野，还可以促使他们在思维方式上获得更大的启发。

引入实践案例分析是非常必要的，通过具体案例的分析，可以让学生更加深入地了解理论知识与实际情况的联系，提高他们分析问题和解决问题的能力。同时，跨学科内容的引入也将为学生打开全新的学习世界，让他们能够在多个学科领域间建立起联系，更好地整合各类知识。

而师资队伍的建设更是至关重要。只有具备高水平的师资队伍，才能够为学生提供优质的教育资源，激发他们对思想政治教育的兴趣和热情。教师们应当不断提升自身的专业素养，不断学习新知识，不断改善教学方法，以更好地引导学生成长。

通过以上措施的贯彻执行，高校思想政治教育的水平和质量将会得到有效提升，培养出更加充实、全面发展的优秀人才。思想政治教育的创新之路任重道远，但只要我们不断努力，就一定能够取得成功。愿每一个学生都能在这样的思想政治教育下茁壮成长，成为国家和社会需要的栋梁之材。

高校思想政治教育创新的重要性不容忽视。在当今社会，高校学生需要不仅具备扎实的专业知识，更需要具备高度的政治认知水平和思想觉悟。然而，现阶段高校思想政治教育存在着诸多问题，其中最突出的就是教育方式滞后的现象。为了提升学生的综合素质和思维广度，必须加强对高校思想政治教育的创新探索。

在探索高校思想政治教育创新的路径时，加强师资队伍建设是至关重要的一环。只有拥有优秀的教师团队，才能为学生提供更加全面和深入的教育内容。引入跨学科内容丰富思想政治教育也是一种有效的方式。通过将不同学科领域的知识融入思想政治教育中，可以激发学生的学习兴趣，并且拓展他们的思维广度。

值得注意的是，高校思想政治教育创新需要有实践案例的支撑。通过对成功的实践案例进行分析和总结，可以为其他高校提供借鉴和参考。综合人文社科内容的拓展对于学生思维广度的提升也具有重要意义。只有通过多样化的教育内容和方法，才能培养出具有创新精神和批判思维能力的优秀人才。

在高校思想政治教育创新的过程中，还需要注重开展学生参与式的课程设计和活动组织。通过让学生参与教育内容的制订和活动的策划，可以更好地激发他们的学习兴趣，培养他们的自主学习能力和团队合作精神。加强对学生实践能力的培养也是十分重要的。通过引入实践环节，让学生将所学知识运用到实际问题解决中，从而提升他们的综合能力和社会责任感。

除此之外，高校还可以通过开展学术讲座、学术论坛等活动，邀请学术界权威人士为学生授课，拓展他们的学术视野，激发他们对学术研究的兴趣。同时，加强与社会各界的合作也是推动高校思想政治教育创新的重要手段。通过与企业、政府部门等单位合作开展教育项目，可以丰富教育内容，培养学生的实践能力和创新精神。

高校还应注重对学生的个性化辅导和关怀。了解学生的个性特点和需求，针对性地进行教育引导，激发他们的学习潜力，提升他们的自信心和自律能力。只有通过综合人文社科内容的拓展和多元化教育方式的运用，才能促进学生思维广度的提升，培养出具有批判精神和创新思维的优秀人才。

四、强化学校文化建设引领思想政治教育

在当前社会背景下，高校思想政治教育存在诸多问题，其中最为突出的便是教育方式的滞后。为了提升学生的政治认知水平和思想觉悟，必须进行高校思想政治教育的创新。加强师资队伍建设是创新路径的关键之一，而实践案例分析也是探索的重要方向。强化学校文化建设引领思想政治教育，建立积极健康的校园文化氛围也是当务之急。

在当前社会背景下，高校思想政治教育的创新势在必行。为了提高学生的政治认知水平和思想觉悟，我们需要不断寻求新的教育方式和方法。加强师资队伍建设是至关重要的，只有教师具备丰富的教育经验和专业知识，才能有效地引导学生。实践案例分析也是必不可少的，通过案例的深入分析，学生能够更直观地了解理论知识的应用场景，增强实践能力。

与此同时，强化学校文化建设也是至关重要的一环。学校的文化氛围对学生的思想政治教育起着至关重要的作用，一个积极健康的校园文化氛围可以激发学生的学习热情和向上进取的精神。学校应该注重培养学生的自主学习能力和团队合作精神，营造和谐融洽的学习氛围。

在建立积极健康的校园文化氛围的过程中，学校管理者和教师需要发挥积极的作用，促进学生的全面发展。教育是一个系统工程，学校的管理者应该思考如何激发学生的创新思维和学习动力，为他们提供更多的实践机会和发展空间。只有通过不断的创新和完善教育方式与管理机制，才能真正实现高校思想政治教育取得新突破，为培养社会主义建设者和接班人作出积极贡献。

高校思想政治教育创新的重要性和必要性，在于提升学生的政治认知水平和思想觉悟。当前，高校思想政治教育方式滞后，需要加强师资队伍建设，探索创新的路径。通过实践案例分析，我们可以看到强化学校文化建设对引领思

想政治教育起到积极作用。引导学生树立正确的人生价值观，是高校思想政治教育创新的重要环节。

既然高校思想政治教育的创新在于提升学生的政治认知水平和思想觉悟，那么我们就需要认识到学生在校园里所接受的教育对于他们未来人生的影响是深远的。树立正确的人生价值观不仅仅是一种道德规范，更是一种引领学生走向成功的精神力量。当我们关注于如何引导学生树立起这些正确的人生价值观时，我们也应当考虑到这需要一个全方位的教育方式。

具体来说，高校需要在日常的教育过程中注重培养学生的独立思考能力和批判性思维，让他们能够从复杂的社会信息中理性地筛选出真理。同时，高校应该提供丰富多彩的社会实践机会，让学生们亲身体验社会的各个方面，从而形成自己独特的人生观。高校还需要加强师资队伍建设，培养出更多具有责任感和使命感的优秀教师，他们将成为学生成长道路上的榜样和引导者。

在这个过程中，学校文化建设的重要性也不可小觑。学校应该营造积极向上的校园文化氛围，让学生感受到正能量的力量，树立起乐观向上的心态。只有这样，学生才能真正理解到正确的人生价值观对于他们未来成长的意义，才能在面对困难和挑战时保持坚定的信念。高校思想政治教育的创新之路，便是在这样一个积极向上的环境中，引领学生朝着正确的人生方向前行。

在高校思想政治教育创新的过程中，增强学生思想自觉和自主性显得尤为重要。只有通过不断提升学生的思想觉悟，引导他们自觉树立正确的世界观、人生观和价值观，才能真正实现高校思想政治教育的目标。在这个过程中，学校需要为学生提供更多参与思想政治教育的机会，让他们在实践中自主地思考、讨论和辩证分析。同时，学校应该建立起一个富有纪律性和秩序感的学习环境，让学生养成自律的习惯和独立思考的能力。只有通过这样的方式，学生的思想自觉和自主性才能得到有效的提升，从而更好地适应现代社会的发展需要。

在实践中，一些学校已经开始尝试通过丰富多彩的思想政治教育活动来增强学生的思想自觉和自主性。比如，某高校每年都会举办一次校园文化节，组织学生自主参与各种文化活动和思想交流，通过自主选择参与的方式提升学生的思想素养和综合能力。同时，学校还邀请各领域的专家学者来校园讲学，引导学生深入思考社会热点问题，激发他们自主探索的热情。通过这些举措，学校成功地营造了一个积极向上、富有思想活力的校园文化氛围，从而促进了学生思想的自觉性和自主性的增强。

总而言之，在高校思想政治教育创新的道路上，增强学生思想自觉和自主性是至关重要的一环。只有引导学生树立正确的思想观念，培养他们独立思考和自主选择的能力，才能真正实现高校思想政治教育的目标，为学生成长成才提供更好的思想保障和指导。希望更多高校能够深入探索，不断探索适合自己的思想政治教育创新路径，为培养德智体美劳全面发展的社会主义建设者和接班人贡献力量。

在这个充满思想活力的校园文化氛围中，学生们的思想素养得到了有效的提升。他们在学校举办的各种活动中，逐渐拥有了更加独立的思考能力和自主选择的勇气。通过参与辩论、写作比赛、主题讲座等形式，学生们开始敢于表达自己的看法和观点，善于分析问题和解决问题。同时，学校还鼓励学生多读书、多思考、多交流，使他们的思想能够得到更多的启发和丰富。

与此同时，学校还注重引导学生走近社会、走向实践，让他们亲身感受社会的不同风貌和问题。学生们积极参与社会实践活动、志愿者服务等，逐渐领悟到自己作为社会一员的责任和使命。在这个过程中，他们不仅增强了自己的社会责任感，也培养了解决问题的能力和勇气。

在这样一个充满着启发和机遇的校园环境中，学生们的思想自觉性和自主性得到了有效的塑造和提升。他们不再被动接受外界的信息和思想，而是能够主动思考、独立选择，树立正确的价值观和人生观。这种积极向上的思想状态和行为方式，不仅为个人未来的成长发展奠定了坚实的基础，也为社会主义建设者和接班人的培养打下了坚实的思想基础。希望在未来的道路上，学校能够继续坚持创新，不断完善教育体系，为学生成长成才提供更好的思想引导和保障。

在当前时代，高校思想政治教育正面临着许多挑战和问题，其中之一就是教育方式滞后的情况。因此，高校思想政治教育的创新显得尤为重要。通过创新教育方式和方法，可以提升学生的政治认知水平和思想觉悟，使他们更加深入地了解国家的政策和方针，增强对社会主义核心价值观的认同和践行，从而培养出更多具有高度思想品德和责任感的优秀人才。

在探索高校思想政治教育创新的路径时，加强师资队伍建设是至关重要的一环。只有拥有高素质的教师队伍，才能为学生提供更加专业化、前沿化的教育内容和方法，激发学生的学习兴趣，引导他们正确的人生观和价值观，从而实现教育的最终目的。

通过实践案例分析可以看到，强化学校文化建设是引领思想政治教育创新的关键一环。学校文化是高校发展的灵魂，它承载着学校的核心精神和价值理念，是引领师生行为的根本规范。在构建和弘扬积极向上的学校文化的同时，还要加强学校文化软实力建设，通过各种文化活动和实践，让学生能够真正感受到思想政治教育的力量和魅力，从而自觉地学习和践行社会主义核心价值观。

高校思想政治教育创新是刻不容缓的，需要我们共同努力，不断探索和实践，为培养更多德智体美劳全面发展的社会主义建设者和接班人而奋斗。只有不断创新，才能走在时代的前列，为国家和社会的发展作出更大的贡献。

在高校思想政治教育创新的道路上，加强学校文化软实力建设显得尤为重要。学校文化的塑造与传承不仅关乎高校的发展，更关乎社会的未来。作为教育者，我们应该思考如何让学生在正确认识社会主义核心价值观的基础上，树立正确的人生观和价值观。只有通过文化软实力建设，才能引领师生深入思考，激发他们的内在动力，塑造积极向上的价值观。

要实现教育的最终目的，需要借助各种文化活动和实践，让学生在参与中体会思想政治教育的独特魅力。通过文化软实力建设，培养学生的自主学习能力和社会责任意识，引导他们积极参与社会实践和公益活动，从而将社会主义核心价值观内化为自己的行为准则。唯有如此，我们才能培养出更多思想政治坚定、品德高尚的优秀人才，为国家和社会的繁荣昌盛贡献力量。

在当下快速变革的社会环境下，教育理念和方式也在不断更新。加强学校文化软实力建设，不仅是适应时代要求的需要，更是高校教育事业发展的必然选择。通过不断创新、持续探索，在传承优秀传统文化的同时，为学生成长成才提供更为丰富多彩的文化熏陶。唯有如此，我们才能培养出具有国际竞争力和文化自信的新时代人才，为实现中华民族伟大复兴的中国梦不懈奋斗。

高校思想政治教育在现阶段存在诸多问题，其中最主要的问题是高校思想政治教育方式滞后。为了解决这一问题，高校思想政治教育创新至关重要。通过创新，可以提升学生的政治认知水平和思想觉悟，使他们更好地理解并参与社会主义建设。为了实现高校思想政治教育创新的目标，需要加强师资队伍建设，使教师具备更高的教育水平和专业技能，从而更好地引领学生的思想政治教育工作。通过实践案例分析可以看出，强化学校文化建设可以有效引领思想政治教育工作，为学生成长成才提供了有力的支持。高校思想政治教育创新不仅是必要的，而且是非常重要的，只有通过创新，才能促进学生成长成才，实现持久育人的目标。

在当今社会，高等教育的重要性日益凸显，而高校思想政治教育的创新也变得尤为迫切。作为培养未来社会栋梁的摇篮，高校的责任不仅在于传授知识，更在于引领学生树立正确的政治观念和思想认识。只有通过不断探索新的教育方式，不断提升师资队伍的素质，才能真正做到让学生成长成才，持久育人。

在高校思想政治教育创新的过程中，学校文化建设尤为关键。优秀的学校文化可以为学生成长提供精神滋养，使他们在成长的道路上不至于迷失方向。良好的校园文化氛围可以渗透到学生的日常生活中，引导他们形成正确的行为准则和人生观念。只有在这样一种积极向上的氛围下，学生才能真正懂得如何做一个对社会有益的人，如何为国家和民族的发展贡献自己的力量。

高校思想政治教育创新还需要重视师生之间的互动和交流。教师要成为学生成长道路上的引导者和榜样，引领他们树立正确的人生目标和追求。而学生也应该积极参与思想政治教育的过程中，倾听老师的教诲，主动思考问题，不断提升自己的思想觉悟和政治认知水平。

总的来说，高校思想政治教育创新是一项长期而艰巨的任务，但这正是培养社会栋梁的必由之路。只有通过不懈努力，不断探索，才能真正做到促进学生成长成才，实现持久育人的伟大目标。愿每一所高校都能在这条道路上迈出坚实的步伐，为培养更多优秀人才贡献自己的力量。

五、具体案例分析述评

目前，高校思想政治教育存在着许多问题，其中之一便是思想政治教育方式滞后。传统的教学模式已经无法满足学生多样化的学习需求，导致学生对思想政治教育产生了抵触情绪。因此，高校迫切需要进行思想政治教育创新，以激发学生的学习兴趣和提升他们的政治认知水平和思想觉悟。

高校思想政治教育创新的重要性不言而喻。通过创新教育方式和手段，可以更好地引导学生积极参与学习，增强他们对思想政治教育的接受度。而要探索适合高校的思想政治教育创新路径，关键在于加强师资队伍建设，为教师提供更多的专业培训和支持，提升他们的教学水平和创新能力。

具体案例分析中，某高校利用微信公众号开展思想政治课堂互动，为学生提供了一个与老师和同学交流的平台。通过结合互联网技术，教师可以更好地把握学生的学习情况，根据学生的反馈及时调整教学内容和方式，激发学生的学习兴趣，提高思想政治教育的有效性。这一创新举措为高校思想政治教育提供了新的思路和方法，对于推动高校思想政治教育的改革和发展具有积极的意义。

在这个案例中，高校利用微信公众号进行思想政治课堂互动，为学生打开了一扇窗户，让他们更方便地与老师和同学进行交流。学生们可以通过公众号上的互动功能，提出问题、发表观点，与老师进行实时互动，实现了线下教学和线上互动的有机结合。这种新的教学模式不仅提高了学生的学习积极性和主动性，也让学生在思想政治教育中更深入地思考和交流。

利用互联网技术进行思想政治教育创新，不仅为学生提供了更多参与的机会，也为教师带来了更多的教学便利。教师可以根据学生在公众号上的反馈，及时掌握学生的学习需求和困惑，调整教学内容和方式，提高课堂教学的针对性和有效性。同时，通过公众号上的互动，还可以促进学生之间的交流和合作，培养学生的团队合作精神和思维能力。

除了提供课堂互动的平台，高校还可以利用微信公众号传播思想政治教育的理念和价值观，引导学生积极参与社会实践和公益活动，提高他们的社会责任感和参与意识。通过这样的方式，高校思想政治教育不再局限于教室内的传授知识，而是通过互联网平台拓展了教育的边界，为学生的全面发展提供了更广阔的空间。

利用微信公众号开展思想政治课堂互动是一种积极的教育创新措施，有助于激发学生的学习兴趣，提高教学效果，促进高校思想政治教育的改革和发展。希望更多的高校可以借鉴这一案例，不断探索适合自身特点的教育创新路径，为学生提供更优质的教育教学环境，培养更有担当的社会栋梁。

某高校结合社会实践活动推进思政课程改革，通过开展各类社会实践活动，激发学生思想觉悟，提高他们的政治认知水平。学校教师们利用社会实践活动作为教学资源，让学生在实践中感受思政课程的魅力，提升他们的参与度和学习积极性。社会实践活动为思政课程注入新的活力，使课程内容更加贴近学生的生活实际，引发学生的思考和讨论。通过这种方式，学生不仅能够在实践中增长见识，还能够锻炼自己的批判思维和创新意识，使思政课程更具实用性和针对性。

这一实践案例表明，高校在进行思想政治教育创新时，应该注重开展多样化的教学活动，引导学生在实践中学习，提高他们的综合素质和能力。结合社会实践活动推进思政课程改革，不仅可以激发学生的学习兴趣，还能够培养他们的社会责任感和团队合作意识。这种创新教学方式不仅能够丰富教学内容，还能够促进学生的全面发展，为高校思想政治教育的持续改进提供新的路径和思路。

在这种创新的教学方式下，学生们逐渐体验到思政课程的魅力和实用性。他们不再觉得思政课是枯燥的理论灌输，而是可以通过参与社会实践活动来深入思考和讨论课程内容。在实践中，他们学会了独立思考，发展了批判性思维，培养了创新意识。

通过结合社会实践活动推进思政课程改革，学生们不仅在课堂上学到知识，更重要的是在实践中锻炼自己的能力。他们开始关心社会问题，感受到了社会责任感的重要性，并积极参与团队合作，体验到了团队的力量。这样的教学方式不仅使思政课程更加贴近学生的实际需求，还为他们未来的发展奠定了坚实的基础。

随着思政课程的改革不断深入，高校的教学活动也变得更加多样化和生动化。学生们逐渐从被动听课转变为积极参与，他们开始主动思考问题，探索未知领域，拓展自己的视野。思政课程不再是单一的知识传授，而是一个思维引导和能力培养的平台，为学生的全面发展提供了广阔的空间。

总的来说，结合社会实践活动推进思政课程改革是一种非常有效的教学方式。它激发了学生学习的兴趣，培养了他们的综合素质和能力，促进了思政教育的深入发展。高校应该继续探索和推广这种教学方式，为学生提供更加丰富多彩的学习体验，使他们在成长过程中真正受益。

参考文献

[1] 铁铮,杨涛.新时代高校网络思想政治教育创新探究[J].北京教育(高教),2023,(02):31-33.

[2] 刘旭莹.大数据时代高校思想政治教育的创新探究[J].科教文汇,2022,(03):33-35.

[3] 周宇.新媒体时代高校思想政治教育的创新发展——评《新媒体时代高校思想政治教育创新探究》[J].传媒,2023,(20):99-100.

[4] 李丽萍.大数据时代高校思想政治教育的创新策略探究[J].科教文汇,2022,(12):44-46.

[5] 郭玉秀.新媒体背景下高校思想政治教育管理实践——评《新媒体时代高校思想政治教育创新探究》[J].中国教育学刊,2021,(09):149.

[6] 王艺鑫.互联网+背景下高校思想政治教育创新及实践探究[J].才智,2023,(05):163-166.

[7] 邢永祥.高校思想政治教育创新研究[J].大学,2021,(16):11-14.

[8] 张坤.心理健康视角下探究高校思想政治教育创新——评《心理健康与思想政治教育》[J].中国学校卫生,2021,42(04):641.

[9] 张玉敏.媒体深度融合下高校网络思想政治教育创新路径探究[J].时代报告,2023,(02):105-107.

[10] 江南,章征科.人工智能时代高校思想政治教育创新的原则与策略探究[J].四川民族学院学报,2023,32(04):46-52.

[11] 任泓璇.工匠精神融入高校思想政治教育探究[J].世纪桥,2023,(05):85-87.

[12] 胡长生,邹奎.塞罕坝精神融入高校思想政治教育探究[J].河南教育学院学报(哲学社会科学版),2023,42(03):35-39.

[13] 杨黎鑫.高校大学生思想政治教育探究[J].辽宁师专学报(社会科学版),2022,(02):75-76.

[14] 仲晓义.公共突发卫生事件视野下的高校思想政治教育策略探究——评《高校思想政治教育的创新策略研究》[J].热带作物学报,2021,42(09):2812.

[15] 许轶颖.高校思想政治教育与创新创业教育的融合发展路径探究[J].文化创新比较研究,2021,5(29):22-25.

[16] 朱敏,钟骥.高校思想政治教育理论与实践相结合的路径创新——评《新时代高校思想政治教育创新研究》[J].热带作物学报,2021,42(09):2847-2848.

[17] 李毅笑.浅析高校思想政治教育创新路径[N].山西市场导报,2023-12-07(D07).

[18] 徐盼盼. 茶思想在高校思想政治教育中的创新运用[J]. 福建茶叶, 2021, 43(10): 245-246.

[19] 许倩, 郭伟. 新时代高校思想政治教育话语探究——评《思想政治教育话语创新论的马克思主义审视》[J]. 中国教育学刊, 2021, (09): 147.

[20] 张瑶. 红色基因融入高校思想政治教育机制探究[J]. 兰州工业学院学报, 2023, 30(03): 148-150.

[21] 宋莉莉. 红色文化融入高校思想政治教育路径探究[J]. 对外经贸, 2022, (08): 103-105.

[22] 王婕. 高校美育融入思想政治教育的路径探究[J]. 快乐阅读, 2023, (09): 78-80.

[23] 段传钦. 红色音乐文化融入高校思想政治教育探究[J]. 安徽冶金科技职业学院学报, 2023, 33(03): 89-91.

[24] 张宇. 雷锋精神融入高校思想政治教育探究[J]. 品位·经典, 2023, (18): 66-69.

[25] 李强云. 新时代高校思想政治教育评价路径探究[J]. 中关村, 2022, (12): 106-107.

[26] 张婷. 红色基因融入高校思想政治教育路径探究[J]. 江苏航运职业技术学院学报, 2021, 20(04): 87-90.

[27] 何昆蓉. 基于网络热点的高校思想政治教育探究[J]. 长春大学学报, 2022, 32(04): 50-53.

[28] 李鹏. 文化自信视角下高校创新思想政治教育话语体系的路径探究[J]. 成都理工大学学报(社会科学版), 2022, 30(03): 107-112.

[29] 陆颖. 新媒体时代高校思想政治教育创新研究[J]. 才智, 2021, (04): 26-28.

[30] 傅钢. 新媒体时代高校思想政治教育创新研究[J]. 科学咨询(科技·管理), 2021, (03): 174-175.